国家社会科学基金项目"地方治理视角下的PPP模式多主体风险分担机制研究"(项目批准号:19BJY226)阶段性研究成果

基于博弈论的基础设施 PPP模式风险分担研究

李妍 著

中国社会科学出版社

图书在版编目（CIP）数据

基于博弈论的基础设施 PPP 模式风险分担研究/李妍著.
—北京：中国社会科学出版社，2020.8
ISBN 978-7-5203-6491-1

Ⅰ.①基… Ⅱ.①李… Ⅲ.①政府投资—合作—社会资本—应用—基础设施建设—风险管理—研究—中国 Ⅳ.①F299.24

中国版本图书馆 CIP 数据核字（2020）第 083437 号

出 版 人	赵剑英	
责任编辑	李庆红	
责任校对	闫　萃	
责任印制	王　超	
出　　版	中国社会科学出版社	
社　　址	北京鼓楼西大街甲 158 号	
邮　　编	100720	
网　　址	http：//www.csspw.cn	
发 行 部	010-84083685	
门 市 部	010-84029450	
经　　销	新华书店及其他书店	
印　　刷	北京君升印刷有限公司	
装　　订	廊坊市广阳区广增装订厂	
版　　次	2020 年 8 月第 1 版	
印　　次	2020 年 8 月第 1 次印刷	
开　　本	710×1000　1/16	
印　　张	15	
插　　页	2	
字　　数	224 千字	
定　　价	86.00 元	

凡购买中国社会科学出版社图书，如有质量问题请与本社营销中心联系调换
电话：010-84083683
版权所有　侵权必究

目　录

第一章　绪论 …………………………………………………… 1

　　第一节　选题背景及研究意义 ……………………………… 1
　　第二节　国内外文献综述 …………………………………… 5
　　第三节　研究思路和技术路线 ……………………………… 19
　　第四节　研究内容和研究方法 ……………………………… 22

第二章　相关理论基础 ………………………………………… 25

　　第一节　基础设施概述 ……………………………………… 25
　　第二节　PPP 模式概念及国内外应用现状 ………………… 30
　　第三节　中国 PPP 项目发展现状及趋势 …………………… 43
　　第四节　博弈论基础及分类 ………………………………… 53
　　第五节　委托—代理理论 …………………………………… 57
　　第六节　利益相关者理论 …………………………………… 59

第三章　基于 PPP 模式的基础设施项目风险分担框架 …… 63

　　第一节　PPP 项目的风险分担客体 ………………………… 64
　　第二节　基于利益相关者的风险分担主体 ………………… 65
　　第三节　PPP 项目风险分担的流程 ………………………… 73
　　第四节　基于多方共赢的风险分担方案 …………………… 77

第四章　PPP 项目的风险识别与评价 ……………………… 88

　　第一节　PPP 项目风险因素识别 …………………………… 88

第二节　风险评价指标体系的构建原则 …………………… 98
　　第三节　PPP 项目风险指标体系的构建及指标分析 ………… 99
　　第四节　基于模糊层次分析法的 PPP 项目风险评价 ………… 105

第五章　不完全信息下 PPP 项目风险分担博弈分析 …………… 113
　　第一节　PPP 项目风险最优分配理论 ………………………… 114
　　第二节　基于风险偏好的 PPP 项目风险分担博弈分析 ……… 116
　　第三节　政府部门与私人部门讨价还价博弈过程分析 ……… 119
　　第四节　基于参与方不同行动顺序下的风险分担讨价还价
　　　　　　博弈分析 ……………………………………………… 124

第六章　基于博弈论的 PPP 项目风险分担政府监管 …………… 136
　　第一节　政府与企业的 KMRW 声誉博弈分析 ……………… 139
　　第二节　中介机构违规上报的博弈分析 ……………………… 142
　　第三节　政府检查企业和中介机构上报的博弈分析 ………… 145

第七章　上海莘庄 CCHP 项目风险分担的案例研究 …………… 152
　　第一节　项目概况 ……………………………………………… 152
　　第二节　风险识别与评价 ……………………………………… 153
　　第三节　风险分担 ……………………………………………… 171

第八章　结论与展望 ………………………………………………… 184
　　第一节　研究结论 ……………………………………………… 184
　　第二节　政策建议 ……………………………………………… 186
　　第三节　研究创新 ……………………………………………… 199
　　第四节　不足与展望 …………………………………………… 201

附　录 ………………………………………………………………… 204

参考文献 ……………………………………………………………… 219

第一章 绪论

第一节 选题背景及研究意义

一 选题背景

长期以来，我国城市基础设施的建设以政府财政投资为主导，随着城市化的推进，城市基础设施需求日益增长，经国家有关机构分析，一位农民成为城市居民，国家要平均花费40万元的基础设施建设资金。如以每年1%的城镇化速度计算，我国每年的进城农民约1374万人（以2015年年底全国137462万人口计），新增基础设施建设资金投入总额为54960亿元，约占国内生产总值的8%，政府财政不堪重负。

《国家新型城镇化规划（2014—2020）》提出，"放宽市政公共产品的准入，制定非公有制企业特许经营的相关管理办法，鼓励社会资本参与城市基础设施和服务领域的运营"。2014年世界银行研究报告指出公私合作制即PPP（Public-Private-Partnership）模式作为城市基础设施建设融资的一个重要途径，可以有效缓解政府财政压力，提高项目运营效率。PPP在全球范围内已经得到了广泛的应用，如英国、美国、法国、澳大利亚、南非、新加坡等发达国家以及中国、巴西等发展中国家。近期国际多边机构发起的新一轮PPP推广模式，再次将中国PPP发展的话题推向台前，2014年8月份亚洲开发银行和国家财政部、国家发改委在北京举办了高级别的PPP研讨会，与各级政府部门、投资者商定PPP合作项目，先后在北京、上海、重庆、浙江、陕西、湖北、河南、山西等地筹备项目。自2014年财政部下发推广PPP以来的第一份正式文件，各地方政府都开始积极筹备PPP试点项目，2015年地方政府提出县级以上能源、环境污染治理、交通、医疗、养老服务等领域优先选择PPP模式，特别强调借助PPP模式引入社会资本的环保科技，缓解环保压力，为治理大气污染探路。2015年国家发改委及财政部下发的一系列PPP项目指导性文件中，均对如何在政府和社会资本之间确定风险分配机制有所提及，初步确定了"风险分配优化、风险收益对等和风险可控"的风险分担原则。

当前，在国外已有诸多成功的PPP模式案例，国内各地政府也在筹划开展示范项目。但是，由于PPP项目具有特许经营期长和投资量大的特点，国际上有一些PPP项目出现运营的财务问题，项目公司破产后，公共服务最终仍由政府提供，容易造成项目延期和资金浪费。例如英法海峡隧道、墨西哥收费公路工程及菲律宾电力供应案例，从这些案例中可以看出，项目设计中风险分担结构不合理、政府监管不到位、私营合作方运营能力不足、融资计划不可行等都会导致PPP项目失败。国内PPP失败案例有：江苏某污水处理厂、杭州湾跨海大桥、上海大厂水厂、山东中华发电项目、天津双港垃圾焚烧发电厂、福建泉州刺桐大桥等，导致这些项目失败的原因主要是谈判延误、融资失败、政府承诺补贴、竞争性项目、运营困难、合同变更、收益不足等。通过以上国内外PPP项目失败案例可以看出，忽略风险的控制与管理会导致PPP项目的失败，一旦项目的资本回报难以为继，无法达到投资者的预期，资金断裂将不可避免，风险全部暴露，项目建设就如"多米诺骨牌效应"相继倒下。

PPP是政府与社会资本为提供公共产品或服务而建立的"全过程"合作关系，以授予特许经营权为基础，以"利益共享"和"风险共担"为特征。实践中，PPP融资模式特殊的组织结构和项目本身的特殊性，PPP项目的风险因素众多且复杂多变，所处环境的动态性决定了风险不可避免地存在于项目全生命周期。因此，风险评价与风险分担在基础设施PPP项目中对目标和绩效的实现至关重要，那么在整个项目生命周期中如何进行风险识别、风险评价，如何在政府部门、私人部门、运营方等各主体之间分担风险是个难题，是目前政府、金融机构等关注的焦点问题。

PPP将社会资本引入公共基础设施建设和服务领域，各地方对PPP模式呼声日益高涨的同时，出现了偷税漏税、权力寻租、偷工减料、提高服务价格、制造环境污染等"败德行为"，并且PPP项目涉及政府、企业和居民等众多利益主体，而不同主体进行基础设施建设PPP项目监管的动机可能会存在一定差异或冲突。PPP模式在推广应用过程中，监管环节滞后导致一些问题凸显。有的投资人靠私人关系搞PPP，有的政府部门找下属的国有企业搞PPP，监管缺乏公开、透明、竞争、规范的环境。社会资本具有天然的逐利性，政府如果不能为公共利益履行好监管职能，将造成财政风险和公众利益受损。由于政府部门和私人部门诉求不同，容易产生私人部门违规行为，导致社会公众利益受到损害，那么在实行公私合作模式之后，由于政府管理和监管水平受限，政府角色定位不明确，如何保障公众利益不受损害？如何防止私人企业的垄断行为？如何约束私人投资者的违规行为？如何监管PPP项目，如何协调参与主体之间利益并形成有效的激励机制？尤其是风险分担是一个动态调整的过程，形成初步分担后，在监管过程中需要及时反馈未发现的风险因素和风险分担不合理情况，如何确保私人部门能够及时有效地如实上报？这也是亟待解决的问题，因此，在推行公私合作模式过程中，构建科学有效的风险分担监管是保障基础设施公共服务质量和公众利益的关键所在。

二 研究意义

随着"经济新常态"的出现，我国财政收入明显下降，地方融资平台问题亟待解决，同时，公共基础设施领域供给不足和个人消费领域供给过剩的两极化问题日趋明显，为了有效化解地方政府债务风险，解决新型城镇化进程中基础设施建设资金缺口加大的问题，创新公共服务投入机制，推广PPP模式势在必行。但是由于社会资本逐利性会导致PPP项目出现两大类情况：第一种情况是PPP低签约率，资本谈不拢。主要是PPP项目没有经营性收入，在捆绑其他项目资源（如土地）时，碰到现实困境；政府和融资方谈不拢；PPP项目增加，容易突破10%的财政红线。第二种情况是滥用PPP项目，增加政府财政负担。一些PPP项目名为政府卸包袱，实则让政府背上高息债务，由政府"兜底"，投资者不承担风险，产生了"形似神似"的PPP项目。由于PPP项目具有投资大、周期长的特点，运作过程中容易受到各种风险因素的影响而导致损失，如法律法规的变更风险/土地获取风险、项目审批风险、政府信用风险、项目融资可行性风险、技术风险、运营维护风险等，国家发改委及财政部下发的一系列PPP项目指导性文件中，根据风险分配优化、风险收益对等和风险可控等原则，确定了对政府和私人企业之间风险分担的规定。另外，PPP项目风险监管方面比较匮乏。虽然目前各地方政府开展PPP项目热情高涨，但是由于缺乏风险监管，使基础设施PPP项目的持续性得不到保障，并没有充分调动社会资本的积极性，出现了PPP项目低签约率的情况，部分项目无法顺利实施，可见，为了培养各方的理性和谨慎的行为，减少风险发生的概率，降低风险损失和风险管理成本，在PPP项目中合理确定政府方和社会资本方的风险分配机制、政府实施有效监管是确保PPP项目成功实施的关键。

1. 学术价值

（1）根据PPP项目本身具有周期长、投资大、风险高等特点，结合PPP项目中风险来源和特性，有利于系统性地认识PPP项目风险构成，为后续风险评估和合理分担奠定了基础条件。

（2）构建PPP项目风险分担模型，有助于完善城市基础设施PPP项目风险管理和控制的系统化研究，可以有效地促进参与方的理性行为和谨慎观念的培养，该模型的构建也是对现阶段PPP项目风险管理理论研究领域的进一步拓展。

（3）基于博弈论研究政府和私人企业双方的博弈均衡状态的条件，根据奖惩措施的博弈演化特征，分析政府如何利用专项补贴和激励机制对私人企业进行监督和管理，为政府与私人企业合作机制提供理论支持。

2. 应用价值

（1）从PPP项目各参与方追求自身利益的角度出发，构建PPP项目风险分担模型,保障PPP项目风险分担的公平性和合理性,提高PPP项目的运行效率,实现PPP项目整体利益的最大化,促成"政府、企业、社会多方共赢"的模式,对于缓解政府债务负担等多方面具有积极意义。

(2)将PPP项目风险公平分担作为合同谈判基准,在合同中合理确定政府方和社会资本方的风险分配机制,通过界定各参与方权利、义务和风险边界,能够有效减少双方的谈判成本和时间,降低风险发生概率和风险管理成本,有效发挥政府部门和私人部门的各自优势,提高公共设施或服务的效率,形成长期激励相容机制。

(3)通过构建PPP模式风险分担的政府监管模型,可以避免项目建设运营中出现垄断和寻租腐败问题,促进风险分担的情况真实反馈,有利于PPP模式中的政府行为定位,为政府制定激励和惩罚机制提供参考依据,保障"新型城镇化"和"一带一路"进程中PPP项目的顺利实施,对提高公众社会福利和公共设施服务质量具有重要的现实意义。

第二节 国内外文献综述

1985年,Haynes最早提出了风险概念,他对"风险"二字是这样界定的:风险是某种行为发生过程中产生损害的可能性及不确定性。国内外学者对风险的概念从经济学、保险学等不同角度进行了研究,也并未形成一个学术界普遍接受的概念,大致有以下几种代表性的观点:(1)风险是发生的可能性和损失的不确定性。如Knight(1921)指出风险是一种行为导致的结果可能产生相互抵消或增强的效应,同时每种结果产生都有一定的概率,当这个概率不明确的时候,就造成了风险的不确定性。一方面,一些国外学者强调了风险的不确定性,认为风险是事件不确定性,造成对项目目标的有利或不利影响的机会(Clyde, Amos 1929; Lifson, Shafer 1982; Al-Bahar 1990; Zvi Bodie 1999);另一方面,国外学者提出了风险的损失性,提出风险是在项目寿命期内可能发生的，对人、财、物等造成破坏性后果的事件（Robert, Emerson 1953；Rowe 1987；Fisher, Robson 2006；Bunni 1997）。国内学者更多强调的是风险的不确定性引发的损失，朱淑珍（2002）认为风险是在特定条件下，不同结果发生的不确定性引发行为主体面对损失程度的不确定性。王明涛（2003）认为风险与损失的概率、可能损失程度以及损失不确定性等几个方面存在关联。（2）风险的主观性和客观性学说。主观性学说强调风险是一种个人和心理上的观念，它综合衡量的是某一事件发生的主观概率与其发生后的损失程度，凸显的是风险不确定性（Shrader - Frechette 1985）。风险的客观性学说则认为风险是客观发生概率和损失程度的不确定性（Jerry S Rosenbloom 1972；Knight 1921；Hauptmanns, Wemer 1991；Mckim 1992；Henley Hiromirsu 1981）。（3）风险是预期与实际结果的变动。Hertz 和 Thomas（1984）、Jake 和 Frank（1992），Buhlmann（1996）主要观点是风险代表着预期目标与实际结果偏离程度。（4）风险是各要素相互作用的结果。如郭晓亭等（2004），叶青、易丹辉（2000）指出风险是风险因素、风险事故和风险结果三大要素相互影响形成的结果。本书研究的 PPP 项目风险覆盖了项目融资、招投标、建设、运营、维护、移交等全生命周期过程中可能出现的对成本、工期、工程质量和项目收益等造成损失的影响因素。

PPP 项目的风险管理程序主要涉及风险识别、风险评估、风险分担和风险应对四个方面。为了能够对 PPP 项目的风险合理分配，首先，要准确地识别整个项目周期的风险因素；其次，风险分类方法不同、风险评价方法不同也会造成风险分担处理不同。Akbiyikli 和 Eaton（2004）认为风险识别、风险评价和风险分担是 PPP 项目系统性风险管理的必经阶段。风险识别与评价是风险分担的重要环节，有利于 PPP 项目各方根据自身风险承担能力和风险影响程度来确定这些风险在参与主体之间如何分担以及分担的优先顺序。另外，确定初步的风险分担方案后，政府部门要对项目实施过程中风险分担情况进行监管，通过有效沟通发现项目中分担不合理的风险因素和之前未被考虑的风险因素，将其进行风险再分配，那么在 PPP 模式中政府对私人部门的有效监管可以减少私人部门违规上报风险分担信息的行为，是维护公众利益的重要前提。因此，这里主要对 PPP 项目风险分担流程中的风险识别、风险评价、风险分担和政府监管四个方面的文献进行综述。

一　PPP 项目风险识别

PPP 项目风险的全面识别是风险评价和风险分担的基础，国内外文献从不同的角度研究了 PPP 项目风险因素识别和分类问题。目前在 PPP 项目风险识别领域里，国外比较典型的有以下几种观点：Schaufelberger 和 Wipadapisut（2003）通过案例分析法发现，在选择项目融资策略时考虑的因素主要有项目风险、项目条件和融资可获得性，其中政治风险、市场分析和财务风险被认为是影响项目融资的最重要因素。Bing 等（1999）和 Ye 等（2000）采用案例分析法介绍国际合作项目中的风险管理方法，并一致认为合资项目的财务风险、政府政策、经济环境及合作各方的关系是最关键因素。还有的学者通过问卷调查法收集数据，利用政府部门、项目公司和金融机构等领域的专家对这些风险因素的感知和经验，指出 PPP 项目的主要风险有政治风险、财务风险、市场风险、开发风险、运营风险等。Grimsey 和 Lewis（2002）将基础设施 PPP 项目的风险分为政治政策风险、金融风险、技术风险、环境风险、不可抗力风险、建设风险、运营风险、收益风险和违约风险九大类。Li 等（2005）将 PPP 项目风险分为三个层面：宏观风险、中观风险和微观风险，这也是目前最广泛的 PPP 项目风险分类方法之一。Shen 等（2006）将 PPP 项目主要的风险分为三大类，即内部风险、外部风险和项目层风险，具体包括：场地获取、环境问题、土地开垦、设计和施工、金融风险、法律法规和不可抗等风险。Medda（2007）将 PPP 项目风险分为技术风险、商业风险、政治及管制风险经济和融资风险四大类。Ng 和 Loosemore（2007）根据风险与项目主体的相关性，将 PPP 项目风险划分为项目风险和一般风险两大类，涉及与自然、法律法规、政治及经济活动相关的一些风险。Song 等（2013）通过调查和分析中国 40 个垃圾处理 PPP 项目案例，总结出 PPP 项目的 10 个关键的风险要素，具体包括政府决策风险、政府信用风险、法律政策风险、技术风险、环境风险、公众反对风险、产品供给风险、合同变化风险、支付风险和项目收益风险。Riham 等（2013）提出在公私合作模式下，政府应建立一个有关财政资金运作的制度和机制，从而确保对 PPP 项目运行实施有效监控和风险识别。Carpintero 等（2014）通过分析西班牙 5 个轻轨 PPP 项目，提出风险识别和风险评价是项目成功实施的关键环节。Xu 等（2015）通过对 14 个中国废物焚烧发电 PPP 项目的风险因素调查，归纳出了废物供给不足、无废物处理权、环保风险、支付风险、缺乏相关设施 5 个主要风险因素。

针对国内的 PPP 项目风险因素识别，如范小军（2007）等在借鉴国内外 PPP 项目实践经验，运用层次分析法将风险分为 7 大类和 33 个指标。王振坤（2009）将基础设施项目的风险分为系统风险和非系统风险。亓霞、柯永建等（2009）以中国 PPP 项目案例为研究对象，归纳和总结了风险因素，并构建了较为全面的风险评价体系。邓小鹏等（2009）运用问卷调查法和多元统计法研究我国 PPP 项目，提炼了 20 个关键风险因素和 5 个主因子风险因素。张亚静等（2014）基于典型案例分析法构建了政府政策变化风险、政府干预风险、利率风险等 12 个风险指标，并对通过问卷调查得到相关数据，进行效度、信度和因子分析，提取了 4 个综合类因子，进而提出风险应对的策略。张杰（2015）以北京奥运会主体育场"鸟巢"为例，重点分析了金融风险、政治风险、法律风险、市场风险等。周国光等（2015）采用案例分析法，选取了 24 个失败的交通基础设施建设 PPP 项目，分析引发失败的风险因素，研究结果显示，与政府相关的因素和法律法规方面的风险因素是 PPP 项目失败的关键原因。

另外，部分国内学者通过构建数学模型方法，对 PPP 项目的一些主要风险进行了分析，并试图找出其与项目绩效的关系。如彭桃花、赖国锦（2004）在加权平均资本成本模型中引入政策风险、债务风险、破产风险等因素，研究了 PPP 项目风险识别和风险评价，并提出相关对策建议。赵立力等（2005）从不可控风险和可控风险的划分角度，通过构建项目公司参与约束和偿债约束条件下的数学模型，研究如何有效降低收入风险、资本结构风险和完工风险。陈守科等（2007）运用委托—代理模型构建了投资方的目标函数，分析了融资结构风险、项目收益风险和建设工期风险的限制条件。除此之外，乌云娜等（2013）从参与者不同利益主体角度出发，基于 ISM—HHM 混合方法，识别 PPP 项目的子系统风险及系统风险因素之间的关系，并构建了各风险因素之间的层次框架图。

以上研究从不同国家和行业的角度，对 PPP 项目的风险因素进行了分析，但在研究 PPP 项目风险分担方面，未对相关的风险因素进行全面系统分析，大部分都直接采用了 Li，B. 等（2005）分类方法。

二 PPP 项目风险评价

由于 PPP 项目涉及的参与方的利益诉求不同，而且各方对风险的认知程度和评价能力也不同，PPP 项目的风险评价具有复杂性，这为后续环节的风险分担造成一定的挑战性。对于 PPP 项目的风险评价研究，国内外很多学者探索了不同的方法。大致上，风险评价方法可分为定性分析和定量分析两大类。具体可分为以下几种方法。

第一种是专家评价法。Akintoye 等（1998）、Lyons 等（2004）、Fayek 等（1998）通过问卷调查、分析认为，基于专家的经验判断和主观评价的风险定性分析方法是工程项目中常用的风险评估方法之一。Chan 等（2010）通过调查问卷方法邀请专家对中国 PPP 项目 18 个关键成功因素进行评价，研究结果表明，模型可以分为五个潜在因素：宏观经济环境因素、政府和私人部门之间责任风险因素、采购过程的透明性和效率性因素、政治和社会环境因素、政府管理决策准确性因素。Chung 等（2015）邀请 32 个国家的 101 个专家对收费公路 PPP 项目风险因素进行评价，然后通过离散选择模型量化风险指数，并识别相关风险来源。

第二种是蒙特卡洛模拟法。Savvides（1994）通过蒙特卡洛模拟技术分析方法对投资项目的风险进行分析和评价。随后，Songer、Diekmann 和 Pecsok（1997）强调了蒙特卡洛风险评价方法在基础设施项目风险评价中确定关键变量和评价债务违约概率方面的价值。Rode 等（2001）以某核电厂项目为例，将事件发生、发生时间、发生成本3个层面的不确定性引入模型，并运用蒙特卡洛模拟方法来评价项目的风险，从而证明了该方法比其他评价方法在确定项目风险价值方面更加有效。Ye等（2000）分别利用蒙特卡洛模拟法进行收费公路的风险评估和基础设施投资的 NPV－at－risk 评估。Liu等（2009）以中国南部污水处理 PPP 项目为例，采用蒙特卡罗模拟和现金流评估模型研究了 PPP 项目风险问题。Carbonara 等（2014）在研究 PPP 项目风险评价时，结合实物期权模型和蒙特卡洛模拟法，分析了使得政府财政和私人追求利益两者均衡的合理的政府担保收益水平。

第三种是敏感分析法，Woodward（1995）通过问卷调查方法发现，BOOT 项目风险管理过程中大部分管理者使用敏感性分析对资本投资项目进行财务评价。Wibowo 等（2005）以印度尼西亚收费公路为例，从项目发起方、承办方和贷款方三个方面分析风险，针对主要风险因素采用拉丁立方体随机模拟技术（Latin Hypercube Simulations）进行了敏感性分析。

第四种是 AHP 分析法。由于 PPP 项目历史数据缺乏，很多学者尝试运用德尔菲法和模糊数学方法构建 F－AHP 风险评价模型，如 Cheng（2001）运用此模式分析台湾 BOT 交通项目的融资选择。Zhang 和 Zou（2007）运用模糊层次分析法评价了合作投资项目的风险因素。在 AHP 方法的基础上，Saaty 教授针对系统间元素的交叉作用，提出了以独立单位和反馈为内容的 ANP 即网络分析法，这一理论进一步丰富了项目决策理论。Li 等（2011）提出了模糊层次分析法（AHP）作为风险评估技术，并以中国高速公路 PPP 项目进行实证分析，结果表明，规划缺陷、缺乏合格的投标人、设计缺陷、项目收益低和项目审批时间长是项目五大关键风险因素。Li 等（2013）通过比较标准的 AHP 法与改进的 AHP 法的区别，证明改进的 AHP 法在项目风险评价中在信息获取有效性和实践可操作性等有着相对优势。

另外，Thomas 等（2006）运用故障树和德尔菲法提出了一种风险评价体系，涉及关键风险场景建模和专家专业评价等流程。Ebrahimnejad 等（2010）提出模糊集和理想解贴近度法比较适用于发展中国家 BOT 项目的风险评价和排序。Iyer 和 Sagheer（2010）在研究印度公路 PPP 项目的开发阶段的风险过程中，运用解释结构模型（ISM）构建了风险等级内部关系结构，然后用 MICMAC 分析确定各风险之间的相关度和影响度，发现其中融资延迟风险、成本超支风险和工程完工推迟风险与其他风险依赖程度最高。

国内应用于 PPP 项目的风险评价最广泛的有 AHP、ANP 方法。一些学者在研究大型基础设施项目融资风险动态评价中引入了模糊集理论方法。何健（2008）在层次分析方法与模糊评价理论相结合的基础上，通过对风险分类，并确定各风险因素的权重，从而建立了水电基础设施项目融资的多层次模糊风险评价模型。孙荣霞（2010）基于霍尔三维模型将公共基础设施 PPP 项目按照逻辑维、知识维、时间维三维结构建立风险评价模型。张玮等（2012）采用网络层次法（ANP）以东南亚国家 PPP 水电项目为例，对主要风险因素进行评价。目前学者们开始尝试将模糊数学、神经网络技术与层次分析法结合在一起构建风险评价模型。刘亚臣等（2014）基于灰色模糊综合评价方法对廉租房 PPP 项目融资风险进行评估，为项目决策和风险管理提供重要依据。张萍等（2015）首先构建了一个城市基础设施 PPP 项目融资风险的风险评价体系，然后运用模糊评价方法测量 PPP 项目融资风险水平，进而提出相关的风险管理意见。

综上所述，国内外学者对 PPP 项目的风险识别和风险评价可以从不同的角度和方法来对不同行业风险进行分析，但是存在以下不足：一是在风险识别方面未有结合城镇化背景下凸显的环保问题和政府财政负担等，导致 PPP 项目风险评价指标构建与当前形势不匹配；二是在风险评价方面，虽然学者尝试不同的方法，层次分析法（AHP）利用层次结构与相对标度，比蒙特卡洛模拟法、敏感性等方法更加适合解决复杂的风险因素，但在结合模糊数学与专家评价法方面构建风险评价模型不多见。本书基于德尔菲法、专家调查法进行问卷调查，设计 PPP 项目风险评价指标体系，结合层次分析法和模糊数学方法，建立优化的 F-AHP 法构建基础设施的风险评价模型，并以上海华电莘庄工业区燃气热电冷三联供改造项目（以下简称"莘庄 CCHP 项目"）为例构建风险评价体系。

三 PPP 项目风险分担

近些年来，国外学者在 PPP 项目风险分担方面，主要侧重于风险分担原则、风险分担方式、风险分担方法等。有关学者从不同角度对 PPP 项目风险分担问题进行了一定研究。

1. 风险分担原则

Loosemore（2006）研究了 PPP 项目风险合理分担的主要依据，并强调了风险分担过程中注意风险与收益相对等的原则。Abednego 等（2006）提出合理的风险分担涉及各种风险的承担方是谁，风险分担的最佳时间，以及具体风险分担方案的制定等方面，然后概括总结了参与方风险分担的基本原则，即要求各方进行有效的风险识别、风险评价；风险由风险管理能力较强的一方承担；风险由具备较强控制力的一方来承担；风险由风险偏好较强的一方承担；风险由能有效降低风险发生概率的一方承担；风险由风险损失承担能力较强的一方承担。Martins 等（2011）以葡萄牙电力 PPP 项目为例，阐述风险分担的基本原则是风险应由风险控制能力最强的一方承担，并提出 PPP 项目中建设风险、操作风险、环保风险、金融风险等 16 个风险的分担方案及风险水平的等级。Roumboutsos 等（2015）探讨了交通基础设施 PPP 项目的收益风险分配问题，案例研究发现，当实际风险分配方案违背了风险分担基本原则时，容易引发项目的失败。

国内对于风险分担的原则已经基本达成了初步共识：①风险由控制力最强的一方承担；②风险与收益相匹配的原则；③风险承担的上限规定。刘新平、王守清（2006）阐述了 PPP 项目的风险分担原则，并设计了风险分担框架和步骤，包括风险初步分担、风险全面分担和风险跟踪和再分担三大步骤。刘江华（2006）认为风险应由最适合承担并且最愿意承担风险的一方承担，从而使项目整体满意度达到最大，进而以此为原则构建了基于风险偏好的风险分配模型。柯永建、王守清（2011）等提出基础设施 PPP 项目的风险由对该风险最有控制力的一方承担，政府部门主要承担的风险有政策风险、法律法规变更风险、项目审批风险、土地获取风险等，私人部门主要承担项目融资、施工、运营和维护等阶段的风险。林表文（2013）提出 PPP 项目风险分担需遵循的对称性、上限性、最优性和动态性四个原则，进而设计了 PPP 项目风险分担的大体流程及框架图。陶思平（2015）在提出 PPP 项目风险分担需要满足的公共公平性、收益—风险对称性、有效控制性、风险分担的动态性这四个原则的基础上，以北京轨道交通 4 号、14 号和 16 号线为例，分析了 PPP 项目风险分担的问题。邓雄（2015）分析了 PPP 项目风险分担基本原则，提出风险要分配给控制力最强的一方，且满足风险与收益匹配性，并具体分析了英国 M6 收费道路 PPP 工程和英法海峡隧道项目的风险分担问题。

2. 风险分担方式

Tiong 等（1997）提出在项目合同谈判期间，政府部门总是倾向于将更多风险转移给私人部门，如利率风险和汇率风险，然而这些风险有可能超出私人部门承受范围，因此，不合理的风险分担往往会导致项目失败。Arndt（1998）指出 PPP 项目风险应该在政府部门、特许权经营项目公司以及最终使用者三者之间进行合理分担。Milner（2004）与 Lam（2007）指出风险在政府与私人两部门的合理分担，可以通过在合同中明确界定各方的权利与义务以及风险分配方案，同时政府也需要制定合理的付款和补贴机制来对风险进行有效分担。Li 等（2005）基于问卷调查方法构建了英国 PPP/PFI 项目的风险分担矩阵，指出 PPP 项目风险可依据各方承担风险比例的意愿进行分配，进一步将风险划分为由政府部门独立承担的风险、由私人部门独立承担的风险、双方共担的风险以及因特定因素产生的风险。Shen 等（2006）指出政府部门承担政策风险、法律法规变更风险、项目审批风险、土地获得风险等，私人部门则承担开发、设计、施工、运营等阶段的风险，双方共担的风险有利率风险、汇率风险、财务风险以及地质条件等不可抗力风险。Ng 和 Loosemore（2007）以铁路项目为例，探讨了政府部门与私人部门分担风险的原理以及如何在两者之间进行有效分担风险。Chang（2013）基于交易成本经济学（TCE）和资源学说（RBV）角度，针对政府治理结构、资产特异性的问题，分析 PPP 项目风险分配模式。

国内学者如宋志东（2004）认为科学合理的风险分配是PPP项目成功与否的关键，双方在谈判时，首先确定关键风险因素，根据各方的风险承担能力、风险控制能力和风险管理效率，在合同条款中界定项目各参与方的责任和权利。李永强、苏振民（2005）在研究政府部门与私人部门风险分担时，基于双方分别追求社会效益和经济效益为目标，则必须在社会效益与经济效益之间进行权衡并达到项目效益的最优状态，并且政府部门与私人部门之间的风险分担实际上是一个博弈。陈玿（2011）基于网络治理视角建立PPP项目的风险分担框架，从参与者异质性、互动能力、交往规则、参与策略四个影响风险分担的因素，探讨参与者之间风险分配的问题。黄恒振等（2015）从风险再分担传导机理的角度出发，讨论了轮流出价博弈过程及其影响均衡状态结果的因素，进而提出政府与私人部门再分担的相关建议。纪鑫华（2015）基于"物有所值"（Value For Value，VFM）理念，提出在PPP项目前期规划、谈判磋商、合同签订、项目实施等各阶段，要动态调整风险分配方案，提高项目的VFM值。

3. 风险分担方法

国内外的文献关于PPP项目风险分担的研究方法大致分为四大类：

第一类是调查问卷方法，如Li等（2005）通过调查英国参与PPP项目的政府官员和私人企业，确定了双方共担、私人部门承担和政府部门承担的风险类型，Roumboutsos等（2008）、Ke等（2010）、Chou等（2012）通过问卷调查法对政府与私企的PPP项目风险分配方案进行确定，降低项目的损失风险。Mouraviev等（2014）通过对哈萨克斯坦11个幼儿园的PPP项目调查，归纳出有效风险分配的框架，研究结果发现，政府有效地将大部分风险转移给私人部门，但是风险转移成本占政府财政支出较大。目前国内大部分学者采用的是这种方法，如柯永建等（2011）、何伟怡等（2014）、梁晴雪等（2015），但主观性较强。

第二类是构造数学模型的方法，如Lam等（2007）、林媛等（2011）采用模糊逻辑方法对PPP项目进行了风险分配，此方法过程较为复杂；Jin（2010）基于交易费用理论和资源视角的组织能力理论，运用模糊神经网络决策技术建立了风险评价体系，并对风险分担方案进行评价和预测。Iyer 等（2011）以印度公路 BOT 项目为例，在构建特许协议模型基础上研究交通量与特许期的关系，并提出通过建立有效的风险分担机制来确保私人投资者的收入来源。范小军等（2007）、安丽苑（2009）、程连于（2009）通过构造项目成本和收益的风险分担比例模型，研究政府与项目主办方共同分担的风险比例。郭健（2013）利用 Black–Scholes 期权法构建了公路 PPP 项目决策模型，确定项目收益上限和下限，进而分析交通量风险分担的策略。朱宝瑞等（2015）基于 Shapley 值法研究 PPP 项目参与者的边际收益与风险分担的关系，进而为确定项目合理的风险分担比例作参考。

第三类是层次分析法，如孙荣霞（2010）基于霍尔三维结构，构造了风险分担递阶层次方法，从定性和定量角度出发对 PPP 项目利益相关方进行风险分配；叶秀东（2012）通过构建风险评价指标体系，结合层次分析法找出最佳风险分担方案。董威等（2014）结合层次分析法—灰色关联度模型，对 BOT 项目风险分担方案进行评价，从而为保障项目成功运行提供了依据。

第四类是博弈论方法，如 Medda（2007）以交通运输行业的 PPP 项目为例，采用博弈论方法分析了参与方的最优风险分配策略；Kang 等（2013）提出了一种确定 PPP 项目中税收和补贴的均衡状态的博弈模型，结果显示税收和补贴受到投标人和政府以外的外部选择的影响并非是双方的讨价还价能力。国内学者朱向东等（2013）从静态博弈视角分析了政府部门、项目公司和其他关联方三个参与方进行风险分担；李林等（2013）结合参与方地位的非对称性，通过构建完美信息条件下和不完全信息条件下政府部门和私人企业的讨价还价模型，探讨双方在 PPP 项目风险分配比例。葛果等（2015）通过构建 PPP 项目政府、项目公司和银行贷款机构三个参与主体的动态博弈模型，分析了风险偏好与最优风险分担结果的关系，研究结果表明，风险偏好越强的主体承担的风险和收益越多。

第五类是案例分析法，如 Ng 和 Loosemore（2007）以澳大利亚的铁路项目为例，分析政府和私人部门合理的风险分担方案；Chung 等（2015）以一个澳大利亚公路 PPP 项目为例，分析了合同设计对项目风险管理的影响，研究结果表明，通过合同明确各方风险分担情况对项目运行产生积极作用。国内学者周和平等（2014）通过 12 个 PPP 案例识别风险因素，并根据风险分担的规律提出风险分担对策。

基于以上国内外文献研究，当前国外学者们在 PPP 模式的风险分担研究方法方面已经有了一定的发展，将神经网络、模糊数学以及博弈论等方法应用到风险分担方面，并建立了多种风险分担模型，这为风险管理方面提供了有价值的依据。大多数的博弈论仍停留在静态博弈或动态博弈，其中动态博弈论更能够反映 PPP 项目参与方在整个谈判过程中对风险分配的讨价还价的过程，并且由于 PPP 项目中政府部门和私人部门的地位是不对称的，策略选择有先后之分，而次序的不同会导致不同的结果。本书运用博弈论中不完全信息动态博弈中的讨价还价模型，对 PPP 项目中政府部门和私人部门之间的博弈过程进行分析，根据参与方博弈的次序不同，定量分析博弈方最优风险分配策略，进而确定该策略组合下各方的风险分担比例，保障 PPP 项目的顺利实施。

四　PPP 项目政府监管

国外对城市基础设施公私合作模式下政府监管行为的研究比较深入，公私合作模式作为一种社会博弈，Shubik（1982）利用"相关利益者理论"把政府部门与私人企业双方的合作规则和收益构建博弈模型，指出政府部门从公众利益角度出发，而私人企业考虑自己的利益和风险进行决策。萨瓦斯（2002）从基础设施的公益性和社会性特点出发，指出在基础设施市场化进程中，政府对特许权的规制是必要的，私人企业必须接受政府部门的监控。Dequiedt 等（2004）认为联合与信息共享是降低信息不对称和避免效率低下的有效途径。Jamison 等（2005）认为，由于城市基础设施公益性的特征，政府在引入社会资本参与基础设施建设过程中，对私人企业进行监控和调控才能保障公众的利益。Daube 等（2008）指出政府和私人企业目标存在不一致性，政府确保公共物品和服务满足社会公众的需要以追求社会效益，私人企业则以产生足够的现金流及支付股东红利为目的，并指出政府要通过合同约束来督促私人企业改进服务，减少私人业主的补贴支付或优惠政策，以此来补偿项目的效率损失。Bekkers（2009）提出政府部门与其他监管机构共同建立信息化系统平台，共享信息资源，提高对项目的监管效率。Shendy 等（2013）提出在公私合作模式下，政府应建立一个有关财政资金运作的制度和机制，从而确保对 PPP 项目运行实施有效监控和风险识别。Iossa 等（2013）提出政府部门在 PPP 项目中的关键作用是设计和实施标准化合同，监控私人部门行为是否合规，向公众披露合同信息，并将合理的风险转移到私人部门，从而实现有效的风险分配，保障 PPP 项目顺利进行。D'Alessandro 等（2014）从合同具体条款有形约束与合同契约精神的无形约束的不同特征角度，研究了 PPP 项目风险分配与政府管理的关系。

国内学者从社会福利最大化、社会效率等不同角度，采用公私合作模式中各利益群体的决策模型，对公共产品私人供给的政府监管问题进行研究（谢贞发等 2005）。詹镇荣（2003）认为政府将基础设施的建设、运营和维护的职能转移到私人企业，政府要转变角色，从以前的"履行者"变成现在的"监督和管理者"，从而有效保护公民权利。黄新华（2006）、郑鸿（2008）认为基础设施建设在政府与私人企业合作过程中，特许经营权解决了资金融资的问题，同时政府部门要对私人企业进行监管，防止其出现违规行为。谈文昌（2007）认为在基础设施建设中，有效的政府监管是保证公共产品与服务质量的前提条件，其中市场准入是政府监管的关键。刘向杰等（2008）在基于公私合作监管视角，采用无限期重复博弈和 KMRW 声誉模型，分析私人企业声誉对公私合作模式下公共产品机制的影响，并提出政府通过建立激励机制补贴成本与惩罚机制来增加违规成本，从而强化其自身约束和监督的目的。范昕墨（2011）通过构建基础设施建设中政府融资行为的博弈模型，分析地方政府虚报项目骗取财政资金行为的机理，提出完善财政资金监督机制，采用相应奖惩措施等博弈策略。周全胜（2012）指出在公私合作机制中，政府应给予补贴减轻私人企业经济压力，并对市场准入、招投标各环节进行严格监管，以保障公共服务市场化的顺利进行。叶晓甦等（2013）研究了公私合作制中政府监督与管理机制，明确指出 PPP 项目中政府处于的双重角色和职能，要健全监管体系，合理确定监督边界，科学选择监管途径，并采取政府担保、税收减免优惠等激励措施。陈红等（2014）通过构建 PPP 项目寻租博弈和监管模型，分析政府机构监管与私人机构寻租的博弈困境，进而在信息披露、惩罚和激励机制等方面提出相关的监管政策建议。陈婉玲（2014）从 PPP 模式下公共资源配置的思想角度出发，探讨 PPP 模式立法及政府职责，并提出 PPP 项目独立监管应围绕公共利益与供给效率为核心。林翰（2015）针对目前 PPP 模式应用中存在的困境，从绩效评估机制、创新项目监管机制、PPP 项目监管机构等方面提出加强政府对 PPP 项目全生命周期监管的具体措施。

从国内外研究文献来看，存在一定问题：一是在公私合作模式下，政府监管问题的研究主要体现在监管体制改革的宏观层次，提出了通过专项资金补贴、激励机制、惩罚机制来避免私人企业的违规行为，从而有效实施政府监管。但是，针对风险初步分担监管的研究比较匮乏。二是由于 PPP 项目风险分担是一个动态过程，确定风险初步分担后需要通过监管发现风险分担不合理的因素和之前未考虑的风险因素，然后对风险分担方案进行调整。鉴于此，博弈论方法更适合研究 PPP 项目中风险分担博弈行为。因此，从实证角度，基于博弈论方法分析政府如何有效对 PPP 项目中风险分担进行监管的研究有待深入。我国 PPP 模式运行中容易产生市场失灵、效率损失等问题，本书通过构建政府部门和私人企业博弈模型，结合奖惩措施的博弈演化特征进行分析，可为政府制定激励和惩罚措施制定提供参考依据，鼓励私人部门如实反映风险分担情况，确保 PPP 项目顺利实施，从而维护社会公众利益。

综上所述，PPP 项目在整个项目生命周期中如何进行风险识别、风险评价，如何在政府部门、项目运营方、贷款银行、保险公司等各主体之间进行合理风险分担，政府又如何进行有效监管等，是目前政府、金融机构等关注的焦点问题。总体来说，我国基础设施 PPP 项目的风险研究起步较晚，国内对风险分担模型有一定的研究，但并未达成共识。而且，这些研究往往偏于理论化，分析结果对于项目适用性还有待检验。并且在实际中 PPP 项目都具有自身特点，不同的项目面临的风险也各有差异，那么风险分担模型在 PPP 项目实践性还有待于深入、系统的研究。相对于国内而言，国外在 PPP 项目风险方面的理论研究更加深入，很多国家和地区在 PPP 项目风险方面从理论和实践的角度，已进行了深刻的探讨。但是，国内外文献的研究存在以下问题：（1）国外研究虽然较多，但是我国实际情况与他国存在一定差异，且我国省份之间也有所不同，那么在借鉴国外经验时，必须考虑各省省情。（2）对于 PPP 的风险研究，目前仍局限于项目风险管理的一般框架，并未对 PPP 项目风险分担问题进行深入研究。（3）关于风险分担比例和相关具体措施往往流于形式、可操作性不高。

第三节　研究思路和技术路线

一　研究思路

首先，了解 PPP 项目风险的研究现状及发展趋势，对国内外文献进行归纳和总结，针对现有研究视角存在不足，确定以 PPP 模式的风险分担与政府监控行为作为本课题主要研究对象。

其次，以基础设施项目分类理论、委托—代理理论为基础，针对目前城镇化进程中面临的基础设施建设的巨大资金缺口，提出引入 PPP 模式的必要性和迫切性；然后从利益相关理论和信息不对称理论角度，分析博弈论应用在 PPP 模式风险分担研究中可行性。

再次，根据 PPP 项目风险的特点，在归纳总结 PPP 项目风险因素基础上，基于风险评价指标的选取原则，构建了较为全面的 PPP 项目的风险评价指标体系，并运用模糊层次分析法对其进行风险评价，确定风险因素影响程度等级，为风险分担的优先顺序提供参考依据。

复次，在已构建的 PPP 项目风险评价指标体系基础上，基于 PPP 项目中政府部门与私人部门轮流出价的不同次序，构建了政府部门与私人部门在 PPP 项目中风险分担的模型，进而得出双方风险分担比例的计算方法，并提出 PPP 风险分担的相关政策建议。

最后，针对 PPP 项目风险初步分担后私人部门可能存在的不能如实上报风险分担情况的违约行为，运用博弈论方法分析政府及相关中介机构监管的必要性，并建立中介机构违规上报模型及政府监管部门尽职检查模型，分析政府监管部门基于中介机构上报的监控结果而采取的奖励和惩罚行为的演化特征，为政府部门制定 PPP 项目相关的激励和惩罚措施提供借鉴，同时，通过政府监管部门对 PPP 项目监管，可以有助于发现前面阶段未发现的风险因素以及之前初次分担比例不合理的风险因素，使其进行风险再分配。

二 技术路线

本书首先以基础设施项目分类理论、委托—代理理论、利益相关理论及博弈论为基本理论，提出博弈论在 PPP 模式风险分担研究的可行性。其次介绍了 PPP 项目风险分担的框架，包括 PPP 项目风险分担博弈主体与客体、风险分担博弈流程等方面，为后面风险分担过程研究奠定了基础。再次，根据风险分担流程图确定了本书研究风险分担主要三大环节：一是 PPP 项目风险评价指标体系构建及评价，运用模糊层次分析法评价了各风险因素影响程度等级，从而为风险分担的优先顺序提供了参考依据。二是基于博弈论方法构建 PPP 项目风险分担模型，尤其是考虑政府部门与私人部门不同出价顺序下风险分担比例的"先动优势"。三是通过分析政府监管部门与企业的 KMRW 声誉博弈、中介机构违规上报模型及政府监管部门尽职检查模型，研究在风险初步分担后的政府监管阶段中影响私人部门不能如实反映风险分担情况的因素有哪些，从而有助于发现前面阶段未发现的风险因素以及之前初次分担比例不合理的风险因素，使其进行风险再分配。最后，以上海莘庄 CCHP 项目为例进行了风险评价与风险分担模型的应用研究，验证了构建的 PPP 项目风险分担模型的实践性和应用性。本书力图针对中国基础设施 PPP 项目中风险的识别、评估、分担和监管问题，建立一种以"利益共享、风险共担、全程合作"为理念，更加适合中国的 PPP 项目风险分担机制，为项目各方特别是政府和企业之间谈判、风险和收益的分配等决策提供理论支撑，并提出相关的对策和建议。

本书的技术路线见图 1-1。

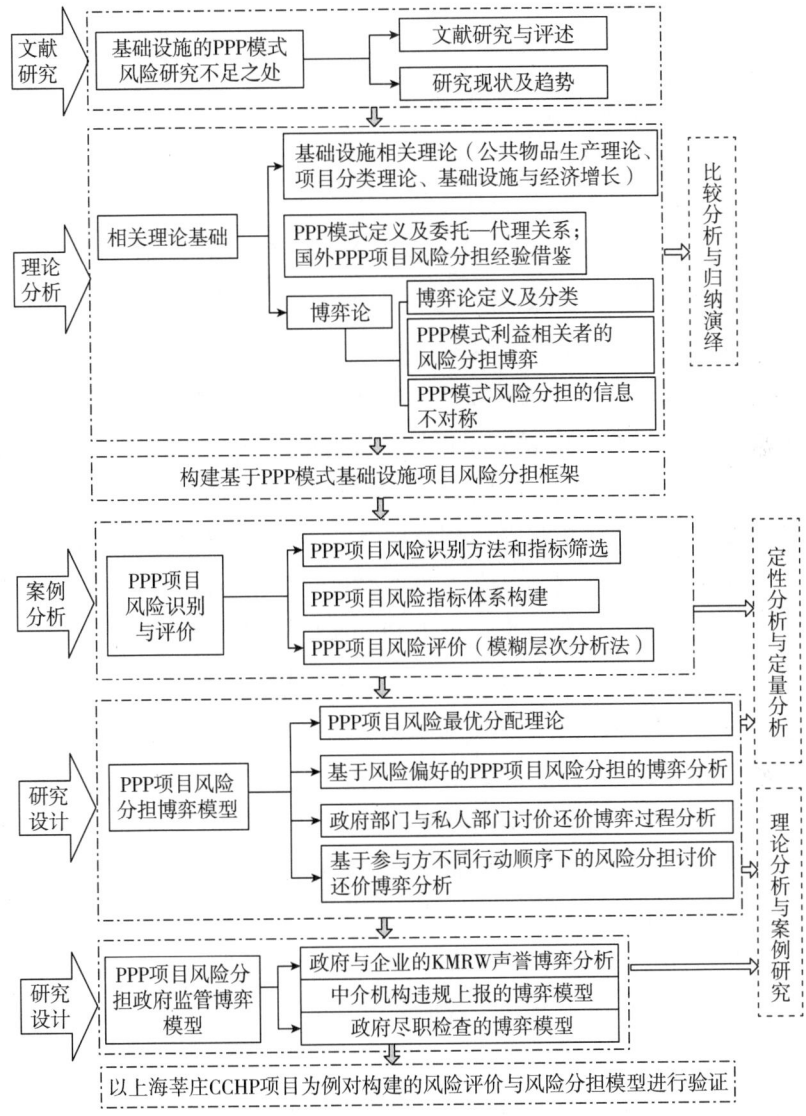

图 1-1　技术路线

第四节 研究内容和研究方法

一 研究内容

1. 绪论。主要介绍了研究背景、研究意义、国内外相关文献综述、研究内容、研究思路和具体的研究框架。

2. 相关理论基础。以项目分类理论、委托—代理理论、利益相关理论、博弈论等理论为基础，引出推行 PPP 模式的必要性，并通过比较各国的公私合作制理论与实践，分析 PPP 模式及风险特性，通过比较和鉴别，寻找共性和差异之处。然后从利益相关理论和信息不对称理论角度，分析博弈论应用在 PPP 模式风险分担研究中的可行性。

3. 基于 PPP 模式的基础设施项目风险分担框架。从 PPP 项目风险分担机制的目的、原则和流程角度出发，结合 PPP 项目的风险特点和属性，从 PPP 项目风险分担主体与客体、风险分担方式、风险分担流程、风险分担方案等方面，提出 PPP 项目风险分担的框架体系。

4. PPP 项目风险识别与评价。通过对 PPP 项目风险的定义和特征介绍，分析 PPP 项目中存在的风险分担结构不合理的原因，归纳总结 PPP 项目风险因素识别的过程和方法，根据风险评价指标体系的构建原则，构建 PPP 项目风险评价指标体系，并运用模糊层次分析法对其进行风险评价，为后续的风险分担模型的构建奠定理论基础。

5. 不完全信息下的 PPP 项目风险分担博弈分析。运用不完全信息条件下讨价还价博弈理论，基于 PPP 项目中政府部门与私人部门轮流出价的不同次序，分别构建了政府部门先出价的 PPP 项目风险分担模型和私人部门先出价的 PPP 项目风险分担模型，得出了对应的子博弈精炼纳什均衡状态下双方的风险分担比例的计算方法，并提出 PPP 风险分担的相关政策建议。

6. 基于博弈论的 PPP 项目风险分担的政府监管。基于博弈论方法，通过研究政府监管部门与企业部门的 KMRW 声誉博弈关系，分析中介机构违规上报风险分担情况的博弈分析和政府监管部门对上报结果进行尽职检查的博弈，探讨 PPP 模式风险初步分担监管过程中政府监管部门、私人企业与中介机构三者之间的博弈过程，研究得出政府如何利用有效的奖惩机制来激励私人企业如实反映风险分担情况，减少私人部门的违规行为。有助于发现前面阶段未发现的风险因素以及之前初次分担比例不合理的风险因素，使其进行风险再分配。

7. 上海莘庄 CCHP 项目风险分担的案例研究。以莘庄 CCHP 项目为例，基于德尔菲法，专家调查法进行问卷调查，结合城镇化背景的特点设计 PPP 项目风险评价指标体系，然后运用优化的模糊层次分析法（F-AHP）对此项目进行了各层次风险因素等级和整体项目风险评价；并运用构建的讨价还价的风险分担模型计算出政府和私人企业两部门的风险分担比例，最后通过算例分析验证了风险评价模型和风险分担模型的实践应用性。

8. 结论与展望。归纳了全书的主要结论和创新点，并进一步指出了本书的不足之处和后续研究方向。

本书结构见图 1-2。

二　研究方法

1. 文献研究法与案例分析法结合。在查阅大量国内外 PPP 风险的相关文献基础上，提出新的研究视角与创新点，并结合国内外具体 PPP 项目案例和文献，总结和归纳 PPP 项目中面临的各种风险因素和风险分担方案。

2. 比较分析与归纳演绎方法相结合。以项目分类理论、委托—代理理论、利益相关理论等 PPP 模式相关理论为基础，通过比较英国、澳大利亚、俄罗斯的 PPP 模式的理论与应用实践，分析 PPP 模式风险特性以及风险分担情况，通过比较和鉴别，寻找共性和差异，并在借鉴国际经验的基础上，归纳出对我国 PPP 项目风险分担的启示。

3. 理论分析与案例研究相结合。PPP 项目风险评价模型、风险分担模型、政府监管模型的构建就是由理论到实践的过程，基础设施 PPP 模式风险特点以风险分担的特性、原则等研究都属于抽象理论研究，在理论研究基础上逐步提炼出方法与思路，进一步以某项目为例验证风险评价和风险分担模型的实际操作性。

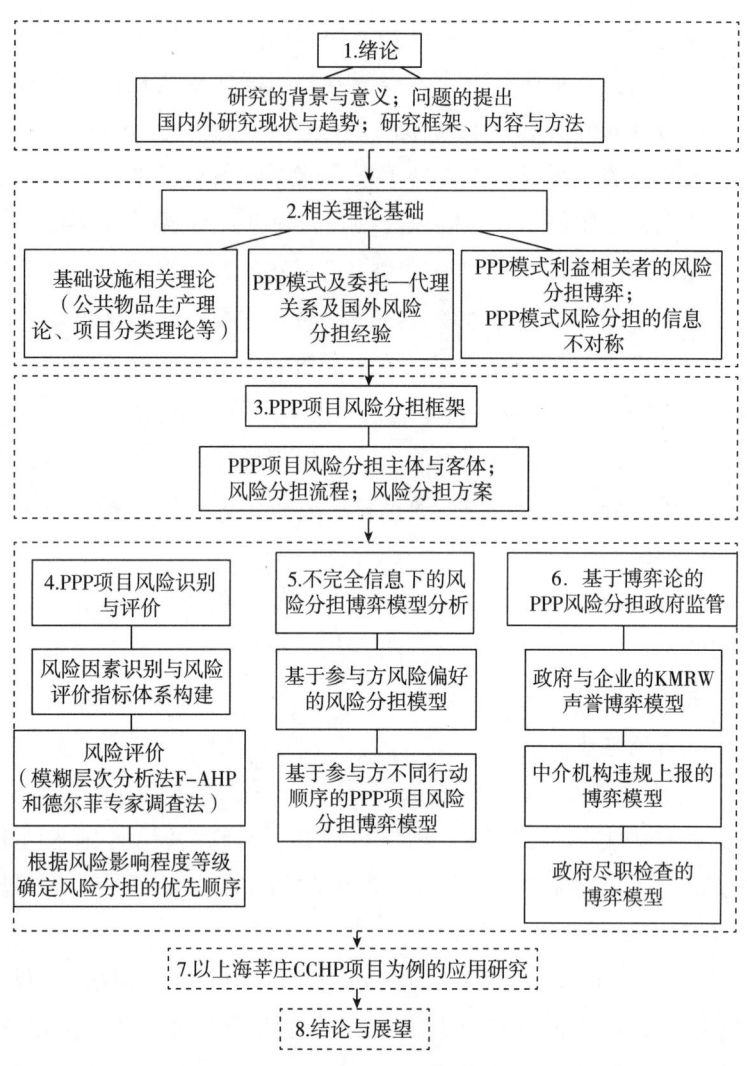

图 1-2　本书结构

4. 定性分析与定量分析相结合。采用定性与定量相结合的方法，一是构造 PPP 项目风险评价指标体系的模型，二是在分析 PPP 模式下政府部门与私人部门风险分担的博弈过程的基础上，构造风险分担讨价还价模型，并通过一定的方法和手段使主观定性意见得到量化，得到客观科学的计算结果。

第二章 相关理论基础

第一节 基础设施概述

一 公共物品生产理论

公共物品理论在19世纪80年代提出，并于20世纪30年代在英美等国家传播起来。公共物品理论是分析城市基础设施项目自然属性、社会属性、提供公共产品或服务的基本理论。萨缪尔森在1954年发表的《公共支出的纯粹理论》一文和1955年发表的《公共支出理论的图式探讨》一文中都谈到公共产品的问题，对于公共产品理论阐述了一些想法，认为每个人对公共物品的消费不会造成其他消费的减少。萨缪尔森强调了公共物品具有非排他性和非竞争性的特征，非排他性指的是在公共物品使用过程中，不能够通过技术手段来阻止其他没有支付费用的个体或机构在这些物品上获益，或者为了实现排他性需付出高额成本；非竞争性是指公共产品增加一个消费者不会降低其他消费者对其获取的数量和质量，即公共物品增加一个消费者的边际成本为零。

正是公共物品的非排他性和非竞争性两大特点，容易产生消费者"搭便车"的现象，因此，公共物品对私人机构不具有吸引力，私人机构不愿意参与公共物品或服务的经营，从而造成市场失灵，这就是David Hume提出的"公共的悲剧"。不少经济学家认为公共物品由政府提供存在一定问题，缺乏激励机制往往会导致公共物品经营不善，如Colm（1956）认为有些公共物品可以委托私人机构，通过市场竞争的方式提供。

关于公共物品的定义，它是相对于私人物品的性质进行对比，私人物品强调的是私有权的占有，而公共物品最典型的两大特征是非排他性和非竞争性，公共物品可以分为纯公共物品和准公共物品两大类。纯公共物品兼有非排他性和非竞争性两大特征，如国防、外交、灯塔等；准公共物品不是纯粹的具有非排他性和非竞争性的公共物品，当然也不是私人物品，这种准公共物品是存在一个"临界点"的，处于这个点之内时，消费者增加不会引起成本的增加，但超过这个点时，非竞争性和非排他性就会消失，拥挤就会出现。准公共物品又可以进一步分为：公益物品和公共事业物品，教育、图书馆、科技馆、公园、博物馆等一些免费开放的属于公益物品；通信、能源等行业属于公共事业物品。经过实践证明，由于准公共物品具有拥挤性和消费数量非均等的特征，对准公共物品收取一定的费用是合理、可行的，可以起到调整公共物品的需求量的作用，进而改善公共物品拥挤和过度的现象，有效提高资源配置效率和社会福利。同时，对准公共物品收取费用，将生产成本分摊到消费者身上，有助于实现公共物品的使用效率和公平，解决"搭便车"的问题。比如电视节目根据顾客收视情况进行收费，有些国家拥有私人机构经营电视台。

可见，城市基础设施大部分属于准公共物品，具有一定的经济特性，通过收取费用补偿成本，提高资源配置效率。这表明政府虽然有责任向社会公众提供公共产品或服务，但也可以通过授予特许经营权、签订合同等形式，引入私人投资机构提供、管理、维护公共产品，这为 PPP 模式在准公共产品领域应用提供了理论支撑。PPP 模式是充分发挥政府和私人各自的优势，构建的以"利益共享、风险共担、全程合作"为核心理念的合作关系。政府首先以提供社会福利为目标，制定提供公共产品或服务的项目，通过引入社会资本，凭借私营机构先进的管理经验和丰富的项目经验，提高项目的质量和效率。但是，PPP 项目在整个生命周期蕴藏着复杂、多变的风险，应根据"风险分配优化、风险收益对等、风险可控"的风险分担原则构建科学、有效的风险分担机制，保障 PPP 项目的顺利实施。

二 基础设施项目分类

项目分类理论主要讨论的是针对不同的项目类型运用差异化的投融资措施，根据投融资主体、运作模式、资金来源及权益归属等方面，将基础设施项目分为纯经营性项目、准经营性项目和非经营性项目三大类。

纯经营性项目一般指的是可盈利的项目，由产品的需求和供给决定价格和收益，侧重的是市场机制发挥作用，投资者自行投资、建设、运营，收益归投资机构所有，运营的动机与目的是追求利润最大化，一般这类项目可引入社会资本参与建设和运营。

准经营性项目是通过收费和资金流入等方式来获取利润的附带部分公益性的项目，但因国家政策及行业价格管制等原因导致无法覆盖成本，未达到投资者预期利润，表现出市场失效或低效的局面。经济效益不足造成单纯凭借市场机制调节仍会造成资金供应链断裂，因此，对于资金缺口而言，政府部门有必要采取一些税收、价格等方面的优惠政策或是在合同里明确给予适当补偿或补贴的条款，使项目获得一定目标利润，在环境和条件改善时再将此类准经营项目适用的一些补贴或优惠取消，使其成为纯经营性项目，如公路、轨道、地铁等。

非经营性项目主要目的是获取社会效益和环境效益，一般不能通过收费和资金流入方式获取收益，资金来源主要是政府财政资金，并以固定的税费作为保障，政府享有权益。在项目运作过程中，政府往往采用招投标方式来确定合作方，提供项目运作效率，防止资金浪费。

根据项目区分理论，基础设施项目分类见表2-1。

表2-1　　　　　　　城市基础设施分类

项目属性	基础设施项目	投资主体	权益归属
纯经营性项目	收费公路、收费桥梁、燃气、港口、电力、供水、供热、通信设施等	社会投资	投资机构

续表

项目属性	基础设施项目	投资主体	权益归属
准经营性项目	轨道交通、机场、污水处理、垃圾处理项目	政府直接投资或政府与社会资本合作并给予适当补贴	投资机构或政府与社会资本利益共享
非经营性项目	绿化、防洪设施、公园、河道治理、河堤、护坡、港区航道、消防及各种防灾工程等	政府投资	政府

以上纯经营性项目、准经营性项目、非经营性项目之间可以相互转化，三类项目之间在一定条件下会发生转化，这与收费机制、价格政策、技术进步方面有关，如污水处理的特许经营制度和高速公路收费制度等，项目的建设资金和贷款偿还主要是通过收费获取，使非经营项目变成了经营性项目。

项目区分理论将城市基础设施进行了划分，为研究不同类型的PPP项目的风险分担奠定了理论基础，尤其是对于准经营性项目，政府要在符合产业导向政策和城市发展规划的前提下，积极引导私人部门参与基础设施项目，可以采用"利益共享、风险共担、全程合作"的PPP运作模式，建立一种政府与社会资本共同参与到项目的融资、建设、运营及管理全过程中的合作关系。通过对基础设施项目的区分，有利于科学界定政府与私人企业负责利益和风险分配，促进项目管理水平提高，充分发挥参与方各自的优势。同时，私人部门也要接受政府部门的监督和管理，政府应结合私人部门利益和社会公众利益，在价格调整机制方面，注意如何与物价指数、通货膨胀挂钩，准确反映人力、原材料价格的波动；在风险分配方面，风险由对该风险最有控制力，能够将风险合理转移，控制成本最低的一方承担，使得资源配置更有效率，从而达到政府部门、私人部门和社会公众共赢的局面。

三　基础设施与经济增长

伴随着城镇化进程的加快和经济发展水平的提高，城镇化成为中国经济增长的巨大引擎。改革开放以来，中国经济始终保持着高速增长的趋势，1979—2013年的年均增长率为9.8%，比同期世界经济的年均增长率高6.5个百分点，创造了不同于世界其他国家的"中国模式"。长期以来，我国城市基础设施的建设以政府财政投资占主导作用，随着城市化的推进，城市基础设施需求日益增长，经国家有关机构分析，一位农民成为城市居民，国家平均要花费40万元的基本设施建设资金，政府财政不堪重负。

经济增长是经济学研究的重要问题，对其影响因素备受学者关注。总体来说，国内外学者普遍认为城镇化进程与经济增长的关系是密切的。譬如，美国的兰帕德（E. E. Lampard）（1955）和诺瑟姆（Northam）（1975）指出经济发展与城镇化水平保持着相当显著的正相关性。但是Bertinelli和Strobl（2003）得出相反结论：即城镇化与经济增长不存在系统联系。国内学者马晓河等（2015）认为城镇化是新时期中国经济增长的发动机。陈晨子和成长春（2012）实证发现，我国城镇化进程带来了生产力、消费能力的急剧增长，并且目前我国城镇化仍处于"边际效益递增阶段"。

与此同时，投资、消费和净出口是拉动我国经济增长的"三驾马车"，而投资的很大一部分用于基础设施建设。关于基础设施建设对经济增长的促进关系，国外大致有两种观点。一是认为基础设施对经济增长存在显著的促进作用。如Aschauer（1989）和Boarnet（1998）发现交通基础设施等一些"核心"基础设施对经济增长具有显著的促进作用，鼓励不发达地区的基础设施建设投入在一定程度上有助于缩小区域间经济增长差距。二是认为基础设施投资增加不一定会促进经济增长。如Dutta（2001）和Baldwin（2005）认为提高基础设施水平不一定保证经济增长，反过来，经济增长会带来基础设施需求的增加，那么落后地区的基础设施与发达地区间产生差距，改善落后地区基础设施水平仍不会改变其经济水平。Edame（2014）研究得出对基础设施建设投入增加可以对经济增长产生长期正向促进作用。国内学者普遍认为基础设施对经济发展存在显著促进作用，中西部经济水平落后于东部的重要原因之一是不同地区基础设施的水平差距，如吴玉鸣（2006）、米本家（2009）和洪慧杰（2014）。张光南等（2010）认为东部省份对基础设施存在一定过度投资，中西部地区基础设施投资短期内表现得比较充足但长期不足，进而强调了基础设施存量的差距是造成地区间经济发展潜力差异的原因。金祥荣等（2012）采用松脚型资本模型实证发现，基础设施水平的高低决定不同地区的贸易成本和产业空间分布状况，进而造成各地区经济水平与福利水平的差异。

城镇化在经济增长中起到的积极作用不容忽视，并且经济增长的加快会导致人们对基础设施需求的增加。中国幅员辽阔，地理位置和自然资源禀赋的不同均可导致重大的区域差异。分析城镇化水平、基础设施投资与经济增长的关系，有助于解决中国新型城镇化进程中面临的基础设施建设巨额资金需求的问题，进而提出在城市基础设施建设领域推广PPP模式的迫切性。城镇化率、基础设施投资对经济增长的正面促进作用都具有滞后性，但是长期来看将保持稳定的均衡关系。在中国城镇化进程中，大力推进中国基础设施建设是相当有必要的，那么PPP作为一种创新的融资模式能够有效解决大量资金缺口的问题，减轻财政负担。

第二节　PPP模式概念及国内外应用现状

一　PPP模式概念

PPP（Public – Private Partnership）模式即公私合作模式，是一种政府部门与私人资本建立合作关系从而提供基础设施产品或公共服务的创新模式。从各国和国际组织对PPP概念理解来看，定义有广义和狭义之分。狭义的PPP指的是政府部门与私人部门为提供基础设施产品或服务建立的一种合作关系，更加强调参与各方合作过程中的风险分担机制和项目的物有所值（Vlaue For Money，以下简称VFM）原则。广义的PPP则泛指建设—维护（Build – Maintain）、设计—建设—运营（Design – Build – Operate）、租赁—开发—运营（Lease – Develop

-Operate)、建设—运营—租赁—转让（Build-Operate-Lease-Transfer）、建设—拥有—经营—转让（Build-Own-Operate-Transfer）、建设—拥有—运营（Build-Own-Operate）等一系列项目融资方式。本书研究侧重的是狭义范畴的PPP模式，强调的是项目参与者以"利益共享、风险共担"为核心理念的全过程合作模式，区别于传统的BOT、BT等形式的创新模式。不同的PPP模式风险分担情况有所不同，私人部门参与项目越深，对风险偏好越大，意味着其要承担更多的风险、责任和义务，那么私人部门承担的风险比例越大。但实际上，由于本书构造的PPP项目风险识别与评价模型、风险分担模型并未引入不同PPP类型的特征因素的相关参数，因此，本书研究结论同样适用于不同类型的PPP项目。

PPP模式参与方较多，主要包括：项目发起方、项目投资方（一般指商业银行等贷款机构）、运营方、承建方等。在PPP模式的运营过程中，很多主体之间存在的委托—代理关系，如项目发起人与经营者之间、项目投资人与项目经营者之间。

二 PPP模式在国外应用状况

1. 英国状况

（1）英国的PPP模式应用

第二次世界大战后，英国经济急剧衰退，财政压力巨大，为了减轻政府负担、提高管理效率，英国政府加大基础设施融资模式的创新，开始鼓励民间资本的进入。英国在1992年推动Private Finance Initiative（PFI）制度之后，1997年引入PPP模式（Public Private Partnership），即公私合作制，是一种以特许权协议为基础，双方通过合同确立各自的权利和义务的一种风险共担、利益共享的合作机制。英国的政府管理者认为PPP模式下80%的工程项目可按期完成，未引入此模式前只达到30%，同时节省17%的资金；20%未按期完成的，拖延时间最长没有超过4个月。同时，80%的工程耗资均在预算之内，一般传统招标方式只能达到25%；20%超过预算的是因为政府提出调整工程方案。

自20世纪90年代初以来，PPP模式在英国公共服务采购与供给方面发挥了重要作用。截至2007年，英国的PFI项目共870个，总价值655亿英镑。同时，英国拥有竞争充分的金融市场，长期融资的最大期限可以达到40多年的固定利率借款，这在一定程度上可以保障PFI项目获得稳定持续的资金，有效规划资金使用，另外，融资成本也比较低，例如，2007年11月的庄园医院（Manor Hospital）项目，通过金融服务管理局（FSA）担保的1.6亿多英镑33年期债券和1500万英镑期限可变债券实现了融资，采用的是比国债利率高出93.2个基点的较低借款利率。还有英国其他的PFI项目的借款利率最低可为国债利率加75个基点。

  PPP模式这种公私合作对基础设施融资的方式，建立了政府监督管理下"融资—设计—建设—经营—移交"，在运营方面主要有三种方式：一是自由竞争方式。政府通过招投标方式选择合作的私人企业来出资建设和运营管理项目，这家企业通过向社会公众收取费用来覆盖成本。二是补贴方式。私人企业投资建设城市基础设施，然后通过收取服务性收费回收利润，不足的部分政府给予财政补贴。具体根据项目不同阶段的需要，政府采用相应的资金支持。比如，政府在项目建设前提供部分资金，运营阶段完全由企业负责；或是在建设阶段，完全由私人来负责，建设后政府给予资金补偿。三是政府采购。对于纯公共性的基础设施，无法采用大量收费来回收收益，那么可以让私人企业进行投资建设和运营，政府则出资向投资者购买服务。政府和企业在签订项目合同时事先明确服务期限和付费标准，政府按照承诺的对项目进行补贴，保证投资回收。另外，英国制定了《特许经营法》《自来水法》等相关法律法规，明确实施过程中城市基础设施项目的责任和义务，形成良好的监管体系并加强了政府监管力度。

  随后，PPP模式在全世界迅速发展起来，如菲律宾的"MWSS（大马尼拉地区供排水系统）私营化"项目、俄罗斯的索契冬奥会、中国北京地铁四号线等，此模式是降低政府财政负担，拓展融资渠道、提高项目运作效率的一种有效融资方式。

  但是，随着2008年金融危机的爆发，英国的贷款机构大幅减少，贷款条件苛刻，许多PPP项目融资无法得到资金支持。具体表现为两大方面的影响：一是信用保险公司大幅萎缩。信用保险公司的业务主要是为投资人提供担保的，它们可以通过担保将投资信用等级低的PFI项目债务转化为3A级，从而吸引更多投资者，降低融资成本，有助于保障按时收回本息。因此，信用保险公司在PFI项目中成为重要辅助机构。然而，2008年金融危机爆发，该机构信用级别大幅下降，信用保险模式受到较大影响。二是银行退出PFI市场。2008年，风险较低、市场认可的PFI项目难以从大部分银行获得长期贷款业务。由于PFI项目期限较长，融资过程较为复杂，银行对PFI项目发放的贷款规模、范围逐渐缩减，即使获得贷款，利率也有显著提高，2009年7月时，利率曾飙升到比国债至少高250个基点，最多高300个基点，项目成本大大增加，超出其承受能力范围。

（2）PPP模式风险分担方面

1966年赛文河第二大桥项目运用的是特许经营模式，该项目风险分担流程大致分为：第一步是公共部门识别并评估风险发生概率和影响程度，并将风险分担结果写入招标文件；第二步私人部门根据项目属性和自身承受能力，与公共部门谈判风险分担方案，达成一致后在合同上进行明确。

双方风险分担的具体情况如下：政府负责承担通货膨胀风险，根据1989年以来的物价指数增长情况，每年调整定价机制；为了应对第二大桥的交通收入和成本风险威胁，特许经营方负责对第二大桥维护阶段的费用，但是对于工程质量差、交通流量大于预期等难以预期或没在控制范围的情况除外。

在这个案例中，特许经营方根据合同中明确的责任来限定风险范畴，对于一些非预期的因素排除在自身承担范围外，同时，这个项目采取了发行政府债券、银行贷款及特许权收益等多种项目融资方式。

（3）英国PPP模式带来的启示

面对金融危机的挑战，相关政府部门及欧洲投资银行也相继采取了一系列措施，包括政府增加资本注入、为银行贷款提供担保、加强欧洲投资银行的支持力度，等等，但后来发现必须要鼓励银行支持长期贷款。2009年3月，英国政府在财政部建立了专门的PPP融资机构——基础设施融资中心,英文名字是 The Treasury Infrastructure Finance Unit,简称 TIFU,这个机构在英国的 PFI 项目出现利用市场手段融资困难的时候或者可能造成项目融资延期风险时,可以提供最后援助,可与商业银行、欧洲投资银行等一起贷款。根据世界银行调研报告《英国财政部基础设施融资中心:在全球金融危机期间支持 PPP 融资》,财政部强调 TIFU 要按商业原则运作,当金融市场恢复为利于 PFI 融资的环境时,将未到期的 TIFU 贷款出售,同时建立 TIFU 的注意以下几个方面:

①TIFU 的治理结构

政府通过内部建立的基金对 PFI 项目提供资金支持,同时搭配金融机构提供的项目贷款,这种方法是当时应对金融危机具有现实性和可行性的措施,建立基金时要确保灵活性,解决资金流动性风险。

②TIFU 的资金运作流程

TIFU 属于非营利机构,是财政部的内设机构,资金来源于财政,但 TIFU 机构设置类似于商业银行,设立了由财政部官员和独立的金融专业人士组成的信贷审批委员会,资金发放流程涉及发起并审核贷款申请、讨论并确定信贷条款、发放贷款后管理等环节。

③TIFU 贷款政策和范围

TIFU 规定采取与商业银行发放贷款条件一致的政策。主要针对特定情况下的 PFI 项目发放贷款:一是通过市场获得资金不充分或者不能在规定时间完成项目融资;二是项目投资者提出的融资条件较为苛刻,使得融资成本过高;三是不能找到合适的投资者获取资金。

④在风险分担经验借鉴方面

一是在合同中明确参与各方的风险分担份额,并建立协调组织机制。双方根据"风险与收益相匹配"的原则进行分配风险,私人企业拥有资金、技术和管理技能方面的优势;而关于土地拆迁和规划等方面的政策,私人企业却无能为力。英国政府要求私人部门承担项目经营、设计、运营、维护阶段的风险,项目需求量出现问题时政府也不提供补贴;项目融资出现问题都是由私人部门承担。另外,英国的 PFI 项目制定了清晰的风险转移目标,一旦出现项目出现预算超支风险或是项目延期情况时，私人部门承担风险。因此，项目施工前要对项目进行有效的风险识别、分析、评价与合理分担，尤其是对于双方都不愿意单独承担的风险，通过建立开放的协商机制达成一致。

二是通过健全法律体系降低合约风险与法律风险。英国先后制定《公共合同法》《公共事业单位合同法》《PFI/PPP 采购和合同管理指引》等一系列法规和规范文件。英国在约束参与方履行自身风险责任方面，通过日趋完善的 PPP 相关的法规，降低合约风险和法律风险。

三是加强完善 PPP 项目风险评价制度。英国政府对"物有所值"评价方法制定出规范化程序，作为项目资金价值评价和风险识别及分担等决策的重要参考依据。同时，政府要求私人企业提供项目净资产收益率及资产负债情况，并向外公开透明发布信息，让社会公众对项目资金使用状况了解。

四是运用创新金融工具。在英国，PPP 项目大部分都在地方政府层面推行，中央政府为了更好引导地方政府做好风险管理工作，根据 PPP 模式运行阶段，采取不同的资金支持手段。在 PPP 项目运行初期主要靠地方政府资金支持，在推广困难时期通过合作贷款或政府担保等创新金融工具，提高了项目融资效率。

2. 澳大利亚状况

（1）政府在 PPP 模式中的职责

PPP 模式在澳大利亚主要应用于基础设施建设或公共服务的提供，政府通过制定法律规章制度进行 PPP 项目管理，借助政府部门与私人部门各自优势提高 PPP 项目效率，在项目实施过程中对政府和企业承担的风险和责任清晰划分，建立公平解决未履约纠纷的机制，形成双方共赢的局面。

首先，建立专业 PPP 管理机构。澳大利亚联邦政府与州政府各自分层次设立了 PPP 管理机构，联邦政府的 PPP 管理机构主要负责全国 PPP 项目管理和审批，并定期发布关于重大基础设施建设项目的信息。州政府设立的 PPP 管理机构则是制定地方政府的 PPP 项目政策。这种 PPP 管理机构主要分为制定政策部门和执行部门，还有的成立专门的 PPP 项目指导委员会，由交通、能源、医疗、教育等行业相关专家担任委员会成员，对 PPP 项目进行调查并给出意见。专业的 PPP 管理机构有利于形成合理的风险分担及有效监管。

其次，确定 PPP 项目标准。在基础设施领域的 PPP 项目，澳大利亚政府对项目主要从社会效益、经济效益和生态效益三个方面进行评价，一是评价项目的经济价值是否达到推行标准；二是风险分担方案是否能将风险进行合理有效的分散和转移；三是项目设计是否采用先进技术和设备，能否提高效率；四是项目管理者和运行者是否具备较高的风险管理能力和专业水平，能否保障项目顺利运行；五是是否能够在政府和私人部门之间实现利益和风险的分配。政府要在 PPP 项目融资阶段利用优惠政策来吸引投资，如在墨尔本皇家儿童医院 PPP 项目实施过程中，私人投资者可以将旧址改造成商场、旅馆等并获得相关收入和优惠税收政策。

再次，明确双方的利益和风险的分配。通过在 PPP 项目合同中明确政府部门和私人部门各自具体的权利和义务，以及利益和风险分配方案，另外还需制定相关政策和环境在特定条件下可调整的条款。按照"收益和风险相匹配"的原则，对于政府部门而言主要承担政策相关风险，如土地获取风险，另外，政府部门要对项目实施过程和提供的服务进行有效监管；私营部门承担建设风险、运营风险，负责承接设计、施工并经营。澳大利亚政府部门制定了具体奖惩制度和规定，以此调动项目投资者提高质量和效率的积极性。澳大利亚在 PPP 项目中重视确保私人部门达到一定的利润水平，对于投资风险较小的项目，政府会向私营部门付费或是让利给私人部门，这样既可以满足政府追求社会福利的意愿，又可以达到私人部门追逐利润的目标，从而实现政府与私人部门共赢。

复次，建立和健全有效的风险分担机制。PPP 项目在开发、设计、建设、运营管理等阶段都会面临不确定因素，因此，风险存在于整个生命周期过程。澳大利亚政府在 PPP 项目的风险管理采取了一定的措施。一是提高信息透明度，在实施 PPP 项目前要确保参与方充分认知风险信息，保障项目成功运行。二是构建科学、合理、全面、有效的风险分担机制。风险分担要注意以下几点：将风险分配给承担或控制风险能力最强的一方；将风险分配给能以尽可能低的风险管理费用带来项目最大效益的一方。当然，不同的PPP项目中风险分担情况是不同的，要考虑不同项目的实际情况。三是加强参与者之间的信息交流和沟通。四是完善政府担保机制。PPP项目的核心是"利益共享和风险共担"，但是政府会通过提供担保融资等形式降低项目风险。这些风险管理手段和措施展现了澳大利亚政府在PPP模式推行过程中注重问责制、等值性和透明性的根本原则。

最后，完善相关法律法规和制度。在明确风险合理分担方案后，保障各方履行各自职责是关键。澳大利亚从法律上确保合同的顺利履行，无论是政府还是私人部门违约后，都会遭受声誉上的损失。同时，政府对PPP项目有严格的审计程序，主要包括绩效审计和财务审计两大方面。审计署会对PPP项目合同中提出主要绩效指标，对项目在公共利益、经济有效、绩效目标、法律法规等主要方面进行评价。

(2) PPP模式存在的主要问题

PPP模式在澳大利亚推广较为广泛，但在项目实施过程中也面临一些问题：一是PPP项目在实际推行中融资不容易，2008年全球金融危机发生后，对私人部门的融资限制有加大的趋势。二是私人企业的招标成本相对较大，资金存在损失风险。三是政府职能需转变。以前政府大都对项目进行指导或干预比较多，政府角色定位存在问题，应注意将项目需求和周期作为考虑要点，利用优惠政策和制度来吸引更多民间资本进入基础设施建设领域，并开发创新工具。四是项目风险复杂。PPP项目投资量大、期限长，政府部门监管也存在一定难度。除此之外，还有其他问题，如政府部门对于私人部门进行风险补偿难以量化；有的项目公司在中标后不能兑现资金承诺，造成项目资金不足的风险；还有的存在PPP项目定价机制缺失，等等。

(3) 澳大利亚PPP模式的启示

澳大利亚的PPP模式运行在政府职能转变、风险分担机制、法规法律制度、人才培养等方面有以下几点启示：

一是实现包容性创新和多方共赢。PPP模式可以充分发挥参与方各自的优势，特别是大型、复杂、建设周期长的基础设施建设项目，

PPP模式既可以引入大量的社会资金和民间资本参与到基础设施建设，合理的风险分担可以促进创新、降低管理成本、提高项目效率，提高资金使用价值。

二是双赢和风险分担是关键。政府与私人部门追求的目标不同，政府希望提高公众福利，企业追求高额利润，因此，保障PPP项目成功实施的关键是合理的绩效评价机制与激励约束机制。

三是政府职能的转变。PPP模式是引入公共设施或服务建设领域的一种创新模式，由于这种模式有追求利润的私人部门参与，政府对项目的监督和管理是必要的，政府站在公众利益的角度，应对项目的总体规划、招标、运行等环节可能出现的风险进行分担，采取有效措施降低项目总体风险等。

四是完善法律法规制度。在风险分担过程中，除了在合同明确责任之外，同时要从法律层面界定政府和私人部门的权利、义务及风险责任的划分，健全法律法规，更好地约束各参与方的利益，努力发挥各自优势，确定合理的风险分担方案，从而实现共赢的目标。

五是设立专门管理机构和培养相关人才。PPP模式在实际运行过程中，需要设立专门管理机构，制定标准的PPP模式风险分担程序，提供优惠的政策支持，倡导专业咨询机构进行PPP模式风险分担知识培训，提高PPP风险管理能力。

3. 俄罗斯及其他国家状况

（1）俄罗斯的PPP模式应用——索契冬奥会

在争取2014冬奥会举办权时，俄罗斯总统普京说要让全世界看到一个崭新的俄罗斯。在索契冬奥会建设过程中凸显了PPP这种创新模式独具的融资优势，从而也成为"史上最贵的一次奥运会"。俄罗斯用7年时间引入PPP模式（即公私合作模式），暂不考虑成本和收益的问题，能够将拥有37万人口的小城改造成如此壮观的冬季运动之城实在让人惊叹不已。普京希望通过这次冬奥会能够让索契成为世界瞩目的旅游胜地，从而促进本地的经济发展。

俄罗斯政府在索契冬奥会筹备过程中一共建设了378项基础设施，涉及交通、能源、教育、文化等众多公共服务领域。PPP模式在索契冬奥会场馆与设施建设中发挥了较大作用，同时政府部门对项目也提供融资担保，在选择合作伙伴时俄联邦政府一般倾向于国有企业或者大型私营企业，据官方统计得到索契冬奥会中约30%的预算开支来自私人部门投资资金。

（2）俄式PPP的风险

俄国PPP模式中，也存在一些问题，如政府信用缺失，私人违约风险，等等。俄政府一般通过公开程序、竞争性对话或限制性程序选择项目承包商，但是有些项目未发布招标公告或程序选择标准，相关法律条款并不能有效保护项目参与者的利益。有的项目政府保持信用，却需要付出巨大财力致使政府背负财政压力，冬奥会预算是120亿美元，最终资金投入达到550亿美元。曾有报道指出项目中存在腐败问题，政府与私人部门人为造出高标价格，弥补私人部门向政府官员发放的回扣。俄罗斯的私人投资者有时是迫于政府威慑力或政治使命，与政府合作项目，并非为获取高额利润。

（3）俄罗斯PPP模式带来的启示

西方国家在一些大型赛事基础设施建设方面应用PPP模式是比较常见的。然而将PPP模式应用于旅游产业开发领域是值得世界各国借鉴。索契冬奥会场馆建设和赛事筹备仅用了大约70亿美元，其余大量资金主要应用于基础设施建设。

在PPP项目运营过程中并不是所有风险完全由私人企业承担，政府也承担一定责任。如项目需求风险关系着项目未来的收益，出现需求不足往往会影响项目持续性。对于具有公共属性的基础设施产品来说，往往不能由私人企业独立承担项目需求风险，政府也要关注项目的持续性需求。PPP项目应用于旅游领域时，政府考虑此项目对整个地区经济和社会等多方面影响，通过PPP模式寻找新的经济增长点的同时，重视提高对游客的服务质量，满足其多元化需求，并且要特别注意季节周期波动因素的影响，保证项目具有一定的可持续性。

韩国高铁建设PPP项目在风险分担方面的做法有：一是政府通过立法形式来对投资主体的决策范围、权限等进行规范行为；二是投资决策者承担投资风险，在招投标环节引入充分竞争机制；三是设立责任追究和问责机制等。

　　加拿大PPP项目在风险分担方面主要有以下做法,一是政府采用VFM评价,比较传统模式和PPP模式下的风险调整后的成本,以此作为风险分担和效益分析;二是以合同形式依据"谁受益、谁付费"原则进行项目的风险分担,明确各参与方的风险责任;三是在PPP项目中选择合适的补偿机制,对私人企业进行收益补偿;四是通过另类融资采购法计算项目现金价值,以保证项目在预算范围内按时交工,并降低成本。

　　拉美国家如墨西哥、巴西等PPP项目的风险分担做法也值得借鉴:通过立法方式明确规定风险分担主体、监管机制、争议处理机制、合同重新谈判等,在通过立法形式明确政府补贴和担保的方式的同时,建立了参与者风险分担机制;政府以提供补贴或是为PPP项目提供担保、风险资本注资等方式提高项目融资能力,降低投资人风险。

三　国际PPP模式风险分担经验对我国的启示

　　2014年3月,李克强总理在两会的政府工作报告中指出:"加快推进交通、水利、能源、市政等基础设施建设,探索多元化城镇建设投融资等机制。"城市基础设施投融资市场积极引入社会资金,鼓励投资者以独资、合作、参股、特许经营等多元化方式,参与到城市基础设施的建设中来。2014年以来,中国官方在推动PPP模式上动作频频。继成立PPP中心,为推进PPP提供必要技术支撑后,财政部于2014年12月推出30个PPP示范项目。2015年我国各级政府大力开展城市基础设施建设,在经济新常态背景下,基础设施投资需求不断增长,仅仅依赖地方政府财政资金显然力不从心。此时,PPP融资模式逐步受到各地政府重视并应用到许多项目实践中。当前,我国已经将PPP模式引入基础设施建设,特别是在推动城镇化建设和城乡一体化过程中,PPP模式满足了日益增长的基础设施建设和公用事业服务需求。中国城镇化过程中可以采用PPP方式吸引民间资本,用于铁路、公路、机场、污水垃圾处理、电力等投资建设和运营管理领域。政府在运用PPP项目过程中,要通过制定规范化、透明化、法制化的管理政策，与私人部门确定各自的权利，分担风险，达到共赢。在 PPP 项目中，风险分担与管理对 PPP 项目目标和绩效实现有着至关重要的作用。

由于发达国家对于 PPP 模式引入比较早，相对积累了大量成熟经验，其政府部门往往将更多风险转移给私人部门，而发展中国家 PPP 模式推广过程还有待完善，政府则倾向于主动多承担风险。因此，虽然不同国家的 PPP 模式风险分担情况具有独特之处，但在经验做法上仍存在一些共性，那么在借鉴国外 PPP 模式应用案例的基础上，对我国主要有如下启示：

1. 设立专门 PPP 管理机构

专门的 PPP 管理机构可以促进风险分担和管理有效性的提升。仿照澳大利亚的 PPP 项目运作模式，由省或市设立专门的 PPP 管理机构，定期发布政府拟实施的基础设施建设项目信息，并负责与私人企业进行项目沟通，组织相关专家对 PPP 政策、私人机构选择提出建议。各方要保持充分沟通，讨论风险分担安排、项目运行方案等。政府通过设立专门机构负责 PPP 项目的设计、开发与风险监管，可以降低 PPP 项目的风险发生概率、提高项目运行效率，提升 PPP 项目的信用级别，吸引更多的民间资本参与到项目建设中来。PPP 管理机构具体地负责为项目提供产品的标准以及项目监管的法律政策，负责监管项目公司的运营情况等，机构可设置具体部门负责环保监测、技术咨询服务、服务标准、处理投诉和纠纷，接受公众的监督。尤其是在项目监管方面，设立 PPP 项目监管机构时引入行业领域专家的参与，并制定有效的风险监管政策和制度，可以健全政府监管机制。

2. 政府补贴或补偿

在 PPP 项目风险分担过程中，要测量其价值和规模，以及项目所有者的实施管理能力，平衡私营部门和政府公共部门的利益关系，从而确定风险分担方案。由于"风险与收益相匹配"是风险分担的基本原则，在私人企业承担项目风险时，政府也要考虑对其进行利润补偿，充分调动私人部门投资的积极性。政府要根据项目不同阶段的需要，利用土地收入对投资者进行补贴或补偿，私人部门可以利用多余土地进行商业开发，收回投资成本。尤其是在确保私人部门利益方面，一般采用两种方式，一是私人部门进行资金投入和运营，政府通过购买服务向私营部门付费；二是政府让利给私营部门，使其在参与项目建设中有利可图。注意政府和私人部门的角色和职责，在签订项目合同时事先约定好双方权利和义务，公共部门主要承担土地风险，私人部门承担建设和运营风险。

3. 健全PPP项目法律法规体系

PPP项目参与者较多，运作流程复杂，即使实现明确了参与各方风险分担的责任，有时也不可避免地出现私人部门提高收费价格和降低成本等投资行为，引发法律纠纷。为了避免双方的违约风险和法律风险，除了合同明确各方的风险分担责任和义务之外，应从以下几个方面健全法律法规体系。一是在市场进入和退出机制、激励机制和奖惩机制方面完善法律、法规体系，确保各参与方承担自己的职责。二是政府部门要提高项目风险透明度，确保政府和私人部门充分认知风险信息，通过完善法律法规增强参与方外部约束力，降低合约风险与法律风险。同时，严格的审计、绩效评价机制和完善的法律法规体系是必要的条件，审计部门要对PPP项目的公共利益、经济效率、绩效目标的实现等进行评价，相关的法律法规在保证合同的履行，维护各方的利益方面起到重要作用，从而确保PPP模式运行步入规范化、法制化的良性轨道。因此，完善的法律法规是实现PPP风险分担合理性的重要保障。

4. 健全风险评价和分担机制

完善"物有所值"评价机制，双方提供透明信息来进行充分项目价值及风险的识别，并进行科学有效的评价与分析，进行合理风险分担份额。政府和私人部门要遵循合理分担的原则，风险不一定转移给承担风险中最能获益的一方，可以共同分担。通过合作谈判机制，以合同形式明确双方风险分配责任，并事先订立纠纷解决机制和处理方式。在项目实施过程中，私人部门要向政府监管部门提供真实的项目资产收益率，公开项目资金使用情况，项目资产负债情况等信息，确保PPP项目运行的透明化。另外，要注意引入创新金融工具进行风险管理，在 PPP 项目推广初期，通过设立项目专项基金减少管理成本；通过合作贷款、股权和政府担保等方式，解决资金问题和提高政府信用。

5. 培养 PPP 相关人才

PPP 模式是一项技术性、专业性的新型融资方式，涉及工程、金融、法律、财务及相关专业技术领域，需要具备一定风险分担的理论知识和实践经验的复合型人才。目前我国这方面人才匮乏，无法满足 PPP 模式大规模发展的需要。为此，要加强风险管理相关专业人员的培养，并加大专业人才和管理技术的引进力度，以确保风险分担的有效性。

第三节 中国 PPP 项目发展现状及趋势

一 中国 PPP 项目发展现状

1. PPP 从高速发展进入规范发展阶段

自 2014 年以来，国家在基础设施领域推广 PPP 模式，国务院办公厅、发改委、财政部、住建部等部门相继出台了《关于发布首批基础设施等领域鼓励社会投资项目的通知》（发改基础〔2014〕981号）、《关于推广运用政府和社会资本合作模式有关问题的通知》（财金〔2014〕76号）、《关于印发政府和社会资本合作模式操作指南（试行）的通知》（财金〔2014〕113号）等一系列的法律法规。政府和社会资本（PPP）模式用了3年的时间超越了发达国家30年的发展规模，截止到 2017 年 9 月末，我国 PPP 项目总入库数量为 14220个，其总投资累计达到约 17.8 万亿元，较上一季度末环比增长 8.7%，相比 2016 年同期水平同比增长 42.7%，落地 4.1 万亿元，其落地率较上期环比增长 3.2%，与 2016 年同期相比增长了 14.6%。总体来看，2017 年 PPP 项目入库总额和落地率出现明显增长趋势。然而，自 2017 年下半年开始，随着国家出台的一系列关于 PPP 规范发展的政策制度，PPP 数量呈现下降趋势，2020 年 1 月全国 PPP 项目数量为 12362 个，投资额达到 176327.22 万亿元，2020 年 PPP 市场逐步向着规范发展。

2. 从 PPP 项目的投资行业分布看

中国 PPP 项目覆盖的领域较为广泛，涉及市政工程、城镇综合开发、交通运输、水利建设、生态保护、农业、科技、医疗卫生、社会保障、政府基础设施、教育、文化、体育等。截止到 2020 年 1 月末，从项目数量分布来看，中国 PPP 项目中市政工程类 4711 个，占 38.11%；交通运输类 1702 个，占 13.77%；生态建设和环境保护类 1124 个，旅游类 585 个，城镇综合开发 795 个，均约占 20.25%。从项目投资额大致分布来看，市政工程类大约 48547.18 亿元，占 27.53%；交通运输类大约 55264.67 亿元，占 31.34%；生态建设和环境保护类大约 11773.46 亿元，占 6.68%；城镇综合开发类大约 23119.74 亿元，占 13.11%；旅游类大约 7459.49 亿元，占 4.23%；水利建设大约 4728.53 亿元，占 2.68%；养老、文化、保障性安居工程类 PPP 项目投资额共占 4.2%。总之，从中国 PPP 项目的数量和投资额情况看，PPP 项目主要投资于市政工程、交通运输、生态环保领域的基础设施和公共服务建设。

从 PPP 项目的行业分类来看，截至 2020 年 1 月，PPP 项目主要集中在市政工程、交通运输和生态环保类的领域，大约占整体 PPP 项目数量的比例分别达到 38.11%、13.77%、9.09%，这三类领域一共达到了总体项目的一半以上；从投资金额分布来看，在财政部 PPP 入库项目中，市政工程 PPP 项目投资额达到 48547.18 亿元，交通运输 PPP 项目投资额达到 55264.67 亿元，分别约占 PPP 项目总投资额的 27.53% 和 31.34%，比例合计也超过 PPP 项目总投资额的 50% 以上。因此，从项目数量和投资金额角度而言，中国的 PPP 项目绝大部分投资于市政和交通运输领域。

从财政部入库 PPP 项目区域分布来看，截至 2020 年 1 月末，贵州 1196 个、新疆 504 个、内蒙古 372 个，合计数量占总体 PPP 项目的 16.77%。PPP 项目投资额居于前三位的分别是贵州 1.7 万亿元、河南 1.3 万亿元、四川 1.3 万亿元，合计项目总投资占 25.23%。从项目数量来看，位于前三位的是贵州、河南、山东，分别是1196个、1066个、1038个，三个区域的项目数量合计约占26.7%。

3. 从PPP项目全生命周期的情况看

截至2020年1月，PPP项目识别阶段的数量为2922个、准备阶段1352个、采购阶段1673个、执行阶段的数量6415个，总体项目12362个，落地率67.96%。相比其他阶段，处于执行阶段的PPP项目攀升速度显著，相比2019年同期的项目落地率显著提高。其中PPP项目落地率为PPP项目的执行和移交两个阶段的数量之和与准备、采购、执行和移交四个阶段数量总和之比。

4. 从PPP项目各类资本投资情况来看

截至2019年上半年，PPP执行项目的社会资本合作方情况如下，5811个PPP项目中涉及社会资本项目5747个，涉及10187家社会资本，其中包括民营3543家，占比35%；国有5249家，占比51%；港澳台144家，占比1%；外商76家，占比1%；其他1175家，占比12%。相比2017年PPP项目统计，民营独资和民营控股的民营企业合计328家，占比达到34.7%。显示出民营企业参与PPP项目的积极性有所上升的趋势。

从民营企业参与的行业领域角度来看，2019年上半年民营联合体及非联合体两大类参与PPP落地项目涉及的投资行业中，位于前三位的是市政工程（1073个）、生态建设和环境保护（249个）、交通运输领域（206个），另外，还有教育、城镇综合开发、交通运输、能源、科技等领域，这些行业领域民营企业参与的占比相对较小。

二　中国PPP项目发展趋势

1. PPP总量增长放缓

受宏观经济环境影响，预计各地区PPP项目库的数量增速可能会放缓，但是总体规模仍呈扩张趋势。2017年第一季度到第三季度财政部PPP项目库新增4.3万亿元；在PPP项目落地情况来看，2017年第一季度到第三季度财政部PPP项目落地1.9万亿元，财政部通过采取一系列政策收缩购买服务范围，提高PPP运行效率，2016—2018年PPP项目投资额度逐年显著提高。自2018年至今，PPP项目数量开始有所降低，2020年1月PPP项目数量达到12362个；2017年之前落地率低于40%，2019年落地率显著提升，直至2020年1月落地率升至67.96%。总体而言，PPP项目的落地率显著提升，整体PPP项目数量增速放缓。

2. 地产投资或下行，PPP基础设施建设偏好将提升

2017年以来，地产投资增速高于市场预期，给政府财政政策紧缩留出充裕空间，后期随着国家控制房地产成效显现，房地产增速缓慢，2017年9月份出现同比负增长且后续继续走低，如此一来，预计房地产可能持续下行，那么基础设施建设投资有望上升。尤其是自2017年年末至今，房地产调控仍比较严格，地产销售下滑导致基础设施建设投资有望提升。

3. 民企参加PPP项目的份额有望进一步提升

财政部在推行PPP项目过程中，一直强调对PPP项目进行有效监管以及合规管理，在一系列文件中提出了财政红线、严控风险、绩效管理等措施，并强调要进一步健全PPP奖励机制、优化管理，积极支持PPP模式参与"一带一路"、特色小镇、海绵城市、环保项目等领域。随着PPP项目规模进一步扩大，政府支持PPP力度还会加大，随着国家对央企参与PPP项目的总量控制，未来民企参与PPP项目市场份额将进一步提升。

2014年以来，PPP项目加速推进。PPP项目回报率低的问题一直是阻碍私人资本进入PPP市场的主要因素，毕竟私人资本投资是要求达到预期回报的。随着PPP项目在中国的高速发展，国家财政部、发改委完善了政府对PPP项目的补贴机制，在一定程度上满足了私人资本投资的回报，从而推动了私人资本参与PPP项目的积极性。

4. 加强监管PPP项目违规乱纪的行为

财政部《关于规范政府和社会资本合作（PPP）综合信息平台项目库管理的通知》（财办金〔2017〕92号）要求，对于项目建设成本不参与绩效考核，或实际与绩效考核结果挂钩部分占比不足30%的项目不得入库，对发现有违法违规举债等行为的项目予以清退。这些规定的出台有利于规范PPP项目操作过程的不合规行为，尤其是对PPP

项目筛选、采购、建设、运营和维护等阶段的行为做出了标准性的规范，这将促使PPP项目社会资本方提供高质量的公共产品或公共服务。

5. PPP项目风险控制更加有效

PPP项目参与主体众多，经营时期长，蕴含着复杂的多种风险因素，在政府部门与私人部门如何进行有效分配和控制风险，是保障PPP项目顺利进行的重要前提。自2014年推广PPP模式在基础设施领域的应用，财政部、发改委等部门发布的一系列关于风险分配的文件，进一步强化了风险管理，对于参与PPP项目的央企和民营企业的资产负债率情况进行明确规定，避免PPP项目出现资金运转、经营风险等。因此，2018年以后的PPP项目管理风险重要目标是要将项目的全生命周期风险控制在参与方可承受范围内。

6. PPP项目顶层设计更加完善

PPP项目的政策法规进一步完善，有关PPP项目采购方式、监管条例、风险分配、争议解决等核心问题，将对于PPP项目在融资、采购、建设、运营和维护等阶段提供更有效的法律制度保障。同时，随着"一带一路"PPP模式的实施，需要世界银行、国际货币基金组织等国际组织的支持，那么需要在PPP实施过程中组织机构、能力建设、成本效益控制等法律政策方面，加强中国与国际组织的交流与讨论，从而促进中国参与国际PPP项目的份额。

三　中国PPP项目风险点

1. 中国PPP项目风险管理现状

中国是全球规模最大、最具影响力的PPP市场，自2014年以来PPP项目落地了一大批民生保障项目，同时也引起了财政体制、投融资体制的改革，尤其是对于PPP项目中政府部门与私人部门如何进行风险分配，如何发挥各自的资源和政策的优势等方面，国家相关部门都进行了有益探索。

PPP项目在改革取得一定成绩的同时，也产生了风险分配不合理、政府变相兜底、政府信用不足、绩效考核不完善、重建设轻运营等一些风险，在2017年财政部、发改委等相关部门就以上一些问题相继发布了政策文件，对 PPP 项目管理加强监管，引导 PPP 项目从追求落地率转向规范性运营，降低显性风险和隐性风险。具体从以下几个方面进行。

一是严查 PPP 项目的违规行为。全面组织对 PPP 项目地方政府融资担保进行清理整改，明确规定地方政府不能以借贷资金出资设立各类投资基金，不得利用 PPP 或其他投资方式进行违规违法操作进行变相举债。地方政府承担的项目建设和运营阶段的资金成本要根据绩效考核结果进行支付，防止财政资金支出过度，保证项目合作期间资金使用实现科学、合理、连续的安排。

二是加强 PPP 项目的规模控制，防止债务风险加大。国资委从 PPP 项目准入条件、规模控制、会计核算、项目合作安排、责任划分等方面来防范 PPP 项目的经营风险。对于参与 PPP 项目的中央企业也做出明确规定，企业对 PPP 项目的净投资不得超过上一年度集团合并净资产的一半，不得由于参与 PPP 项目提高资产负债率，如果资产负债率高于 85% 或是连续两年亏损的子企业不得单独参加 PPP 项目投资。另外，严控不符合进入标准的 PPP 项目入库，对不合规的存量 PPP 项目及时清退。

三是健全金融监管体系，防范系统性金融风险。PPP 在供给侧结构性改革的背景下，项目涉及财政、金融等众多领域，中国证监会在股权债权融资、挂牌转让等环节进行一系列的改革，力求 PPP 项目在投、融、管、退环节良性循环。这些措施都体现了国家在 PPP 项目管理过程中提高规范运行意识，注重 PPP 项目的秩序管理，不单独追求规模扩张，要在 PPP 项目推进中实现可持续的发展。

2. PPP 项目的风险表现

PPP 项目风险指的是在特定情况下，在项目运行过程中可能发生的实际情况与预期结果的偏离程度。风险是影响未来情况的不可预见的事物，风险本质是两个方面：一是风险发生概率；二是风险可能发生的损失程度。管理者通常运用定性和定量方法预测风险的发生概率和可能发生的破坏性损失程度。PPP 项目中风险较为复杂，政府部门与私人部门双方风险分担机制要合理，并做好风险的防范和控制措施。一般情况下，政府作为主要项目发起人，认为更多的风险应由私人资本来承担，相对于私人部门，政府部门承担风险能力较弱，出现风险后的后果也是不容忽视的。PPP项目中的风险主要表现有：

第一，社会资本的退出机制不健全。

合理的社会资本退出机制对于PPP项目金融资本来说是至关重要的，资本金结构化的关键是找到合适的金融资本入股SPV公司，然而此刻主要是考虑金融资本的资金安全问题。一般PPP项目社会资本退出主要有以下几种模式：一是期满移交，PPP项目在约定到期后按照事先约定好的移交形式、内容等要求，无偿移交股权给政府，但是这种社会资本退出方式周期太长；二是上市或收购方式，这种方式可能存在流动性问题，需要PPP项目通过在资本市场的交易来完善社会资本的退出渠道，该模式要以健全中国金融市场制度建设作为前提；三是股权回购，在PPP项目协议中由政府指定机构、社会资本或第三方对社会资本进行回购；四是售后回租方式，SPV公司将资产售后回租，等项目结束后租赁公私转回SPV公司，再由SPV公私转回政府，社会资本提前退出；五是项目资产证券化方式，这种模式可以实现"非标准化转标准化"，提高资产流动性，是健全社会资本退出机制的重要举措，但目前该模式还有待完善。

社会资本退出机制目前还比较单一，各种模式的机制不健全导致风险不确定。PPP项目在实际操作中，更多强调项目筛选和可行性评估，忽视了社会资本退出的灵活性。虽然企业在参与PPP模式中，追逐利益和利润回报，往往会通过杠杆方式以尽可能少的资金，争取更多的利润覆盖出资额，从而尽可能控制风险。但是，这种出资上的杠杆也是有一定制约因素的。因此，国家应该加强对PPP项目监管力度，规范和改革PPP市场，大力发展资产证券化，促进社会资本退出机制的完善，提高社会资本参与PPP模式的积极性。

第二，PPP项目的风险分配机制过于笼统。

一是风险分配机制无差异性。财政部颁布的《PPP项目合同指南》中对PPP项目风险分配基本原则做出规定，如风险应由风险控制能力较强的一方承担；风险应由风险控制成本较低的一方承担；风险应由风险转移能力较强一方承担，等等。并且也指出政策变动风险、审批延迟风险等一般由政府部门承担；项目在建设运营期间的施工风险、技术风险等由私人资本承担；不可抗力风险等由政府部门与私人部门共担。然而在具体的 PPP 项目合同中，由于涉及的领域行业不同，风险分配的条款也会有一定差异，因此，对于不同的国家、不同的省份、不同的行业项目，在风险分配原则上仍缺少差异化的分类。笼统的 PPP 项目风险分配的原则可能会导致实践操作中的风险分配偏离科学性和合理性，进而引起 PPP 项目纠纷。

　　二是风险分配机制不明确。目前国家在 PPP 风险分配实施方案或是财政承受能力评估中往往会体现风险分配的基本框架和原则，但是由于风险分配框架没有差异性，实际 PPP 项目合同制定中容易出现风险分配不明确、不完整或是不合理的情况。PPP 项目合同条款中需要对政府部门和私人部门的权利、责任和风险分配进行明确规定，才能保证责权利划分清晰，各参与主体各行其责，PPP 项目才能顺利实施。因此，PPP 项目合同条款中包括风险因素有哪些，这些风险分别应由哪一方主体承担，相应地采取了哪些措施等都要明确。

　　三是风险分配机制执行难。PPP 项目风险分配方式一般是政府部门承担、私人部门承担或是双方共同承担。私人公司承担与项目运营相关的风险，相比政府部门，项目公司更容易控制这类风险，在 PPP 项目合同条款中也会明确私人部门承担的具体风险种类及对应的责任；政府承担法律政策变更风险等，约定如果发生政府可控的法律变革导致项目发生损失，有义务向项目公司支付额外赔偿费用等补偿措施；对于不可抗力的双方共同承担的风险，合同中约定当发生不可抗力风险时，双方应各自承担自己的损失，但是这种约定通常并不能明确风险分配的比例或形式，这就使得风险分配方案难以执行。另外，类似这种共担风险造成的损失大多体现在项目公司主体上，对与政府承担的损失较难界定。同时，也没有额外条款约定，项目公司只能选择通过向保险机构进行投保获取赔偿金，尤其是政府部门在 PPP 项目中持股比例较低时，政府对 PPP 项目风险的责任更加弱化。这也是私人部门参与 PPP 项目积极性不高的重要原因，从而进一步引起财政部入库PPP项目的落地率不理想。

第三，PPP项目风险成本分析存在误区。

PPP项目中社会资本具有管理效率和先进技术的优势，这正是政府部门愿意与社会资本合作进行基础设施建设的关键因素。在相关咨询机构对PPP项目讨论PPP项目物有所值计算方法和过程时，通常政府与社会资本会将PPP模式只单纯看作一种融资方式，并采用一定的财务模型展示出PPP模式相对传统融资方式所节约的成本与支出。然而，PPP项目物有所值的理论并非仅仅体现在融资层面，如养老、教育、旅游等行业，社会资本对资本回报率要求可能会高于实际回报率，在这种情况下，简单地从融资成本来分析PPP项目物有所值是不合理的。风险评估和风险成本分配也是评判PPP项目物有所值的重要影响因素，政府部门和咨询机构只有制定合理的风险识别和风险分配机制，才能确保物有所值评价理论更有效地指导PPP项目的识别筛选。当前的PPP项目对于风险成本的认识和分析仍存在以下的误区：

一是风险度量方法。在2015年财政部发布的《政府和社会资本合作项目财政承受能力论证指引》（财金〔2015〕21号）中指出，PPP项目风险测量方法主要包括比例法、情景分析和概率法这三种方法。但是各种测量方法适用的行业或领域并未明确，大部分PPP项目采用的是比例法，这种方法操作性相对简单，即根据项目建设、运营和维护成本来测算。国内外学者对于PPP项目风险测量的方法逐渐改进，目前应用比较广泛的有模糊层次分析方法、蒙特卡洛模拟方法、专家调查方法、结构解释模型等，但是大部分风险度量的方法还是存在一定问题，需要进一步完善和改进。尤其是针对不同行业项目的风险测量方法选择更是关键，如在轨道交通、综合管廊等项目中，项目风险支出额可以测算，但出现概率很难确定的情况，应采用情景模拟分析方法，将经济发展速度、人口聚集度和政策等因素作为客流量或是客户需求量的重要影响因素，再根据设置不同发生概率计算不同情景下的损失值和风险成本；对社区、公园等公益基础设施或公共服务PPP项目，可以采用比例法来测量风险与项目建设成本的关系。

二是自留风险成本分配方法。在《PPP物有所值评价指引（试行)》(财金〔2015〕167号)对于风险成本分配依据和分配方法并未明确指出。在 PPP 项目物有所值分析过程中,通常按照总风险的20%—25%来计算政府自留风险成本,可转移风险成本占项目全部风险成本的70%—80%。政府自留风险成本分析中没有风险分配具体原则,容易导致政府在测算自留风险成本时评估不准确,进而影响 PPP 项目整体风险评估。那么在政府计算自留风险成本测算时,就要考虑项目风险种类、项目所处阶段、风险承担主体分配比例等问题。如在污水处理 PPP 项目中,政府承担的风险主要是运营期间的最低市场需求风险,根据项目所处的建设、运营、维护等阶段特点确定合适的风险分配比例,这是政府确定自留风险承担成本的关键环节。

第四,PPP 项目落地难。

一是政府和社会资本对于 PPP 概念认识不清,各方关心的角度不同。首先,政府追求社会福利的提升,社会资本方追求项目的高额利润,利益诉求不同导致谈判时间延长或项目失败。其次,由于两方对 PPP 定义和特点界定不清,政府对项目公司的绩效考核和财政补贴的标准较难确定,并且 PPP 项目社会资本退出机制不健全,双方利益底线被触碰,造成 PPP 合同签订的障碍。

二是 PPP 项目中政府和社会资本是权利、义务和责任范围界定不清,对于 PPP 项目合同的条款难以确定。政府在 PPP 项目中的决策权相对比较大,如果运营公司出现问题,政府要求社会资本方进行改革、调整或是退出,最终导致项目停滞,项目公司破产或结算,政府的大权独揽使项目公司的压力很大。社会资本方往往也会想方设法限制政府的特权,在合同中附加一些条款来避免政府的一票否决权。但是这种矛盾和冲突很难达成一致,从而造成 PPP 项目落地难。

三是 PPP 项目法律不完善,政府和社会资本方签订合同依据难确定。政府在签订 PPP 项目合同时较为谨慎,注重项目的合法合规,在 PPP 项目流程中每个阶段尽可能找到政策和法律依据,坚持"法定职责必须为,法无授权不可为"的原则,社会资本则是追求利润,认为法无明文即可为,只要是法律政策没有明确是禁止的,都可以实施。在 PPP 项目谈判时,政府需要法律政策做参考,社会资本则期望能有宽松的条件，容易造成合同条款不好协调，PPP合同难以签订。

第四节 博弈论基础及分类

一 基本概念

博弈论是研究行为参与者在特定的外界环境约束下，根据自身掌握的信息进行策略选择，并在过程中取得相应结果或收益的理论。博弈论是1944年由冯·诺伊曼（Von Neumann）和奥·摩根斯顿（Morgenstem）在合作出版的《博弈论和经济行为》一书中提出的，标志着系统的博弈论初步形成。20世纪50年代在经济领域得到发展。Tucker（1950）提出了"囚徒困境"即博弈方以自身利益最大化为目标，个人利益与集体利益最大化不一定能同时实现，或者两者之间通常是矛盾的，就会造成他们各自最终选取的结果并非是集体利益最大化，这使各方选取的结果对于全局来说并不是最佳选择。在此基础上，Shapley（1953）研究了非合作博弈理论，纳什在1950年提出了"纳什均衡"的概念，但主要集中在静态博弈分析，一直到了20世纪70年代有学者将纳什均衡引入动态分析、倒推分析法等，海萨尼将不完全信息条件引入博弈论研究。20世纪80年代博弈论与其他学科的关系愈加密切，理论框架日趋完善，博弈论随之成为主流经济学的重要组成部分。特别是90年代以来的诺贝尔经济学奖中有6届是与博弈论有关的，可见博弈论是经济学中广泛运用的工具。

博弈论研究是参与主体在既定的博弈规则条件下，各方采取的决策以及这种决策之间的均衡问题。"博弈规则"包括参与人、行动和结果，参与人在某个时点博弈的决策变量既可以是离散的，也可以是连续的。博弈中包括参与人、战略和支付等要素，其中参与人即决策主体，具有可供选择的行动和事先确定的偏好函数；战略即在给定信息集下的行动规则，参与人决定行动时机和行动反应的"相机行动方案"；支付即参与人得到的期望效用水平。

参与人：参与人是博弈中的决策主体，一个博弈中至少有两个参与人,否则无法产生博弈互动,在博弈过程中,参与方的目的是让自己的利益或效用最大化,参与人可以是个体,也可以是企业或政府机构等,在特定的环境下,每个参与者会做出行动选择。

行动:参与人在某决策时点做出行动策略,参与人 i 的全部策略用 A_i 表示,则 A_i 中的一个行动为 a_i,n 个参与人做出的行动组合可以表示为 $(a_1, a_2, a_3, \cdots, a_n)$,其中第 i 个分量是参与人 i 做出的行动选择。

信息:在博弈过程中,参与人会根据自身对其他参与主体行动特征和选择等知识,做出对自己有利的行动。那么信息掌握程度对于各参与主体在博弈中是否能获胜起着至关重要的作用。信息往往意味着优势。

战略:指的是参与人选择行动策略的规则。如果参与人同时行动,那么一次博弈就结束了,战略与行动是直接对应的。然而如果参与者的行动有先后顺序,在博弈中由于一方参与人在做出行动选择时已经观测到其他参与人的行动情况,那么这一方会根据自己掌握的信息选择对自身有利的行动。

支付(效用):效用是描述参与人在博弈过程中获得的收益情况,是对参与人行动以及全体参与人行动产生的结果做出的评价,能反映出参与人的偏好。效用函数与所有参与人的行为有关系。博弈结束时参与人的收益和损失都要在效用函数中反映出来。

结果:是博弈参与主体都关心的问题,如均衡战略组合、均衡支付组合情况等。

均衡:通过各参与主体博弈行动结束,一个在特定条件下产生的均衡策略达成了最优状态。在均衡战略实施时,参与方在博弈过程中发生的实际行动序列称为均衡结果。均衡结果是均衡策略的外在表现。

二 博弈论分类

1. 博弈论分类

博弈论可以划分为合作博弈理论和非合作博弈理论,前者强调团队理性,后者强调个人理性,目前绝大部分博弈分析指的是非合作博弈,是参与方在既定的约定条件下追求各自利益最大化从而达到的均衡状态。

从参与人行动顺序不同的角度，可将博弈论分为两大类：静态博弈和动态博弈。静态博弈一般指参与人行动不分先后，他们的行为是同时产生的，也就是双方对于对方会作出哪个举动都不知情，也无法通过别人的策略来比较自己的行为；动态博弈则是指参与人行动有先后之分，一般情况下先做出决定的一方的策略会展现给另一方，也就是说后行动者对先行动者的策略是知道的，这样他可以根据先行动者的行为选取一个对自己有利的决策。

从参与人互相掌握信息的程度不同，博弈论可分为完全信息博弈和不完全信息博弈两种情况。完全信息博弈是指参与人互相之间在能力、意愿等方面的信息充分了解；不完全信息博弈则不具备这种特征。博弈论的分类见表2-2。

表2-2　　　　　　　　　博弈论的分类及均衡解

	静态博弈	动态博弈
完全信息博弈	完全信息静态博弈 （纳什均衡）	完全信息动态博弈 （子博弈精炼纳什均衡）
不完全信息博弈	不完全信息静态博弈 （贝叶斯纳什均衡）	不完全信息动态博弈 （精炼贝叶斯纳什均衡）

纳什均衡是所有参与人最优策略组合，即在给定策略条件下，任何参与人若改变这一战略组合都不会提高自身的效用水平，那么所有参与人都不愿意打破这种均衡状态。纳什均衡表述如下：假设有 n 个局中人参与博弈，每个人的最优策略依赖或不依赖于他人的策略，但在既定其他人策略条件下，博弈方都会选择自己的最优策略来达到自己利益最大化，此时每个局中人策略构成一个策略组合。其中，纳什均衡的最典型博弈是"囚徒困境"（prisoners' dilemma）和"智猪博弈"（pigs' payoffs）。

从国外的相关理论和实践的发展过程来看，博弈论在公共物品和服务的应用已经得到了一定程度的发展，如在俱乐部物品理论分析、基础设施项目决策机制、项目定价以及收费机制、政府对项目公司的监管等方面，尤其是在经营性项目中体现较为明显。俱乐部物品理论分析认为不同利益群体会产生不同认识和关注；城市基础设施项目的决策方面应建立一套完整和规范的机制，地方政府要综合考虑政府、银行、项目公司、中介公司等相关部门之间的博弈关系，在既定约束条件下，达到一种均衡状态，从而保证各参与方的利益分配达到最优状态；政府对提供城市基础设施项目建设及服务的私人部门的监管，也要分析不同利益部门的博弈关系，充分发挥各参与方的优势。

2. 博弈论中的信息不对称问题

博弈论目前已经成为经济学主流部分，在研究博弈行为时要考虑完全信息与不完全信息博弈情况，信息显然在博弈论研究中有着重要意义。

信息不对称理论最早是1970年在阿克尔洛夫发表的《次品问题》一文中提出的，该文首次引入"柠檬市场"的概念，提出了逆向选择问题的存在性。阿克尔洛夫从二手车市场入手，发现了这个市场上买卖双方因掌握的车况信息不对称而产生矛盾，使质量较好的二手车不断流出二手车市场，最终导致二手车市场的瓦解。信息不对称指的是一些人相对于另一些人掌握更充分的相关信息，这种缺乏完全信息的情况被称为不完全信息。

信息不对称产生的原因主要有两方面：一是行为主体缺乏充分的认知能力，不能掌握充分、及时的信息。二是即使行为主体具有认知能力，但需要花费高额的成本获知信息。因而，信息不对称是信息分布和信息获取不公平的体现，可能会造成逆向选择和道德风险。

国外很多学者对逆向选择和道德风险研究比较深入，他们对逆向选择的定义是掌握信息较多的一方利用对方对信息的获知能力比较低的情况，通过获得的独有信息以获取额外收益。逆向选择是基于市场信息不对称条件产生的，也就是当对方的选择战略关系到自身利益，而自己又不知对方会选择何种策略时，理性经济人只会考虑自身利益，如典型的"囚徒困境"，检察官在分开审讯囚徒时，囚徒之间信息流动不畅通，信息不对称促使审讯结果成为都"坦白"的状态。那么，行为主体不知道对方如何选择时，只能选择符合自身利益最大化的行动方案，结果双方最终选择的策略都不是自己最理想状态。道德风险是指当不能确定一个事件的结果是否与个人的行为相关时，行为主体只能通过依靠道德来约束对方行为，占有信息优势的一方出于自身利益考虑故意隐藏相关信息对另一方造成损害的行为。因为市场的不确定性和分工细化，人们获取信息的成本会增加，这在一定程度上刺激了人们追求利益最大化的欲望。可见，道德风险可能会造成交易的风险性和交易成本的增加，委托人在代理人行为活动中应采取一定监督措施以获取相关信息，避免代理人利用信息不对称条件，避免违规行为对委托人造成损失，这就需要运用博弈论来解决，在PPP项目实践中更加普遍。

由于PPP模式中的政府部门和私人部门存在着委托—代理的关系，同时在项目风险分担方案确定时，公私双方追求的利益不同会造成两者的博弈，这就不可避免地产生逆向选择和道德风险，也不能有效确定合理的风险分担方案，从而影响PPP项目的顺利实施。可见，在基础设施供给市场中，信息不对称会导致供给效率的降低，即使政府部门和私人部门采取PPP模式，由于双方信息不对称也会引起风险分担方案无效，使基础设施的供给水平下降，这时候可以引入第三方监管机构，利用其专业知识和经验对私人部门的经营过程进行监督和管理，并将其风险分担监管信息上报给政府机构，对风险分担初步方案进行调整，从而避免提供劣质的基础设施或服务，提高基础设施或服务的社会期望收益。另外，PPP模式通过合约设计明确政府部门和私人部门的权利、义务以及利益和风险分配情况，可以改进基础设施市场供给的效率，增加公私部门的收益，减少信息不对称造成公共物品质量下降的风险。

第五节 委托—代理理论

目前，委托—代理理论自20世纪70年代以来，被广泛地应用于城市基础设施建设领域，尤其是经营性的基础设施建设项目。在具体的运作形式方面，BOT、BT、PPP等融资方式都是基于委托—代理理论，政府是委托人，项目企业是代理人，双方针对某基础设施项目建立合作关系，从而进行融资和建设。因此，委托—代理关系可以通过引入民间资本，政府利用有效激励和惩罚机制对企业进行适度监管，从而提高基础设施建设和运营效率，维护公共利益。

1. 委托—代理理论

委托—代理理论起源于20世纪40年代，美国经济学家伯利和米恩斯在著作《现代公司与私有财产》中，对股份制公司的治理体制问题提出了所有权与经营权分离的观点，公司经理可以代表股东行使管理职能。随后，1937年科斯在《企业的性质》一书中提出了交易费用学说，从而为企业委托—代理关系中代理成本的研究奠定了理论基础。到了20世纪70年代，契约理论、激励理论、信息经济学等微观经济学的理论研究迅速发展，委托—代理理论正式被提出来，目前已成为信息经济学中的主要研究领域。

委托—代理理论主要的基本假设一是委托人与代理人具有信息不对称性；二是代理人的行为不容易被观测；三是代理人追求目标是自身效用最大化。在委托—代理问题的理论中，委托—代理关系指的是一种非对称信息的交易方式，其代理人在交易过程中是拥有私人信息的知情者；而委托人在交易中对信息不知情，因此，委托—代理的实质是一种契约，委托人授权代理人从事某项活动行为，在委托—代理过程中从委托人和代理人的信息不对称的角度出发，探讨委托人如何以更低的成本来激励代理人工作的积极性，并尽可能地增加委托人效用的理论，而代理人则是通过代理行为获取一定的报酬。

2. PPP模式委托—代理的相关问题

由于PPP项目中双方的信息不对称和利益相冲突，委托—代理主要存在两方面问题。

第一，代理成本问题。委托—代理理论是通过契约建立委托—代理关系，PPP项目中政府授权私人企业一定的经营权和决策权，双方凭借自身优势使各自获得较大利益。但是，PPP项目中会产生一些成本:一是监督成本,指政府监督私人企业的行为而发生的费用;二是订约费用,指私人企业为取得代理关系,主动承诺不会损害委托人的利益,或在社会公众利益受到损害时给予一定补偿而发生的费用;三是净损失,指由于私人企业的决策与政府部门代表的社会公众利益最大化的最佳决策的差距造成的效用损失。以上这些费用构成了代理成本,显然如果代理成本过高,则PPP项目契约就不经济可行,所以在委托—代理关系中,代理成本是企业或组织管理中的重要问题。

第二,激励不相容和信息不对称。政府与私人企业的效用函数不一样,各方追求的利益不同。同时,政府部门与私人部门的信息不对称,在不确定的条件下,政府不能直接观测到私人企业的行为,私人企业在实现自身利益过程中可能使社会公众利益遭受损失,即有道德风险。可见,这种契约可以被看作信息不对称下政府和私人企业以各自效用最大化为目标与对方进行的博弈。对于以上委托—代理的问题,政府部门应从以下几方面进行管理:

一是提高信息透明度。政府应通过专业中介咨询公司获取信息,或强制私人企业定期向政府监管部门汇报经营情况,从而解决博弈双方的信息不对称性,有效避免代理人的违规行为。

二是建立有效激励和惩罚机制。包括完善内部审计和外部审计制度、激励性报酬制度、管理层持股、惩罚措施等,实质是通过长期有效的激励相容机制,使各方自身利益和整体效用同时达到最大化。

三是建立有效监管机制。政府部门要在委托—代理过程中对私人企业行为进行有效监管,防止私人部门采取违规寻租活动,而私人部门的机会主义行为会对社会公众利益构成潜在的威胁。

第六节 利益相关者理论

1. 利益相关者的概念

利益相关者能够对企业资产和财产行使一定权益,并且利益相关者的行为会影响企业的发展;同时,利益相关者也受到企业活动的影响,因此,利益相关者与企业之间存在着的一定的相互依存关系。

国外关于利益相关者理论的研究起步较早,各学派对此有着不同的理解。根据胡丽(2010)的归纳,在1963年至20世纪90年代中期这段时间里,西方学者给出了几种典型利益相关者的定义,目前,关于利益相关者的概念并未得到统一。

2. 利益相关者分类方式

Frederick(1988)指出利益相关者是对企业的政策和方针能够施加影响的所有团体的总称。从利益相关者与企业之间的利益关系和影响程度的角度,利益相关者包括直接利益相关者和间接利益相关者。前者是直接与企业产生联系,包括经营者、股东、消费者、供应商、其他竞争者,等等;后者则包括银行、保险机构、社会公众、其他中介机构等,这些与企业未产生直接联系。

Clarkson(1994)提出两种分类方法:一是根据利益相关者承担风险的种类和方式分为自愿利益相关者和非自愿利益相关者,前者积极投入人力、物力等资本,并愿意主动承担相关风险。二是根据利益相关者与企业之间的关联程度分为首要的利益相关者和次要的利益相关者,前者是指企业的生存和发展较强依赖于利益相关者;后者是指企业的生存和发展程度较少依赖于利益相关者。

Wheeler(1998)基于多维细分法,将社会维度引入利益相关者的界定中,在Clarkson(1994)提出的紧密性维度的基础上,根据利益相关者是否具有社会性的特征,将利益相关者划分为四种:一是首要的社会性利益相关者,其一般与企业经营活动之间有着关键利益相关性;二是次要的社会性利益相关者;三是首要的非社会性利益相关者;四是次要的非社会性利益相关者。

Mitchel(1997)提出了米切尔评分法,并对利益相关者进行分类。他认为,"企业的利益相关者"以及"企业管理层依据什么给予特定群体予以关注"是利益相关者理论中的核心问题。依据合法性、权力性和紧急性,按照评定的分值高低确定某一个体或者群体是否为利益相关者,并进一步细分为确定型利益相关者、预期型利益相关者和潜在的利益相关者三大类。如果同时具备以上三个属性,则属于确定性利益相关者；如果具备以上三属性中的两项，则属于预期型利益相关者；如果具备以上三个属性中的一项，则属于潜在利益相关者。

3. PPP 模式的利益相关者与风险分担博弈

2014 年财政部印发的《政府和社会资本合作模式操作指南（试行）的通知》（财金〔2014〕113 号），指出按照风险收益对等基本原则来进行 PPP 项目风险分配。PPP 模式的理念是"风险共担、利益共享"，各参与方都是利益相关者。PPP 项目参与方众多，风险分担的博弈主体涉及政府部门、股权投资机构、私人项目公司、银行、保险公司、其他中介机构等。本书将参与方划分为"政府部门"和"私人部门"，他们在项目风险分担谈判中有如下表现：一是他们各自的利益诉求不同，私人部门追求利润最大化，政府部门则代表社会公众利益追求社会福利最大化，因而，由于不同的利益动机的驱使，一方承担的份额增加时，另一方承担的份额就会减少，风险分担份额谈判时的博弈行为就会产生；二是各风险分担博弈方在谈判时要了解各风险因素的特征，并根据各自风险承受能力、风险偏好能力和风险控制能力，通过衡量承担风险所付出的代价与可能获取的收益进行权衡，从而确定合理的风险分担方案。

研究 PPP 项目利益相关者的风险分担问题，首先需要解决两个问题：一是对 PPP 项目利益相关者的界定；二是对 PPP 项目利益相关者的分类。这样才能有助于理解利益相关者之间关系，分析他们的风险分担决策对 PPP 项目产生的影响。那么，在 PPP 项目利益相关者的风险分担研究过程中，要根据 PPP 项目的环境条件、实施目的、项目特征等确定其利益相关者的研究对象和范围，从而明确 PPP 项目利益相关者的界定和分类，并以此作为出发点深层次地研究 PPP 项目参与者的博弈关系，探讨在以"利益共享和风险共担"为核心的 PPP 项目中，如何进行合理、有效的利益和风险的分配。

本章小结

本章首先以公共物品生产理论、项目分类理论、委托—代理理论、基础设施与经济增长等相关理论为基础，提出在中国城镇化进程中推行 PPP 模式的必要性；然后比较英国、澳大利亚、俄罗斯等各国的PPP模式的应用现状及风险分担做法，在借鉴国际经验的基础上，从设立专门PPP管理机构、政府的补贴与补偿、健全法律法规制度、培养专业人才、明确政府的职能与角色、健全风险评价和分担机制等方面提出对我国PPP项目风险分担环节的启示和建议。最后，在介绍博弈论概念及分类的基础上，从利益相关者与信息不对称的角度分析了博弈论应用于PPP模式风险分担研究的可行性，这有助于加深对PPP模式运作的理解，为后续基于博弈论的PPP项目的风险分担和政府监管的研究奠定了理论基础。

第三章　基于 PPP 模式的基础设施项目风险分担框架

　　PPP 是基础设施建设过程中一种创新融资模式，政府部门与社会资本参与到公共基础设施和服务中来，这种合作模式是一种博弈，也是一种合作。对于蕴含在 PPP 项目中的风险因素如何有效进行分担，有三个关键环节，首先，项目的风险识别与评估是博弈的关键，这个阶段重要任务是识别项目实施过程中可能遇到的风险因素有哪些，进而各方根据自身风险承担能力来确定这些风险在参与主体之间如何分担，并制定有效的风险应对策略。然而 PPP 项目生命周期长，参与方多，运作流程复杂，对政府部门和私人部门的风险识别和评估的专业能力提出了挑战，风险分担不合理会抑制私人部门参与的积极性。其次，PPP 项目风险分担是通过参与主体之间协商谈判的博弈过程来实现风险分担的公平性和合理性。PPP 项目从发起到项目签约存在一个较长时间，政府部门与私人资本通过竞争性磋商达成协议。风险是时刻存在于项目的各个阶段中的，风险评估的结果是为风险分担提供重要参考依据，参与各方要遵循"风险与收益相匹配，风险分担与风险控制能力相匹配"的原则，共同寻求一个公平合理的风险分担方案。最后，政府监管是实现风险合理性的重要保障。确定风险分担的方案后，政府部门或中介机构对项目实施过程中风险分担情况进行监管，这需要项目的参与方之间能够充分合作，有效沟通和发现项目中分担不合理的风险因素和之前未被考虑的风险因素，将其进行风险再分配，确保项目实施质量和效益。总之，提高 PPP 项目风险识别和风险评价能力，可以有助于风险分担趋于合理。本章通过分析 PPP 项目风险分担博弈的主体、客体以及之间的行为关系，进而提出风险分担博弈的框架体系，明确本书研究的重点聚焦在 PPP 项目风险识别与评估、风险分担和政府监管三大部分。

第一节　PPP 项目的风险分担客体

PPP 项目中风险分担客体是指 PPP 项目运行全过程中面临的会影响项目正常运行或相关者利益的风险因素。这里提到 PPP 项目的风险涉及项目的融资阶段、招投标阶段、建设阶段、运营阶段、维护阶段、移交阶段等全生命周期过程中，某个不确定性的事件或行为可能会对基础项目的建设成本、项目工期、工程质量和项目收益等造成影响，具体体现在损失的发生概率、损失及危害的程度。

PPP 项目主要特点体现在以下几个方面。

（1）PPP 项目风险具有复杂性。基础设施 PPP 项目的参与人众多、规模较大、周期较长，容易受到经济环境变化等因素的影响，面临的风险因素呈现出多样性和复杂性。在整个 PPP 项目的生命周期里，存在诸多不确定的因素、随机变化的情况，况且风险是无处不在的，在不同的阶段和特定的条件下，大量风险因素之间也存在一定关联性，会产生互相增强或抵消的效应，对风险估计的准确性造成困难。

（2）PPP 项目风险具有阶段性。PPP 项目风险存在于项目的整个生命周期里，在融资、施工、运营、维护等不同阶段，面临的风险是不同的，具有阶段性的特征。如在融资阶段存在着融资可行风险、融资成本风险等；设计阶段存在着设计问题等；施工阶段存在费用超支风险、合同变更风险、工程质量风险等；运营阶段存在运营成本、维护费用、运营收入不足、政府违约等方面的风险。这些风险存在于某一个阶段或某几个阶段，然而还有些是贯穿于整个生命周期的，如不可抗力风险、经济风险、政治风险等。

（3）PPP 项目风险具有不稳定性。PPP 项目风险性质、风险发生概率及风险损失程度等是不断动态变化的，由于外部环境的变化，风险因素的发生概率、频率、范围、结果都较难把握，某些预测的风险可能不会发生，未预测到的风险也会出现。另外，PPP模式是政府与社会资本全程合作关系，政府赋予特定经营权给私人企业业务，但是在我国，政府的主导作用是明显的，政府职能并未有效转变，政府在维护公共利益的同时，会通过行使介入权和监管权力，或是政策法律制度变更等方式进行行政干预，这对项目的影响也是不容忽视的。

第二节 基于利益相关者的风险分担主体

一 风险分担主体的界定

为了确保制定的PPP项目的风险分担方案更加科学、合理和有效，各风险分担博弈方在谈判时要了解各风险因素的特征，并根据各自风险承受能力、风险偏好能力和风险控制能力，确定合理的风险责任条款。政府部门与私人部门对合同条款的理解不同，双方容易产生争议和纠纷，因此事先在合同里划清各方的权利、义务和风险边界是保障PPP项目顺利实施的前提条件。由于PPP项目参与方众多，风险分担的博弈主体涉及政府部门、股权投资机构、私人项目公司、银行、保险公司、其他中介机构等，它们之间的相互关系见图3-1，参与方之间在风险分担的原则基础上，权衡承担的风险和收益来进行决策，另外，参与方承担的意愿也会直接影响风险承担的结果。

1. 政府部门

政府部门是政府机构、政府代理机构或公司，他们是PPP项目的发起人，提供一定的项目资金，并给予项目公司一定的特许经营权。政府部门注重社会经济效益，提供城市基础设施或服务，引入私人企业的先进技术和丰富的项目运作经验，通过政府与社会资本的合作，解决城镇化进程中基础设施资金缺口，缓解政府增量债务，消化政府存量债务的问题，有助于在经济下行的背景下激活经济增长新动力。社会经济效益实际上在很大程度上受到该国家或地区对项目需求的

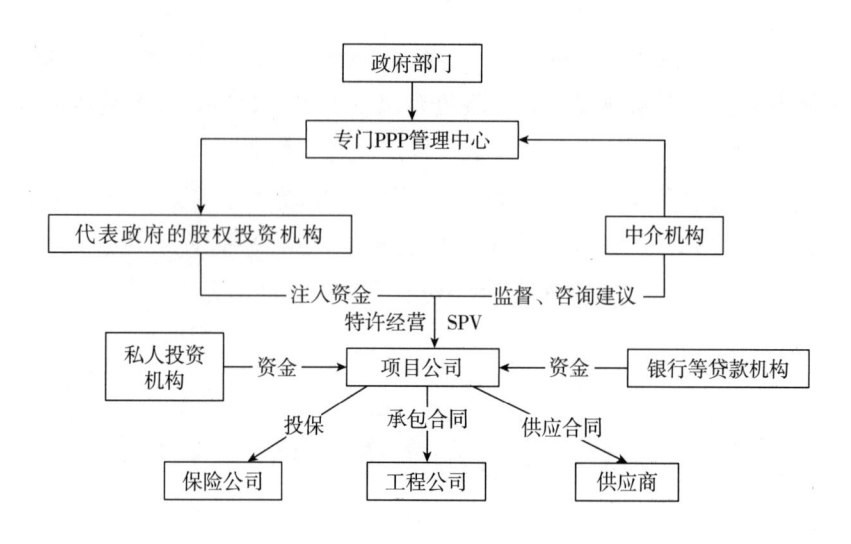

图 3-1　PPP 项目参与方关系

影响，而政府部门做出相关决策时主要考虑的仍然是项目产生的社会经济效益，并利用提供担保、延期特许期、财政补贴等措施来支持社会经济效益。在 PPP 项目流程中，政府充当着"裁判员"和"运动员"的双重身份，每个 PPP 项目在立项之前要经过识别和筛选，并进行"物有所值评价"和"财政承受能力论证"等重要环节；项目立项后，政府还要负责整体规划和政策研讨等管理事项；项目实施过程中，政府要对项目进行监管，对社会公众披露项目运行信息，确保项目顺利实施，显然在这些环节，政府是一个裁判员。另外，PPP 项目强调"风险共担和利益共享"的契约精神，一旦政府部门与私人部门签约后，政府要与企业经营好整个 PPP 项目，无论是企业违约或是政府部门不守信用，都会受到法律约束和问责，因此，这种长期伙伴关系，意味着政府也要扮演好运动员的角色。总之，政府在 PPP 项目具有"裁判员"和"运动员"的双重身份。

2. 私人投资机构

私人投资机构是与代表政府部门的股权投资机构合作成立的特许经营权 PPP 项目管理公司。政府部门在选择股权投资机构时往往会选择资金实力强、信誉较好的机构，或通过招投标方式选择私人投资机构，政府部门选择一家合适的机构赋予特许经营权。

3. 项目公司

项目公司负责项目的建设和运营，他是政府和其他利益相关者的纽带，在项目中各参与者组织关系中起着核心的作用，然而项目公司主要是为了实现经济利益，往往基础设施项目的收益无法覆盖项目成本，因此，在和政府签订特许权协议时，需要政府提供担保或给予财政补贴等优惠政策，来维护自身的利益。积极鼓励社会资本参与到基础设施项目的建设领域中来，可以大大提高项目融资和运行效率。PPP 项目中政府和私人参与者在项目全过程中实行"利益共享、风险共担"。

4. 银行等贷款机构

PPP 项目特点一般是投资金额大、周期长等，政府和私人机构的直接投资在整个投资资金中的比例并不大，大约在 30% 左右，其余的通过金融机构贷款获得，且贷款期限比较长，同时贷款方也为 PPP 项目提供了必要的信用担保。这些提供贷款的机构包括商业银行、国际银团、出口信贷机构、投资信托机构等。在 PPP 模式下，由于贷款方对项目只享有有限追索权，贷款方在发放贷款前除了审核借款方的偿还能力，还要关注项目在未来运营期间内的经济绩效和现金流情况，在贷后管理过程中还要密切跟踪和动态观测项目偿债能力和还款意愿的变化，特别是准确分析项目整个生命周期的风险因素，采用较高边际利率的收益不一定能够抵消较高风险。

5. 工程公司

工程公司是项目建设过程中的主要参与者，负责项目工程的设计与施工，在确定项目后，通过招投标方式就有关 PPP 项目的设计、施工、购买设备等方面与项目公司签订承包合同，凭借较强的专业队伍和先进技术，按照协议保质保量地完成 PPP 项目。工程公司一般要承担项目完工风险，如工程质量、工程延期等。需注意的是，工程公司的资金实力、技术水平和历史业绩等因素都是影响贷款方判断项目风险的依据，直接关系到审批贷款是否通过。

6. 供应商

供应商主要负责为 PPP 项目建设和运营等提供原材料和设备等。这些原材料和设备的供应商往往希望寻找到长期稳定的市场，意图和项目相关部门建立长期合作关系，会主动建议用优惠价格、延期付款、分期付款等优惠措施为项目供应原材料。这可以提高项目原材料供给的持续性，降低项目运营期不确定风险因素的发生概率，同时为项目公司长期项目融资提供合理融资结构与便利条件。

7. 保险公司

PPP 项目具有资金额度大，周期长等特点，造成了项目整个生命周期里蕴藏着众多、复杂的风险因素，这就在一定程度上要求项目参与方准确识别风险并及时进行投保。当政府和私人企业都不愿意承担风险时，保险公司可作为有效转移风险的承担方，当 PPP 项目风险发生并将造成巨大的经济损失时，保险机构可凭借自身雄厚财力和较好的信用来为项目做担保，这有利于保障政府与私人部门合作有效实施基础设施建设。

8. 其他中介机构

其他中介机构包括咨询机构、审计公司等相关机构，政府或是专门 PPP 项目管理中心可以聘请国内外的专业机构选择资金实力雄厚的私人投资机构，编制项目的可行性报告，聘请熟悉 PPP 模式运作和具有丰富项目经验的咨询机构担任顾问，对基础设施项目的融资结构、经济效益、社会效益等方面进行评估。另外，由于政府部门和私人项目公司信息不对称，引入第三方中介监管机构是必要的，中介机构将项目公司的运营情况上报给政府部门，然后政府监管部门再根据其上报的监控结果进行分析，进而制定相关的激励、惩罚机制等。

二 风险分担主体行为之间的关系分析

由于 PPP 项目具有复杂性和期限长等特点，在整个生命周期蕴藏着众多的风险，因此，将 PPP 项目风险公平分担作为合同谈判基准，在合同中合理确定政府方和社会资本方的风险分配机制是必要的。这样可以通过界定各参与方权利、义务和风险边界，有效减少双方的谈判成本和时间，降低风险发生概率，充分发挥政府和私人部门各自优势，提高公共基础设施或服务的效率，同时降低实施风险管理的总成本，实现政府部门与私人部门之间长期激励相容状态，确保 PPP 模式更好地支持新型城镇化进程中的基础设施与服务建设。

PPP 项目风险分担主体之间的关系如下。

1. 特许权协议

特许权协议是政府部门与私人部门之间签订的 PPP 项目重要合同文件。传统的城市基础设施一般是以政府为主导提供资金的，社会资本参与经营基础设施存在一定障碍。PPP 项目的特许权协议，一般由代表政府部门的专门 PPP 管理中心与私人项目投资者协商签订，授权项目公司在一定的特许期内参与建设、经营特定的城市基础设施或公共服务并获得合理报酬。

PPP 特许权协议是 PPP 合同体系中的核心与基础，工程承包协议、供应协议等合同都是在特许协议的基础上产生的。特许权协议条款中明确了政府部门和项目公司各参与方的权利和义务分配，如在特定的条件下政府给予税收、提供项目补贴等优惠政策，制定动态调整价格机制，说明项目公司进行调整价格的条件，并在协议中明确为应对风险采取的必要的担保措施；项目公司负责融资、建设、经营等经济活动，特许经营期满后，将项目及依附于之上的权力无偿地移交给政府部门，同时交付项目相关的技术资料，接受政府及相关中介机构对项目全过程的监督，并定期提供有关项目进度和质量、财务文件等信息，不得随意擅自提高价格，等等。

2. 股东协议

通过图 3-1 的 PPP 项目参与者关系图可知，PPP 项目的投资者是由代表政府股权的投资机构和私人投资机构共同构成的，彼此之间需要签订股东协议，并规定相关合同条件和内容，通过条款明确各股东的认购比例以及各方的权利、义务和责任，还有特殊情况发生时的处理方式等。因此，合理有效的股东协议也是 PPP 项目顺利完成的重要环节。

3. 贷款合同

PPP 项目的资金来源除了股权投资外，还有来自贷款机构发放的资金支持，贷款合同是项目公司和贷款机构签订的合同，贷款机构向某一特许经营项目提供贷款，并以项目未来产生的现金流作为偿还资金的来源，然而通常采用是无追索权或限制追索权方式，无权向项目股东追讨债务，这在一定程度上保护了股东的权益。同时，贷款人往往会要求项目公司提供相关财产或权益作为担保，以保证贷款的安全收回，还可以要求项目公司或相关的政府提供担保或承诺，这是贷款机构减少资金回收风险的重要措施。

4. 工程合同

项目公司在 PPP 项目的设计、采购、施工等方面缺乏一定的能力或经验，需要与合适的承包商签订工程承包合同。工程承包合同主要包括固定总价合同和成本加固定费用合同。在选择合同形式时，主要考虑项目当事人的风险预期和控制能力、风险承担、风险承担意愿、对待风险成本与收益平衡关系的态度。也就是要选择一种使得预期成本最低和风险分配最优的合同方式。

5. 保险合同

PPP 项目需要通过保险公司的参与来降低项目风险损失，通过与保险公司签订保险合同，当事故发生时可从保险公司获得相应的赔偿，这是一种项目公司转嫁风险给保险机构的一种有效方式。保险合同也是 PPP 项目成功实施的前提条件，为了防范风险，进行有效项目监管可以减少风险事故，降低解决纠纷的协调成本，促进项目稳定的运作。

除此之外，PPP 项目合同体系中还包括材料供应合同、项目维护合同、产品或服务采购合同，工程咨询合同等其他合同。

在 PPP 项目中参与方众多，大致可分为两大部门：政府部门与私人部门，一般 PPP 项目发起人是政府部门，而项目公司、私人投资机构、工程公司、供应方、保险公司、中介咨询机构等都可以由私人部门承担，私人部门可能包括多个主体，项目公司是私人部门，工程公司也是私人企业，它们可能属于同一私人企业，也可能是不同私人企业。事实上，由于政府部门与私人部门两大主体利益诉求不同，政府部门代表社会公众，追求社会福利最大化，私人部门则是以获取利润最大化为目的，所以风险分担更多地体现在政府部门与私人部门之间的博弈。因此，这里我们只考虑 PPP 模式政府部门与私人部门之间的风险分担博弈过程，不考虑这些私人部门之间分配或是发生风险转移等情况。

政府部门是代表公众利益的，在项目实施前负责项目可行性和必要性的评估，同时在项目中负责监督和检查从而确保项目顺利进行；私人部门相对于政府部门在信息资源方面处于弱势地位，政府往往利用自身权威要求私人部门承担更多的风险，但这些风险可能会超出其自身能力范围。那么，如何在政府部门与私人部门之间进行有效合理的风险分担是本书研究重点。

三 风险分担主体决策影响因素分析

由于 PPP 模式强调的是各参与方"风险共担，收益共享"的全过程合作，而基础设施 PPP 项目风险分担博弈方比较多，在整个生命周期里影响 PPP 项目风险分担主体决策的因素具有多样性，将各种风险因素进行合理有效的风险分担主要考虑以下几个方面：

第一，参与方对 PPP 项目风险的认知能力。在 PPP 项目实际运行中，政府部门往往会凭借自身的主导地位要求私人部门承担更多的风险，私人部门则要对承担的风险和获取的收益进行权衡。因此，采用 PPP 模式将社会资本引入城市基础设施和公共服务领域建设中来，政府部门要重点考虑私人部门在资金、先进技术和管理经验等方面的优势，通过引入一些 PPP 项目优惠政策，提高社会资本参与的积极性，同时监督其提供高质量的产品或服务给社会公众，提高项目运作效率。

第二，参与方对 PPP 项目风险的承担能力。PPP 项目风险承担能力与参与者风险管理的技术水平、资金实力和管理经验等方面密切相关。按照"风险与收益对等"原则构建科学、合理、有效的风险分担机制，在谈判具体的分担条款时，要全面考虑政府和私人部门在风险管理能力、市场风险管理能力等方面的特点，实现风险要素在政府和社会资本之间合理分配。一般而言，私人部门在 PPP 项目实施过程的主要参与阶段中所面临的风险，应由社会资本承担，如设计风险、施工工程质量风险、维护成本超支风险，等等；法律法规或政策变更风险、政府信用风险等由政府承担，不可抗力等风险则由政府和社会资本按照一定比例共担。实际上，参与方对风险承担能力主要考虑风险承担方是否能降低风险发生概率、是否能减少风险发生造成的直接或间接损失程度、是否能以较低成本承担并控制风险等。

第三，参与方对PPP项目风险的承担意愿。由于PPP项目具有投资额大、建设时间长、工程合同复杂等特点，项目的利益攸关方对项目的未来收益和风险发生概率的预期不同，则对风险承担的意愿也不同。各参与方对待风险的态度，对风险发生概率、风险损失程度的预期以及控制风险能力大小不同，都会影响各利益攸关方对项目风险承担意愿。因此，参与方在选择是否承担该风险因素时要综合考虑风险带来的收益、付出的风险管理成本、可能遭受的风险损失大小以及承担的责任等方面，进而做出风险分担决策。

第四，参与方在PPP项目中的地位平等程度。双方对项目的需求程度、对项目的管理经验以及谈判能力等都会影响政府与私人部门的地位平等性。政府部门采用特许权协议的方式授予私人部门进行基础设施建设、管理、维护等权利，目的是利用私人部门在建设、承建等过程中资金及技术优势，解决政府部门财政资金短缺和弥补基础设施建设资金缺口，并且提高项目效率，实现其社会效益，提高社会公众福利。但是政府部门容易利用自身强势的地位将项目风险转移给其他利益攸关方，造成私人企业承担超过控制能力的风险，这样对基础设施PPP项目的运行会产生不利影响。因此，在PPP项目中由于参与者众多，各自追求的利益不同或冲突难免造成互相推诿的现象，各方在对PPP项目风险分担进行商讨时应保持公平、公正和合理的观念，不能只考虑自身的利益。

第五，PPP项目相关法律法规的完善程度。PPP项目在我国应用和推广刚刚起步，运行经验不足，未建立起比较完善的法律法规体系，谈判过程中合同制定、运行程度等方面仍是无章可循，那么随着我国各地方政府的PPP试点项目相继开展，面对在PPP实践过程中遇到的一些法律缺失的问题，关于PPP项目运行机制、监管等法律规章等方面会逐步进行探索，使 PPP 项目的相关法律法规体系日趋完善。

除此之外，风险分担过程中要考虑"风险与收益相匹配"原则，风险承担方在承担风险的同时要能够获取一定的收益，调动风险承担者努力控制风险的积极性，有利于 PPP 项目顺利实施。

第三节　PPP 项目风险分担的流程

基础设施 PPP 项目一般包括项目前准备阶段、招投标阶段、合同组织阶段、融资阶段等，PPP 运作流程比较复杂，对于风险分担的时点，柯永建等（2008）探讨了在 PPP 项目不同阶段中风险分担时点（见图 3-2）。

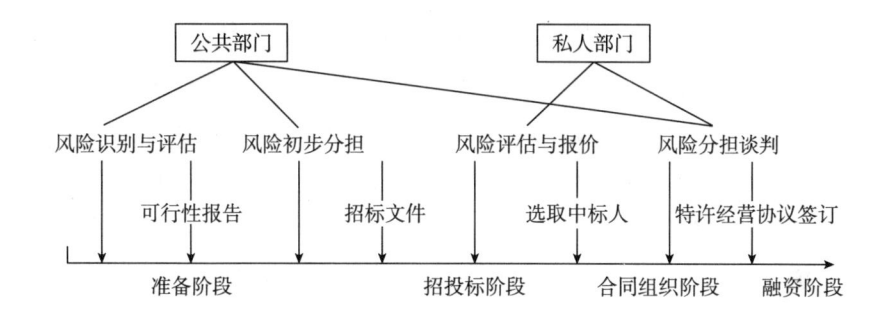

图 3-2　PPP 项目风险分担时点

实际上，PPP 项目的风险分担是一个动态的复杂过程，首先，在项目发起前，双方要根据自身的风险认识能力、控制能力和风险偏好等因素来对风险分担进行决策，一般会运用一些定性或定量相结合的方法对风险进行识别、分析、评估等一系列的工作，之后决定项目是否具备可行性。其次，在项目投标过程中，私人企业将对项目风险进行识别、评估、分担的情况提交给政府部门，为选取合适的中标者提供参考依据。再次，在项目合同具体商讨阶段，双方通过谈判确立合理的风险分担的初步方案。可见，风险分担工作是复杂的、多阶段的，为了保证PPP项目合同的顺利签署，双方在招投标阶段、融资阶段等环节要做好充分的准备工作。

本书研究的PPP项目风险分担流程中风险识别与评价阶段涉及项目招投标阶段，通过运用构建的风险评价指标体系进行各风险因素影响程度与项目整体风险水平的评估；风险初步分担针对合同组织阶段，政府部门与私人部门进行风险分担比例谈判直至达成一致意见，从而作为订立特许经营合同里面关于风险分担条款的重要依据；风险分担的监管则是在双方签订合作协议后项目的实施过程中，政府监管部门对风险初步分担情况进行监测、跟踪，以发现之前未考虑的风险因素或是风险分担不合理的因素，然后进行风险再分担。风险分担流程见图3-3。

第一阶段是风险分析阶段。政府部门在项目招投标阶段在调查项目实施必要性和可行性的基础上，利用以往PPP项目案例和专家咨询等方法，先筛选出PPP项目关键风险因素并构建合理的风险指标体系，再选取合适的风险评价方法，对每项风险因素发生概率、可能造成的损失程度、风险因素之间的相关性、管理成本做出评价。从风险影响因素角度出发，提出有效的风险防范措施，使风险发生概率最小化，减少风险损失程度。值得注意的是，并不是所有风险都一定能在开始阶段就识别出来，评估风险的目的是判断项目是否适合采用PPP模式，作为选取投标者的依据，并作为下一阶段的风险分担前提条件。另外，这一阶段得到的风险影响程度的次序，可以为参与主体下一阶段根据风险程度和风险控制能力分担风险提供一定的依据。这个阶段主要的工作是风险识别与评价。

第二阶段是风险初步分担方案确定阶段。政府部门在上一阶段对PPP项目进行风险识别和风险评价的基础上，对此项目进行可行性分析，为下一阶段风险分配做准备，确定风险应由哪一方掌控，或是由双方共担风险。在此过程中，双方要通过评估自身的资源和能力判断自己是否具有控制能力，并进行成本—收益的权衡，政府部门将一部分风险自留，其余的风险考虑转移给私人部门。私人机构则基于对控制能力和承担成本等方面的评估，选择是否接受这些风险，并提出相

第三章 基于PPP模式的基础设施项目风险分担框架 / 75

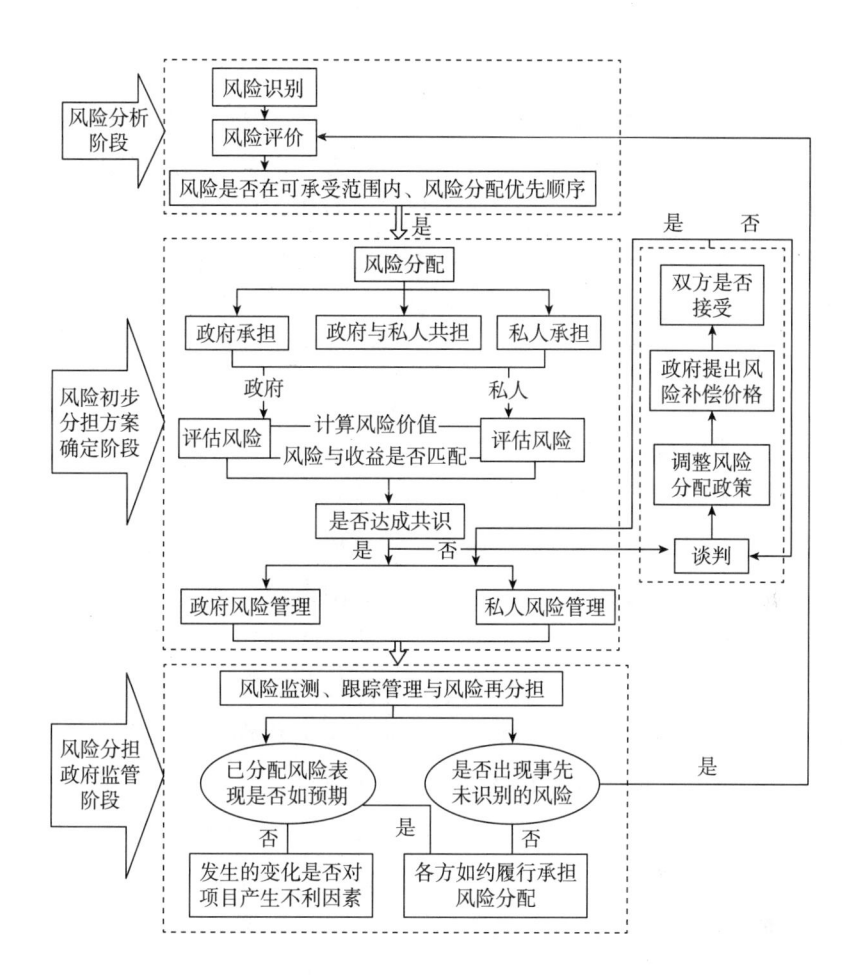

图 3-3 PPP项目风险分配流程

应的风险补偿价格。因此，主要任务是确定哪些风险是政府承担，哪些由私人部门承担，哪些风险由双方共同承担，谈判一直持续到各方对风险分担方案达成一致意见，否则继续谈判。这一阶段主要有以下几个方面工作。

（1）考虑风险转移份额。政府部门与私人部门针对某些超出自身控制能力的风险考虑是否转移给第三方，选取最合适的评价方法，评估为激发对方承担风险的意愿而付出的成本，比较风险转移成本与风险转移获得的收益，研究如何使参与方达到风险与收益的最佳平衡点。

（2）共担风险的分配比例。这个阶段主要是从各参与主体对某项风险的厌恶程度和控制能力等方面进行考虑，以合同形式确定政府部门和私人部门风险分担比例。私人部门会对风险控制能力、风险管理成本和收益方面进行权衡，然后要求政府提供相应的担保措施、补贴方式、税收优惠政策等；同时，政府也会根据项目财务预算和财政能力，选取合适的补偿方式满足私人机构得到合理的利润水平的要求。

第三阶段是风险分担政府监管阶段，即政府监管部门对风险分担的监测、跟踪与再分配阶段。这个阶段需要政府监管部门自身或委托中介机构对第二阶段的风险初步分担情况进行监管，从而实现对PPP项目风险分担监测与跟踪，反映出风险分担存在的问题。由于PPP项目的特许经营周期较长，在建设、运营、维护等阶段会遇到复杂多变的风险因素，一般而言，风险分担并不能一次完成，要在PPP项目整个生命周期进行动态监测，根据各方风险控制能力以及管理成本等评价风险分担比例是否合理以及转移的风险是否有效，转移的风险是否再次发生转移，风险分担模型和技术是否有效。尤其是发现初步分担后有没有之前未考虑到的风险因素以及分担不合理的风险因素。对于这个阶段，政府部门往往引入第三方中介机构通过收集和分析项目数据进行风险指标监控，政府监管部门主要负责的是根据项目公司和中介机构的上报结果对项目公司进行检查并进行相应的奖惩和风险管理对策，如果上报结果真实，找出前面阶段未发现的风险因素或分担不合理的风险因素，则放入第一段开始新一轮风险分担即风险再分担；但如果项目公司和中介机构刻意隐瞒风险不报，风险可能进一步加剧，最后造成不可预测的结果。

结合图3-2、图3-3，对PPP项目风险分担问题的研究有三个关键环节：风险识别和评估、风险分担比例确定以及风险分担监管。一是风险识别和评估环节是为风险分担奠定基础的，通过风险评估可以确定每种风险的影响程度，从而参与方再根据自身的风险控制能力来判断由谁来承担，这意味着政府部门并不是可以将所有风险转移给私人部门进行承担，要注意风险分担的科学性和有效性，使项目风险发生概率得以降低，风险管理成本减少，项目综合效益增加。二是风险分担阶段是 PPP 项目参与方通过谈判方式，以具体的合同条款形式确定各方承担风险分担方案，确保各方权利、义务和责任，有效保证项目的顺利实施。三是风险分担的政府监管阶段是通过风险监测与跟踪对之前的初步分担情况的合理性进行鉴定，发现风险分担不合理的风险因素和未考虑的风险因素，将它们再次进行风险分担。因此，PPP 项目分担并不是简单的数值比例的确定，而是一个动态调整的过程。

第四节　基于多方共赢的风险分担方案

一　风险分担的目标和原则

PPP 项目的风险分担比例或方案是否合理决定了项目能否顺利实施。这里谈到的有效风险分担预期目标一是通过明确各方的风险分配责任，鼓励项目各方主动做好风险管理工作，提高项目运作效率；二是对于超出参与方风险控制能力的风险因素，能够通过转移风险给保险方或其他主体来实现有效规避，从而降低项目整体风险和成本。

2014 年财政部发布的有关 PPP 项目风险分担的指导文件中提到，风险分担的中心原则是将风险分配给风险处理能力最强的一方；在欧文的《对公私合作的担保和风险》一书中，风险分担原则一是指出风险应根据各方的专业能力进行分配，如私人企业在项目建设方面是最专业的，应承担与项目建设相关的成本超支、项目进度延迟、项目审批延迟等风险；二是风险应该分配给最能够控制风险发生的一方，如私人企业虽然无法控制地震等自然灾害，但是它可以通过特殊的设计来减少地震损失；能够最好地控制风险对项目影响；三是风险应分配给能够以最低成本承担风险的一方，这主要是从转嫁风险能力、最终风险承担者能力等方面来评价控制风险成本。

经济合作与发展组织发布的风险分摊和资金回报文件中提到，风险分担并不意味着尽可能将更多风险转移给私人企业，而要考虑政府部门和私人部门哪一方更能承担风险，或是进行风险转移，有效的风险分担能够降低项目的总成本，实现项目物有所值。

在风险分担时要注意以下几个问题：一是风险分担的等级，理论上项目每一个风险都能识别并得到分配，提高资金价值，但是，有些风险不显著，并且控制的成本远远大于预期的收益，因此，根据风险影响程度等级确定风险分担的优先顺序是必要的。二是不能转移的风险，某些类型的风险不能通过合同里明确的风险分配来界定各方的责任和风险边界，如 PPP 项目面对的政治风险，尤其是政府违约或侵占资产的风险，这时候对担保机构提供政治风险保险是可以有效降低风险的。三是风险转移给私人企业的程度。贷款机构往往会接受低等级的风险，风险的转移程度会受限于项目公司的股权水平，如果因风险导致的损失大于股权价值，则权益持有人可以从项目中撤出。

大部分关于 PPP 模式风险分担的国内外文献都提到风险分担应制定详细的合同条款，要清晰地界定各方的权利、义务、责任和风险。《世界银行 2017 版 PPP 合同条款指南》中，明确规定了责任和风险分配程序和方法，主要的原则是风险分配给能更好地承担风险的一方，尤其是考虑到相关的制度和政治限制，将风险分配给能够更好地执行风险控制的一方。

除了责任分配外，合同里另一个关键因素是付款，付款机制可以遵循责任和风险分配的原则，如私人部门能更好地管理收费风险和需求风险，则可以从用户付款中获得报酬，但如果私人部门只负责管理收费风险，不涉及管理需求风险，那么付款机制中会要求私人部门将用户收费上缴给政府部门，政府部门再按照规定向私人机构支付一定的报酬。当然，在这种情况下确定付款机制是必要的，而且要确定相关衡量、监控和考核绩效的机制，如政府部门可以规定应达到的资产利用率指标，设立清晰、可行、可测的绩效指标，以便将大部分经营风险转移给私人部门。

二　PPP 项目风险分担方案

对于 PPP 项目风险分担的方案，本书采用文献归纳研究方法，在归纳相关文献基础上,初步构建了科学、合理的基础设施 PPP 项目的风险分担方案,是一种基于资料的归纳、分析、比较而得出结论的方法。

在国家发展和改革委员会《关于开展政府和社会资本合作的指导意见》(发改投资〔2014〕2724 号)中指出,PPP 模式风险分配以"风险与收益相匹配"为原则在政府和社会资本之间进行合理分配,并且风险应分配给对该项风险控制能力最强的一方承担,如与项目建设、运营相关的风险由社会资本承担;法律、政策调整风险由政府承担,一些地震等不可抗力风险由双方按照一定比例共同承担。关于 PPP 项目风险分配方案,国内外学者进行了多项研究,在相关文献深入研究的基础上,本书在近 15 年国内外有关 PPP 项目风险分担研究的文献资料中抽取了 25 篇,通过分析和整理得出表 3 – 1。进而归纳总结出 PPP 项目风险分配方案。可见,对于 PPP 项目而言,不同的国家,不同的省份,不同的项目的风险分担方案存在一些差异,并不存在统一的方案,因此,在 PPP 项目实践过程中,要针对特定的项目确定自身的风险分担方案。

表 3 – 1　　　　　　　　风险分担方案的文献归纳

一级指标	二级指标	政府承担	共同承担	私人部门承担
政治政策风险	政府稳定性	Li 等(2005); Lam 等(2007); 邓小鹏等(2009); Ke 等(2010); 王英等(2010); Lau(2012); 操双春(2016); 杜晓荣等(2016); 苗阳(2016)		

续表

一级指标	二级指标	政府承担	共同承担	私人部门承担
政治政策风险	征用/国有化	Li 等（2005）；邓小鹏等（2009）；Ke 等（2010）；王英等（2010）；Lau（2012）；杜晓荣等（2016）		
	法律环境	Shen 等（2006）；Athena 等（2008）；Ke 等（2010）；王英等（2010）；Lau（2012）；杜晓荣等（2016）；苗阳（2016）；操双春（2016）；Nguyen（2016）	Grimsey 等（2004）；Ng 等（2007）；Zhang 等（2013）；李皓等（2016）；Nguyen（2016）	Li 等（2005）；Lam 等（2007）；邓小鹏等（2009）；王英等（2010）
	政治决策失误	Athena 等（2008）；Ke 等（2010）；王英等（2010）；Lau（2012）；Zhang 等（2013）；	李皓等（2016）	
	政府信用	Singh 等（2006）；杜晓荣等（2016）	周和平等（2014）	
	财政风险	王建波等（2011）		
经济风险	通货膨胀		Li 等（2005）；Lau（2012）；李林等（2013）；李皓等（2016）；苗阳（2016）；操双春（2016）	Shen 等（2006）；Lam 等（2007）；邓小鹏等（2009）；Ke 等（2010）；王英等（2010）
	外汇风险		Ng 等（2007）；操双春（2016）	Shen 等（2006）；邓小鹏等（2009）

续表

一级指标	二级指标	政府承担	共同承担	私人部门承担
经济风险	利率风险	苗阳(2016); Lau(2012)	Li 等(2005); Ng 等(2007); Ke 等(2010); 王英(2010); 李皓等(2016); 操双春(2016); Nguyen(2016)	Shen 等(2006); Athena 等(2008); 邓小鹏等(2009); Nguyen(2016)
	融资环境	Lau(2012)	Li 等(2005); 邓小鹏等(2009); 王英等(2010); 周小付(2016)	Ke 等(2010)
社会风险	公众反对风险	王建波(2011); Lau(2012); Zhang 等(2013)	周和平等(2014); Nguyen(2016)	
自然风险	环保问题		Li 等(2005); Ke 等(2010); 王英等(2010); 周和平等(2014); Nguyen(2016)	Lam 等(2007); Athena 等(2008); Zhang 等(2013); 杜晓荣等(2016); Nguyen(2016)
	地质气候	Lam 等(2007);	Ke 等(2010); 王英等(2010); Lau(2012); 熊超男等(2016); Nguyen(2016)	Athena 等(2008); Zhang 等(2013); Nguyen(2016)
	不可抗力风险	Ng 等(2007); Nguyen(2016); Zhang 等(2013)	Singh 等(2006); 李林等(2013); 熊超男等(2016); 杜晓荣等(2016); 李皓等(2016); 苗阳(2016); 周小付等(2016); 操双春(2016); Nguyen(2016)	Shen 等(2006); Athena 等(2008); 邓小鹏等(2009); Ke 等(2010); 王英等(2010); Nguyen(2016)

续表

一级指标	二级指标	政府承担	共同承担	私人部门承担
项目选择风险	项目需求度		柯永建等(2008); 李皓等(2016); 周小付(2016)	Ng等(2007); 王英等(2010); Nguyen(2016)
	其他项目竞争		李林等(2013)	柯永建等(2008a)
	土地获取	柯永建等(2008b); Lam等(2007); Ng等(2007); 王英等(2010); Ke等(2010); Zhang等(2013); 周小付(2016)	Nguyen(2016)	Nguyen(2016)
融资阶段风险	融资可行性		Li等(2005); 邓小鹏等(2009); Ke等(2010); 王英等(2010); Lau(2012)	Athena等(2008); 杜晓荣等(2016)
	项目吸引力	邓小鹏(2009)	Li等(2005); Athena等(2008); Ke等(2010)	王英等(2010)
	融资成本		Athena等(2008); 邓小鹏等(2009); Ke等(2010); 王英等(2010)	
设计阶段风险	项目延期审批	Li等(2005); Athena等(2008); Ke等(2010); 王英等(2010); 杜晓荣等(2016)	Lam等(2007); Ng等(2007); 李林等(2013); Lau(2012); Zhang等(2013)	Ng等(2007); 邓小鹏等(2009); 柯永建等(2008a); Lau(2012); 操双春(2016)

续表

一级指标	二级指标	政府承担	共同承担	私人部门承担
设计阶段风险	设计问题		Shen 等(2006); Ng 等(2007); Athena 等(2008); Ke 等(2010); 王英等(2010); 杜晓荣等(2016)	柯永建等(2008b); Zhang 等(2013); 周和平等(2014); 熊超男等(2016); 苗阳(2016); 周小付(2016); Lau(2012); Nguyen(2016)
施工阶段风险	费用超支		Li 等(2005); Shen 等(2006); Ng 等(2007); Athena 等(2008); 柯永建等(2008a); Ke 等(2010); 王英等(2010); 李林等(2013)	柯永建等(2008b); Lau(2012); Zhang 等(2013); 杜晓荣等(2016); 李皓等(2016); 苗阳(2016)
施工阶段风险	合同变更	National Treasury of South Africa(2004)	Lam 等(2007); Lau(2012); Zhang 等(2013); 操双春(2016)	Grimsey 等(2004); Ke 等(2010)
施工阶段风险	工程质量		Li 等(2005); Shen 等(2006); Ng 等(2007); Athena 等(2008); 柯永建等(2008a)	柯永建等(2008b); Lau(2012); Zhang 等(2013); 苗阳(2016)

续表

一级指标	二级指标	政府承担	共同承担	私人部门承担
运营阶段风险	运营成本		Li 等(2005); Shen 等(2006); Ng 等(2007); 柯永建等(2008a); Athena 等(2008); 王英等(2010); Ke 等(2010); Lau(2012)	柯永建等(2008b); 苗阳(2016); 操双春(2016)
	维护费用		Li 等(2005); Shen 等(2006); Ng 等(2007); Athena 等(2008); 王英等(2010); Ke 等(2010); Lau(2012)	柯永建等(2008b); 杜晓荣等(2016); 苗阳(2016); Nguyen(2016)
	运营收入		Li 等(2005); Ng 等(2007); 柯永建等(2008b); Athena 等(2008); 王英等(2010); Ke 等(2010)	Singh 等(2006); 杜晓荣等(2016)
	定价风险		Grimsey(2004)等; Li 等(2005); 李林等(2013)	柯永建等(2008b)
	政府补助风险	王建波等(2011)		
	安全风险		Li 等(2005); Shen 等(2006); 柯永建等(2008a)	柯永建等(2008b); 杜晓荣等(2016)

续表

一级指标	二级指标	政府承担	共同承担	私人部门承担
合作关系风险	合作关系人之间的承诺（沟通）		Lau(2012)；Zhang 等(2013)；杜晓荣等(2016)	Ke 等(2010)；王英(2010)
	合作关系人之间的权利、责任与风险的分配		Athena 等(2008)；杜晓荣等(2016)	Li 等(2005)；Ke 等(2010)；王英等(2010)
第三方风险	第三方侵权赔偿风险	Lam 等(2007)	Li 等(2005)；Athena 等(2008)；Ke 等(2010)	Ke 等(2010)；Zhang 等(2013)
	人事风险		Athena 等(2008)；邓小鹏等(2009)；王英(2010)；王建波等(2011)；杜晓荣等(2016)	

表 3-2　　PPP 项目风险分配方案

一级指标	二级指标	政府承担	共同承担	私人部门承担
政治政策风险	政府稳定性	●		
	征用/国有化	●		
	■法律环境	●	●	●
	■政治决策失误	●	●	
	■政府信用	●	●	
	财政风险	●		
经济风险	■通货膨胀		●	●
	■外汇风险		●	●
	■利率风险		●	●
	■融资环境	●	●	●

续表

一级指标	二级指标	政府承担	共同承担	私人部门承担
社会风险	■公众反对风险		●	●
自然风险	■环保问题		●	●
	■地质气候	●	●	●
	■不可抗力风险	●	●	●
项目选择风险	■项目需求度		●	
	■其他项目竞争		●	●
	■土地获取	●	●	●
融资阶段风险	■融资可行性		●	●
	■项目吸引力	●	●	●
	融资成本		●	
设计阶段风险	■项目延期审批	●	●	●
	■设计问题		●	●
施工阶段风险	■费用超支		●	●
	■合同变更	●	●	●
	■工程质量		●	●
运营阶段风险	■运营成本		●	●
	■维护费用		●	●
	■运营收入		●	●
	■定价风险		●	●
	政府补助风险	●		
	■安全风险		●	●
合作关系风险	■合作关系人之间的承诺		●	●
	■合作关系人之间的权利、责任与风险的分配		●	●
第三方风险	■第三方侵权赔偿风险	●	●	●
	人事风险		●	

注:"●"表示文献中对于该种风险承担主体的意见,"■"表示文献对该风险承担主体存在不同看法,见表3-2。

本章小结

本章在调查大量的国内外文献基础上进行归纳与研究，构建了 PPP 项目风险分担框架体系。首先阐述了 PPP 项目风险定义和特点，并结合国内外 PPP 项目案例，对项目风险进行全面识别。然后基于不同参与方的主观意愿、风险偏好、风险承担能力等影响因素，对政府部门、项目运营机构、贷款机构、保险机构等风险分担主体进行了分析。其次，提出了本书研究的 PPP 项目风险分担流程中的三大阶段：风险识别与评估、风险分担、风险分担的监管。最后，通过文献归纳分析方法对我国 PPP 项目风险分担初步方案进行了归纳与展示。

第四章　PPP 项目的风险识别与评价

进行有效的风险归类与风险影响程度评价，有助于风险管理者加深对风险因素的认知程度，有助于根据风险发生的概率与影响程度合理界定政府部门与私人部门的风险责任与义务，有助于制定出更加有效的风险转移策略。具体来说，一是风险分担方案要根据参与方双方通过预测项目风险发生概率与损失程度来评估自身的承受能力，从而判断是否愿意接受承担此风险以及分担比例；二是风险分担原则之一是风险应由控制能力较强、付出成本较低的一方承担，而风险评价是测算控制能力和付出成本的重要参考依据；三是风险分担时要考虑"风险与收益相匹配"的原则，风险影响程度评价有助于风险承担者根据风险大小来估计自己因承担风险而得到的收益水平，也是私人部门向政府提出风险补偿的重要依据；四是风险因素的归类有助于政府部门与私人部门提高对风险的认识，从而确定自身对哪些类型风险偏好更大。因此，风险的识别与评价是确定风险分担方案过程中不可或缺的一部分。这一章主要是针对 PPP 项目风险博弈客体即风险进行风险因素识别、风险因素指标体系的构建及评价，从而为后面的风险初步分担、风险分担监测与调整奠定了基础。

第一节　PPP 项目风险因素识别

一　风险识别的方法

风险识别是指项目参与者根据自身能力、知识和经验，结合事物本身的规律，对项目存在的或潜在的风险因素进行系统的归纳和分解，并找出诱发风险事故的来源。比较常见的项目风险识别方法有：故障树分析法、专家调查法、情景分析法、流程图法、WBS-RBS 分析法和检查表法，等等（见表 4-1）。

表 4-1　　　　　　　　风险识别方法的比较

风险识别风险	定义	缺点	缺点	适用情况
专家调查法	通过问卷方式对行业领域的专家进行调查，对风险进行科学分析与评估。一般运用头脑风暴法或德尔菲调查问卷法	相对来说，分析具有全面性，获取目标数据的效率高	易受到被调查者的专业水平、情绪和心理因素的影响	缺乏足够资料的项目风险识别
流程图法	运用逻辑思维对项目全部过程进行分析并编制流程图，重点分析项目流程中的关键环节和风险暴露比较集中的环节，找出潜在风险	流程图直观、清晰，便于全面和重点掌握项目风险	集中专注于流程图本身，较难评估风险损失程度以及发生概率	复杂的工程项目
WBS-RBS 分析法	将项目根据作业流程和风险等角度逐级分解，一直到出现最佳风险识别要素，分解结束	反映风险的层次性、结构性强	项目的系统性较差，工作结构不清晰的情况，给风险分析工作带来难度	工作结构清晰、易于分解的项目
情景分析法	采取图表展示、曲线绘图等手段，得出关键的项目风险因素	细致地分析和测定拟定项目未来风险的状况，能够分析项目的关键风险	依据经验来构造情景，以往的工程经验对项目风险辨别产生重要影响，并且难以全面分析	项目中存在相互冲突和排斥的因素，此方法可以帮助决策者拓展视野

续表

风险识别风险	定义	缺点	缺点	适用情况
故障树分析法	通过图解途径将存在于项目中的大"故障"分解成小"故障",一步步分析得出风险本质的来源和诱发因素	通过对项目风险进行层层分解,有助于全面认识项目的风险因素,并采取针对性相关的风险管理措施	用于大型且复杂项目分析时,容易导致分析遗漏和错误	缺乏直接经验的项目风险识别
检查表法	在获得相关研究资料的基础上,格局项目自身特点,运用系统研究方法对项目进行研究,找出蕴含在项目中的各种风险因素,进而绘制成一张风险因素清单	操作简单,易于掌握	缺少相关资料的情况下,较难分析	适用于有足够的相关基础资料的项目

以上是应用于基础设施建设 PPP 项目风险识别的几种常见的方法,各自有优点也有缺点,在实际 PPP 项目操作中很难找到最优风险识别方法,只能针对特定项目选用适当的风险识别方法,有时还采用几种方法的组合方式,从而满足项目风险识别的全面性、客观性、准确性。值得注意的是,风险识别是一个动态的调整过程。通过比较以上几种风险识别的常见方法,根据基础设施建设 PPP 项目的风险特点,本书在研究相关文献和 PPP 项目典型案例中存在的风险要素基础上,采用了风险因素分解方法对 PPP 项目风险进行识别。首先根据 Li 等(2005)的分类方法将 PPP 项目风险划分为三个层面:宏观层面、中观层面和微观层面,然后对 PPP 项目整个生命周期过程中在融资、施工、运营等各个阶段存在的风险进行全方位和全过程的风险因素识别。

二 PPP 项目风险识别

对于一个项目而言,风险分担的前提是选取科学合理的方法对项目风险分担的客体（即风险因素）进行有效识别。根据欧盟《成功实施公司合作项目指南》（2002）给出的风险定义："风险是任意威胁到项目在规定时间、成本和质量范围内成功完成的因素、事件或影响。"由于基础设施 PPP 项目的参与者众多且追求的利益不同，各方对风险来源、成因、特点及后果的认知程度不同，这会影响到承担风险的意愿以及风险管理措施。为了通过分析各种风险要素对其他风险因素的影响程度，以及便于项目管理者确定每种风险要素实施管理措施的优先等级，本研究采用学术界应用较为广泛的 Li 等（2005）的分类方法，首先通过从风险来源角度，将 PPP 项目风险分为宏观风险、中观风险和微观风险三个层面，然后结合中国城镇化背景特点构建 PPP 项目风险指标体系。从而为后续的风险评价、风险分担及风险监控等奠定研究基础，为政府部门和私人部门参与主体制定相关风险管理流程和措施提供借鉴。

（1）宏观风险

宏观风险主要涉及国家政治和经济环境、法律政策、环境问题、行业因素变化等一些外生变量引起的风险事件，容易影响到项目的实施过程和绩效评价。宏观层面包括的风险因素见图 4-1，每种风险因素的来源、影响以及对应的 PPP 项目案例见表 4-2。

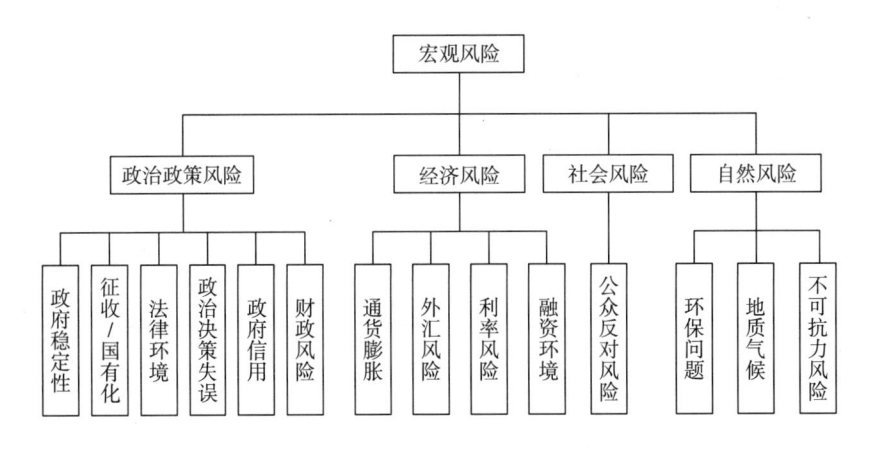

图 4-1 宏观层面风险因素

表 4-2　　　　　　　宏观层面风险因素来源及影响分析

风险因素	风险来源	产生影响	典型案例
政府稳定性	国际关系紧张、国际信用差	影响项目顺利进行、经济活动萎缩、导致信用风险	The Second Stage Expressway System, the Don Muang Tollway in Thailand; Bangkok skytrain project in Thailand
征收/国有化	由于政治因素，使项目面临被政府征收的风险，造成项目停滞	项目回购和终止	延安东路隧道（2002）；上海大昌水厂（2004）；长春汇律污水处理（2005）
法律环境	法律体系不健全、监管体系不完善、法律法规的变化，如税收政策和产品标准等、政府职责不明确、法律法规之间相冲突	导致合同失效或无法执行、减少项目收益、增加项目成本	邛崃市新城开发经营项目、Constanta Waler and Wastewaler project Romania、RWE Entsolgung, Bulgaria
政治决策失误	政府部门或项目管理公司缺乏 PPP 项目运作经验和技能水平、项目前期准备不充分、决策程序不规范、多方主体之间信息不对称等因素	项目预算决策错误、合作者选取不合适	青岛威立雅污水处理项目、大场水厂、北京第十水厂和廉江中法供水厂项目、深圳梧桐山隧道
政府信用	社会诚信体系不健全、政府信用缺失、贪污腐败严重	影响项目顺利进行、影响私人投资者的积极性、增加信用成本	江苏某污水处理厂、湖南某电厂、沈阳第九水厂 BOT 项目
财政风险	缺少财政透明度、政治和其他方面压力驱使、政府担保过度、道德责任	政府的风险敞口大、政府承诺无法兑现、影响项目的运行	哥伦比亚某电力项目、韩国某公路、墨西哥某道路建设

续表

风险因素	风险来源	产生影响	典型案例
通货膨胀	货币贬值、成本上涨、需求增加、刚性需求	原材料的价格上涨、项目成本增加、项目收益减少	印度大博电厂项目
外汇风险	汇率政策调整、外汇管制、汇率价格波动	进口材料和设备价格上涨、项目成本增加、项目公司负债结构变化	印度大博电厂项目、巴黎迪士尼乐园
利率风险	货币政策调整、利率政策调整	项目投资规模增加、融资成本增加、项目的机会成本增加	广西来宾B电厂、巴黎迪士尼乐园
融资环境	融资结构不合理、金融市场不健全、财务担保体系不完善、金融工具缺乏创新	资金筹措困难、融资的信用风险增加	湖南某电厂的项目、台北市公共停车场
公众反对风险	公众对项目持有反对态度，往往由于私人投资机构缺乏社会责任，造成追求利益最大化的目标，提供不符合标准的公共基础设施或服务	使得项目收益受到影响，同时项目成本得到增加	大场水厂和北京第十水厂
环保问题	对自然环境和人类健康和福利的更高要求、环境法律法规的调整	项目延期或是终止	台北捷运系统、香港迪士尼乐园
地质气候	不良的地质条件、恶劣的气候、项目对地理环境的要求	项目效益遭受损失甚至终止	马来西亚的南北公路项目、The Jakarta - Bandung Corridor Project
不可抗力风险	战争、地震、洪水等无法预料的自然灾害	导致项目遭受严重损失	江苏某污水处理厂、Hamilton - Wentworth Water and Sewage、Utility

(2) 中观风险

中观层面风险体现的是一种发生和结果作用于项目的系统边界内的风险，主要涉及项目生命周期中再融资、设计、建设、运营等阶段面临的风险，这些内生变量引起的风险事件，包括项目的可行性因素、设计问题、工程质量及技术因素等方面的风险。中观层面包括的风险因素见图 4-2，每种风险因素的来源、影响以及对应的 PPP 项目案例见表 4-3。

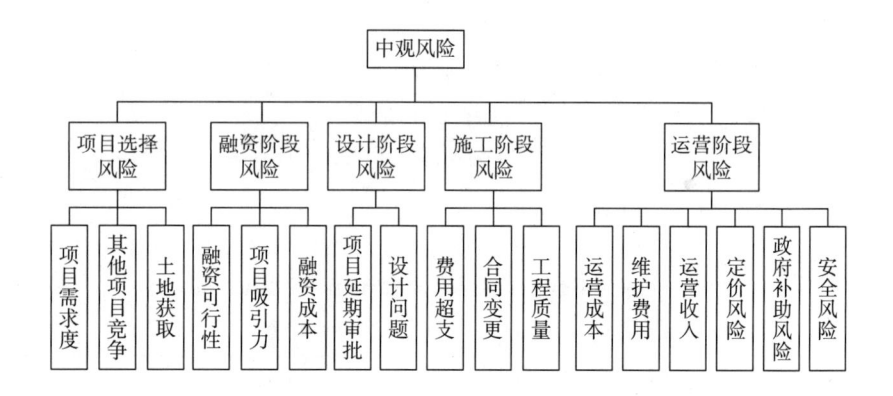

图 4-2 中观层面风险因素

表 4-3　　　　　中观层面风险因素来源及影响分析

风险因素	风险来源	产生影响	典型案例
项目需求度	项目需求量不充足	项目效益下降	山东中华发电项目、杭州湾跨海大桥、闽江四桥、刺桐大桥和京通高速等项目
其他项目竞争	同质项目的竞争	项目需求量减少、收益减少	杭州湾跨海大桥、福建泉州刺桐大桥、
土地获取	土地取得成本过高、土地使用权获取难、土地政策的变化	增加项目成本、增加项目开发时间导致项目延期	台北市公共停车

续表

风险因素	风险来源	产生影响	典型案例
融资可行性	一般表现为资本市场不活跃，金融创新不足，融资渠道较为单一，不容易满足项目资金需求	造成融资结构不合理或者融资延迟，甚至项目融资失败	台北市公共停车场；以色列的 The Asbkelon desalination BOT；台南市海安路地下街
项目吸引力	项目的自偿性低、需求不足、投资信心不足	寻找合作伙伴较难、融资获取较难	泰国曼谷的 Skytrain 项目
融资成本	缺乏 PPP 项目运行经验、融资结构不合理、融资获取难、利率或汇率的变化、选择合作伙伴的盲目性	增加项目成本、引起信用风险、减少项目收益	南浦大桥、杨浦大桥
项目延期审批	前期准备不足、供给风险、设计不合格、不可抗力、土地获取难、审批手续复杂、政府部门办事效率低	项目成本增加、利息支出增加、机会成本增加、直接影响收益	北京第十水厂、英法海底隧道；Beiras Litoral and Alta Shadow Toll Road, Portugal
设计问题	设计技术水平差、设计质量较差	后期的项目施工和运行成本	台湾国际金融大楼、巴黎迪士尼乐园、马来西亚的南北公路项目
费用超支	贪污腐败、通货膨胀、不可抗力因素、项目决策失误、设计问题、缺乏对项目公司的监管	材料价格上涨、项目延期、工程预算不足、费用超过预期、项目收益减少	英法海底隧道、马来西亚南北高速公路、巴黎迪士尼乐园
合同变更	法律变更、设计不合理、技术问题、自然条件	项目延期、成本费用增加	沈阳第九水厂（2000）、泰国第二高速公路、Trencin Water system, Slovak Republic、泰国 2 期高速公路项目

续表

风险因素	风险来源	产生影响	典型案例
工程质量	设计不合理、项目公司管理能力差、偷工减料、技术成熟度、技术的标准	造成安全隐患、项目终止的风险、社会公众利益受损	北京地铁10号线
运营成本	项目质量问题、管理水平、运行效率低、通货膨胀、产品标准提高、设计存在问题	成本增加、效率低下、影响项目收益	
维护费用	工程质量缺陷、设计不合理、维护人员技术不达标	成本增加、效率低下、影响项目收益	
运营收入	由于政府部门政策对价格限制，收费不高，或是由于预期失误等因素，造成公众对项目的需求量不足	项目投资资金难以回收、项目收益低下	天津双港垃圾焚烧发电厂项目、杭州湾跨海大桥、福建泉州刺桐大桥
定价风险	相关价格政策调整、税收政策变化	项目效益	山东中华发电项目
政府补助风险	政府部门官员贪污腐败问题造成项目补贴资金流失、政府信用出现问题不能使，项目如期获得补偿或补贴	项目资金到位困难、项目效益低下、项目延期甚至终止	天津双港垃圾焚烧发电厂
安全风险	工程质量、设计不合理	项目损失、社会公众利益损害	广州—深圳—珠海高速公路项目

（3）微观风险

微观层面风险也是项目的内部因素引发的风险，但是与中观层面风险反映的侧重点不同。微观层面风险主要反映参与方（政府部门和私人机构）基于人有限理性和合约的不完备性，各自存在不同利益追求，在利益主体相互协调过程中产生的风险。这类风险区别于项目自身因素的风险，主要包括以下几个方面的风险因素。微观层面包括的风险因素见图4-3，每种风险因素的来源、影响以及对应的PPP项目案例见表4-4。

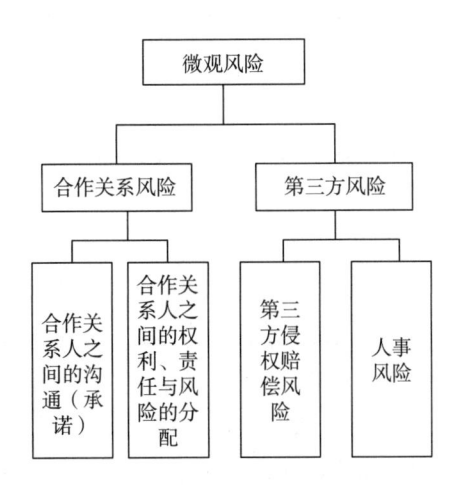

图4-3 微观层面风险因素

表4-4　　　　微观层面风险因素来源及影响分析

风险因素	风险来源	产生影响	典型案例
合作关系人之间的沟通（承诺）	缺乏对项目参与人资信状况、技术和资金实力等方面的了解	合作关系人之间沟通不顺畅，造成项目的延误、项目成本增加、收益减少	深圳某收费公路BOT项目（长45km）
合作关系人之间的权利、责任与风险的分配	合同对参与者权利、责任、风险界定不明晰；参与者的地位差异	谈判成本大、参与方控制风险积极性降低	泰国曼谷的Tanayong轻轨项目
第三方侵权赔偿风险性	承包商破产、供应商破产	项目施工进度、物资供应、交易成本增加、项目损失	

续表

风险因素	风险来源	产生影响	典型案例
人事风险	人力资源管理出现问题给企业带来的不利影响	与合作方的关系的协调、项目进度、谈判成本增加	

第二节　风险评价指标体系的构建原则

　　PPP项目是一个动态过程，在整个生命周期里，风险产生的原因是不同的，根据各个阶段表现出不同的形式，有针对性地构建PPP项目风险指标体系，为后续的风险评价及风险分担等环节提供了重要依据。建立全面、科学、有效的风险评价指标体系是实现有效的PPP项目风险管理和保证项目顺利实施的前提条件。PPP项目在不同阶段呈现出的风险特点不同，那么构建风险评价指标体系时要从如下几个原则出发。

　　（1）系统性

　　风险因素两两之间并不是完全独立的关系，它们往往是相互联系，作用程度相互增强或抵消，因此，为了更加全面地设计PPP项目风险评价指标体系，避免发生事先未能预计到的风险因素对项目产生重大危害，构建一个科学的、有效的、系统的风险评价指标体系，是做出正确的PPP项目投资决策、风险评价、风险分担和风险监管等的前提条件，是不容忽视的关键阶段。

　　（2）阶段性

　　基础设施PPP项目存在阶段性的特点，在融资、招标、施工、运营、维护等不同阶段面临不同的风险因素，并且不同的PPP项目也呈现出自身特点，在实际的实施过程中，要充分考虑不同省份之间的差异，不同项目之间的差异，不同阶段风险因素的差异，才能建立更加科学、有效、合理的PPP项目风险评价指标体系。

(3) 层次性

PPP 项目风险因素之间存在着较强的关联性和逻辑性，表现为逐级递进的关系，因此，构建 PPP 项目风险评价指标体系要注意层次性、逻辑性、科学性和易操作性，才能在风险管理过程中系统地评价和控制风险。

第三节　PPP 项目风险指标体系的构建及指标分析

一　基于全生命周期的 PPP 项目风险评价构成分析

由于 PPP 项目每一阶段所面临的风险特点有所不同，本部分在借鉴国内外学者关于 PPP 项目风险指标体系构建问题研究的基础上，考虑 PPP 项目生命周期各个阶段的不同特点，确定 PPP 项目在不同层面、不同阶段所面临的风险因素。

1. 宏观层面

(1) 政治政策风险

政治政策风险一般直接受到政府行为的影响，如限制货币转移或转换政策、政治暴力、强制征地，或未能遵守项目合同，等等，因此，政治因素对 PPP 项目的有效性和效率有很大的潜在影响。政治风险是指由于国家政局变化如战争、罢工等，给 PPP 项目带来一定的经济损失。政府政策风险往往对基础设施 PPP 项目的影响范围比较广，不仅仅局限于某个环节，一般表现为税收政策、价格限制、土地获取政策等方面的变化。一些 PPP 项目实施过程中涉及征地拆迁以及补偿事项，容易造成社会稳定风险。行政审批环节过多或政府官员腐败问题容易造成审批延误风险等。其中，法律风险也是重要风险之一，以土地开发为例，各地方政府法律法规不一致，如北京市和长春市的土地储备和一级开发暂行办法中对企业能否参与土地一级开发的规定存在矛盾；有些地方政府对 PPP 土地开发项目是否必须符合当地规划条件未给出明确规定，导致项目已经实施但可能成为违法建设项目，引发项目资金无法回收；对于企业能否在 PPP 项目土地一级开发中获取土地转让分成收益，各地方政府规定不同。可见，各地方法律政策差异让私人企业面临法律风险，可能给企业带来无法弥补的损失。另外，城镇化对 PPP 项目的需求旺盛，导致政府过度担保，过度投资，弥补收入缺口等加大了财政风险。

（2）经济风险

至于经济和 PPP 项目风险之间的相关性，Ortega 等（2016）认为经济风险对企业绩效、地方政府与私营部门合作的意愿、地区收入、人口、就业、土地利用和社会文化等方面产生一定影响。经济风险主要指经济环境因素变化所引起的对项目收益和成本等方面的影响，包括地价风险、融资成本风险、国民经济变化、通货膨胀率、GDP 增长率、利率风险、汇率变化等。

（3）社会风险

社会风险是指社会环境因素的变化对 PPP 项目产生影响，给参与 PPP 项目的投资者带来损失的可能性，主要包括公众反对风险、文化冲突风险、社会治安风险等。由于我国 PPP 项目监管机制不完善，政府部门对项目运营情况监管缺乏经验，在 PPP 模式中众多的参与者追求的利益不同甚至出现冲突，尤其是私人部门可能利用合同条款不完备、信息不对称，采取服务价格提高、透支未来收益、高溢价转让经营等违规行为，加剧了公共利益受到损失的风险。

（4）自然风险

自然风险指由于一些自然因素的不确定性对 PPP 项目造成的影响和损失，从而对 PPP 项目参与方或社会公众造成一定经济损失，如火灾、地震、洪水、地质、气候等方面风险。

（5）环保风险

随着新型城镇化进程的推进，居民更加关注身体健康和生活质量的提高，社会公众对环保问题愈加关注，环保风险包括空气、水污染、土壤等生态环境的污染等，当一个 PPP 项目引起生态资源破坏时，社会公众就采取对项目抵抗的行为，引发项目停滞或失败，因此，这个风险因素是中国现阶段 PPP 项目实施过程中应引起足够重视的因素。

2. 中观层面

(1) PPP 项目立项阶段

PPP 项目立项阶段主要对项目选址、项目规划、社会效益、经济效益等方面进行可行性研究。在这个阶段，项目企业与政府部门进行沟通和协商是否顺畅会影响审批手续效率和项目进展程度。

(2) PPP 项目前期准备阶段

PPP 项目前期准备阶段是在项目施工和运行阶段之前做好准备工作，为后续环节奠定基础。这一阶段主要对项目进行总体规划设计、招投标、土地获取审批手续等，具体包括制定项目总体方案、施工进度表、费用预算、融资可行性等。另外，为项目实施做好征地拆迁等相关工作也是前提条件，倘若存在土地获取的问题会造成项目的延迟。

(3) PPP 项目施工阶段风险

在 PPP 项目施工阶段的风险主要有：一是 PPP 项目的设计水平和质量在一定程度上影响其工程质量，常常表现为项目设计理念落后、设计环节事项变更等风险，容易造成项目成本和费用的增加，当工程质量受到极大影响时，往往会造成重大的项目损失。二是技术风险，如果在设计及施工阶段未引入先进的技术和手段，外界的技术更新会对项目需求度产生影响，如材料落后、技术陈旧、设备落后、信息不对称风险，等等。三是工程质量风险，如施工时偷工减料造成第三方安全及健康受到危害，引发索赔风险。另外，工程进度延期可能引起施工成本增加和项目收益减少。

(4) PPP 项目运营阶段风险

项目施工结束后，PPP 项目投资机构的主要任务是通过项目运营来尽快回收资金并获取利润，这一阶段风险主要有：一是决策失误风险。主要是运营者策划失误或经营管理不善导致预期的收入水平与实际收入的偏离，造成项目效益损失，包括投资决策者的能力、投资决策者风险偏好、融资方式选择、员工管理、地质选择、市场定位、产品定价等风险。二是管理风险。主要是指管理者素质、项目经验、项目管理机制、合作者选择、控制风险能力等造成项目运营出现问题。三是工程相关风险。包括劳资纠纷、设备风险、合同风险、维修风险、政府补偿风险等。

3. 微观层面

微观层面的风险，包括合作风险和第三方风险。PPP项目一个显著特征是涉及很多参与者，利益相关者之间不可避免地会产生一些利益冲突。Beyene（2014）指出PPP项目中不同领域的参与者必须有趋于一致的看法和意见，从而政府采取一定措施来吸引私营部门参与PPP公共服务。对于一个成功的PPP项目，合理地平衡和满足所有利益相关者的利益是至关重要的（Xiong et al.，2015；Feuvre et al.，2016）。每个利益相关者对PPP项目顺利实施都是关键的，他们在沟通与交流过程中对于一些重要问题进行讨论，并达成协议（Manos et al.，2014）。这不仅是PPP项目效率的问题，沟通与交流能促进参与各方都能获得好处（Asquith et al.，2014）。PPP项目利益相关者的社会、经济和金融的目标可以存在差异，但如何获得"双赢"的局面才是PPP项目成功的关键因素（Leviakangas et al.，2016）。到目前为止，对PPP项目风险中利益相关者之间的关系因素的研究不是很深入（Kamal et al.，2011；Klievink et al.，2012）。

二　PPP项目风险指标体系的构建及指标分析

在前文关于PPP项目风险特点、风险因素的识别、风险指标体系构建原则、项目不同阶段的风险指标构成分析的基础上构建的PPP项目风险评价指标体系见表4－5。

表4－5　　　　　　PPP项目风险评价指标体系

目标层	一级指标	二级指标	指标解释
宏观层面风险	政治政策风险（C_1）	政府稳定性（X_{11}）	项目所在国政府更替的频率及政局稳定性
		征用/国有化（X_{12}）	中央或地方政府强行征用和国有化
		法律环境（X_{13}）	相关法律法规的变更（税收、收入等）；缺乏PPP模式法律

续表

目标层	一级指标	二级指标	指标解释
宏观层面风险	政治政策风险（C_1）	政治决策失误（X_{14}）	缺乏深入理解和科学决策的能力和意愿，缺乏创新机制；项目生命周期与政府官员5年行政岗位任期不匹配，导致政府做出短视选择
		政府信用（X_{15}）	政府不履行或拒绝履行合同约定的责任和义务（如终止特许经营权、不兑现支付）。另外，政府官员的腐败直接增加项目成本，加大政府违约风险
		财政风险（X_{16}）	城镇化对PPP项目的需求旺盛，导致政府过度担保，过度投资，弥补收入缺口等，加大了财政风险
	经济风险（C_2）	通货膨胀（X_{21}）	物价上涨，货币购买力下降，原材料、设备、人工成本增加
		外汇风险（X_{22}）	外汇汇率变化影响外汇兑付
		利率风险（X_{23}）	市场利率变动的风险，如利率市场化的影响
		融资环境（X_{24}）	与PPP项目融资相关的国家经济形势，影响资金的筹措难度
	社会风险（C_3）	公众反对风险（X_{31}）	公众对项目的支持力度及利益是否能有效得到保护
	自然风险（X_4）	环保问题（X_{41}）	新型城镇化对环保要求提高，如垃圾、噪声、生态等
		地质气候（X_{42}）	项目所在地的客观条件
		不可抗力风险（X_{43}）	不可预见且无法避免的损害或风险，如地震、洪水等自然灾害
中观层面风险	项目选择风险（C_5）	项目需求度（X_{51}）	客户对项目的需求程度
		其他项目竞争（X_{52}）	同行业项目的竞争影响本项目的绩效
		土地获取（X_{53}）	较长拆迁期，现有复杂设施转移
	融资阶段风险（C_6）	融资可行性（X_{61}）	特许经营商筹资的渠道和能力
		项目吸引力（X_{62}）	投资对项目的兴趣
		融资成本（X_{63}）	融资成本高于收益，导致项目亏损

续表

目标层	一级指标	二级指标	指标解释
中观层面风险	设计阶段风险（C_7）	项目延期审批（X_{71}）	审批环节复杂造成审批延迟
		设计问题（X_{72}）	设计的标准未通过，设计质量问题及设计变更的风险
	施工阶段风险（C_8）	费用超支（X_{81}）	费用超过预期
		合同变更（X_{82}）	项目完成前变更导致赔偿
		工程质量（X_{83}）	工程质量造成的损失
	运营阶段风险（C_9）	运营成本（X_{91}）	经营过程中受经济及其他因素影响使得成本增加
		维护费用（X_{92}）	设备更新和维护成本昂贵
		运营收入（X_{93}）	运营不合理导致收入低于预期
		定价风险（X_{94}）	运营收费制度的限制
		政府补助风险（X_{95}）	政府能不能按时按量支付补贴
		安全风险（X_{96}）	项目工程安全引发的风险事件，如地铁坍塌等
微观层面风险	合作关系风险（C_{10}）	合作关系人之间的承诺（X_{101}）	参与方不同部门与地区之间的不合作，沟通不顺畅，自身追求的利益不同导致的信用风险
		合作关系人之间的权利、责任与风险的分配（X_{102}）	参与方的权利、责任和风险分配不当
	第三方风险（X_{11}）	第三方侵权赔偿风险（X_{111}）	代理人的行为损害参与方利益
		人事风险（X_{112}）	人力资源管理出现问题给企业带来的不利影响

第四节　基于模糊层次分析法的 PPP 项目风险评价

一　风险评价方法介绍

项目风险评价是在选取一定的方法对项目进行全面风险识别的基础上，对风险发生概率、损失程度等进行评估和测量，通常采用定性、定量的方法评价不确定风险因素的过程。风险评价是 PPP 项目进行有效、合理分担和风险监控等风险管理过程的重要依据，以下是几种常见的风险评价方法。

1. 调查和专家打分法

调查和专家打分法是一种较为常见、简单易行的风险评估方法，又称为主观评分法和综合评价法。该方法首先识别出项目可能遇到的所有风险，并将其列入风险调查表；然后，选定专家对象并要求其对各种风险因素重要性进行评价或打分，得出每一项风险的影响程度等级；然后再评价该项目整体风险水平。此方法主要从风险发生概率和风险损失程度两个维度来评价风险。这种方法缺点是主观性较强，因此，这种方法往往运用于决策前期，作为后续风险分析的基础。

2. 决策树法

决策树法是一种直观运用概率分析的图解方法，是基于概率论原理，采用一种树形图作为分析工具，将各种风险因素逐层分解开来，并计算风险发生概率和风险期望值。决策树法是用决策点代表决策问题，计算出不同的方案下可能的各种结果，并比较不同条件下的损益，以此作为制定决策的依据。这种方法的优点是评价过程形象化，清晰地显示出不同阶段的风险状况、发生概率和损失程度，易于比较，有利于选择出最佳方案。但是，该方法需要有足够、充分的数据，且计算量随着变量个数的指数增长；同时，决策树的分支过多，容易造成计算的失误。

3. 影响图法

影响图法是美国 Howard 等提出的一种新颖的图形表征语言，通过风险影响图来反映风险结点互相的作用关系，能够有效地进行概率估计和决策分析。风险影响图由风险节点及风险作用关系弧组成，对于概率估计、决策者偏好、信息状态说明充分，与其他方法相比，具有以下几个特点：一是利用了变量之间独立关系表征系统结构，各个节点不依赖之间的状态；二是对应的联合展开式依赖于决策者思维的自然次序；三是构造过程无方向性限制；四是相关概念的缜密性和完善性，提高了结果的准确性。该方法的优点是利用风险系数评价项目风险，能够直观反映变量之间的关系，对于不确定性条件下的推理方面有明显优势。

4. 敏感性分析法

敏感性分析是评价确定性风险变量对项目经济效应等指标的影响程度和敏感程度，进而判断项目承受风险能力的一种分析方法。这种方法有利于确定项目对哪个变量或因素敏感程度的顺序，为风险过程中找到敏感性较强的风险因素，并引起重点关注。但是，此种方法也存在一定缺点，如未考虑风险因素之间的关联性；风险因素的变化范围较难清晰界定；数据处理的工作量大；不能准确地将风险影响程度进行量化，只能说明大概的程度。

5. 蒙特卡洛模拟法

蒙特卡洛模拟法是 2003 年 Osama Ahmed Jannadi 提出的一种应用广泛的系统模拟技术，主要用于评估非确定型的风险因素对项目总体目标影响程度，将目标变量采用数学模型表示，通过对模型的抽样实验产生随机数，计算出风险发生概率和风险影响程度的数值，进行定量风险分析。但是，它也存在着一定的局限性，如无法反映出变量之间的相互关联性和关键性风险因素；由于评价人员素质、知识能力和行业经验等方面的差异，构造出的风险模型也不相同，从而导致其模拟结果产生差别。

二 基于模糊层次分析法的风险评价

20 世纪 70 年代美国匹兹堡大学的萨迪（T. L. Saaty）教授提出了

层次分析法（AHP），这是一种对多个方案和指标进行层次化、结构化的决策分析方法。AHP决策模型的构建过程是运用了哲学中的综合与分解的思维过程方法，采用数量形式将定性问题转化成定量的描述人的主观判断，帮助决策者做出科学、有效的决策。其思想是：首先将识别出的风险按支配关系形成递阶层次结构，然后根据两两比较的方法确立判断矩阵，并运用相关的公式计算出各阶层风险因素的影响程度的排名和项目整体风险级别，从而对项目做出风险评价。层次分析法具有可靠性高、准确率高等特点，现已在众多领域得到广泛应用，但是在构造判断矩阵时依赖主观判断，可能存在项目风险评价缺乏客观性和科学性，进而导致结果实际与预测情况发生一定的偏离。

在项目风险评价过程中，模糊层次分析法（F-AHP）则是在AHP风险评价方法的基础上发展起来的一种系统分析方法，它利用模糊数学的原理，将各种因素对事物的影响做出总体的综合性评价。其思路是：首先通过识别项目风险因素来构建综合评价指标体系，然后通过两两比较判断矩阵确定指标权重，最后建立模糊关系矩阵，进行总体性评价。该方法也存在着一些问题：一是判断矩阵主观性较强；二是隶属度在评价过程中动态变化可能会导致结果变化；三是风险因素多的情况下，模糊性扩张会引发实际结果与评价结果的偏离。

通过以上对于AHP和模糊综合评价的描述可知，层次分析法（AHP）利用层次结构与相对标度，比蒙特卡洛模拟法、敏感性分析法等方法更加适合解决复杂的风险因素，同时，可以看到模糊方法为现实世界中普遍存在的模糊、不清晰的问题提供了一种概念化方法，可以利用数学的语言和数字描述变量去分析风险和评价风险。并且，蒙特卡洛模拟法、敏感性分析往往需要大量的历史数据作为基础，然而中国PPP项目仍处于初步阶段，获取相关项目数据有一定难度，F-AHP方法可以克服这个缺点。另外，由于PPP项目风险具有复杂性、众多性的特点，这里利用模糊层次分析方法（F-AHP）对PPP项目进行风险评价是更加适合的。

1. 建立风险因素指标集

AHP 递阶层次结构是将较为复杂的问题分解成简单的元素，依照元素的属性归类形成不同层次的从上到下的支配关系的层次结构。位于同一层次的元素对下一层的元素起到支配作用，同时又隶属于上一层次元素，大致可分为目标层、准则层和方案层三个层次。

①目标层（最高层），它是预先设定的预期达到的理想结果或是目标。

②准则层（中间层），是递阶层次结构的中间环节，由考虑到的准则和子准则等若干层次构成。

③方案层（最底层），是为完成既定目标而采取的多种措施和决策方法。

典型的 AHP 递阶层次结构见图 4-4。

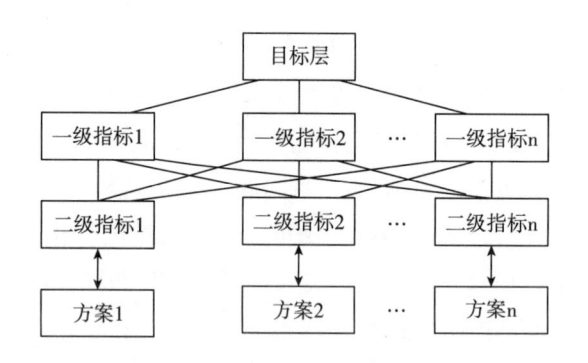

图 4-4 典型的 AHP 递阶层次结构

值得注意的是，在以上层次结构中，层次的数目由系统分析需要决定，但最高层次元素只有一个，单个元素支配的元素数量一般不多于 9 个，否则可以重新分配；层次之间元素的关联程度强于相同层次各元素之间的关联程度。

根据图 4-4 所示的典型的 AHP 递阶层次法，将 PPP 项目的风险因素进行归类，并建立了风险因素指标集，一级风险因素指标集设为 $C = \{C_1, C_2, \cdots, C_n\}$ 并且假定各风险因素之间没有关联性，即 C_1

$\cap C_2 = \varphi$ ($i \neq j$)。二级风险因素指标集设为 $X_k = \{X_{k1}, X_{k2}, \cdots, X_{kn}\}$。

2. 构造判断矩阵表，并进行权向量求解

首先将一级风险因素指标集 $C = \{C_1, C_2, \cdots, C_n\}$ 作为分析的开始，在同一级别上的各要素之间重要程度进行两两比较，也就是说通过隶属于上一级的本层级的每个因素进行两两比较，根据两两之间的影响程度建立了比较判断矩阵；其次，进一步构建二级上同一级别上各要素之间的重要程度的比较矩阵，直到最后一级。本书采取的两两比较法的量化标度见表4-6，用1，3，5，7，9来表示同等重要、稍微重要、明显重要、非常重要、极端重要五个档次，判断时介于两者之间的用2，4，6，8来表示，接着通过最优传递矩阵的方法进行各判断矩阵的权向量求解。从而得出各风险因素指标权重，值得注意的是，这里的权重是根据专家对因素的评价结果得出的，并且各调查专家对于不同PPP项目的风险因素评价结果不同，会导致相同的风险因素指标权重不同，因此，本书通过引入具体PPP项目来详细介绍风险评价。

采用数值1—9作为比例标度，主要是基于以下考虑（唐小丽，2006）：

①符合人们判断与比较的心理习惯。AHP方法是通过两两比较确定的，因此被比较的要素对于它们所从属的性质或准则应有较接近的强度，否则难以达到量化的目的。

②符合人们判断的特点。通常采用同等重要、稍微重要、明显重要、非常重要、极端重要这类语言，进一步细分，在相邻两级中插入一级，一共9级。同样，两两比较判断具有互反性，我们可以用倒数关系表示。

③符合心理学的研究结论。实验表明，人们将一组要素的某种属性同时比较，能够辨别的事物等级在5—9范围内。这意味着在保持判断大体一致的条件下，辨别事物能力的等级可以达到9，那么这里用1—9标度是适当的，可以达到研究要求。

表 4 – 6　　　　　　　　风险因素两两比较量化标度

标度 a	含义
1	风险因素 i 与因素 j 相比，同等重要
3	风险因素 i 与因素 j 相比，稍微重要
5	风险因素 i 与因素 j 相比，明显重要
7	风险因素 i 与因素 j 相比，非常重要
9	风险因素 i 与因素 j 相比，极端重要
2, 4, 6, 8	上述相邻判断的中间值
1/a	i 比 j 重要得 a，j 比 i 重要得 1/a

第一层风险权重集为 $A = \{a_1, a_2, \cdots, a_n\}$，$a_i(i = 1, 2, \cdots, n)$ 是第一层次 i 个风险因素的权数，满足 $\sum_{i=1}^{n} a_i = 1$，$i = (1, 2, \cdots, n)$

第二层次风险权重集为 $A_i = \{a_{i1}, a_{i2}, \cdots a_{in}\}$，$a_{ij}(j = 1, 2, \cdots, n)$ 是第二层次中决定因素 X_i 中第 j 个因素 X_{ij} 的权数，且满足：$\sum_{j=1}^{n} a_{ij} = 1$，$j = (1, 2, \cdots, n)$

3. 各层因素指标权重及判断矩阵一致性检验

$\sum_{i=1}^{n} \lambda_i = n$ 是由矩阵理论推导出的矩阵特征根总和，最大特征根 $\lambda_{max} \geq n$，对应的标准特征向量各分量的绝对值即为各风险因素的权重。在于 PPP 项目风险评价的实践中，有时构建的判断矩阵并不能满足其一致性。AHP 层次分析法可以将人的思维层次化，那么保证判断矩阵一致性等同于思维一致性，这样才能保证决策的科学有效性。这里为了对构建的判断矩阵进行一致性检验，必须引入以下指标：$CI = \dfrac{\lambda_{max} - n}{n - 1}$，那么衡量通过专家判断比较得到的判断矩阵是否有效，对于不同阶判断矩阵"满意一致性"程度的检验还需引入另一个指标 RI 值来判断比较矩阵的平均随机一致性程度，当阶数 $n > 2$ 时，我们用 CI 除以 RI 得到的比值用 CR 来表示，即 $CR = CI/RI$，这个 CR 值就是判断矩阵的随机一致性比率，标度法 RI 值见表 4 – 7。进一步利用得到的 CR 值来反映判断矩阵的满意程度，若 CR < 0.1 时，则判定为具有满意一致性，如果大于或等于 0.1 则需适当调整判断矩阵以达到满意一致性的要求。

表 4-7　　　　　　　　　　标度法 RI 值

1	2	3	4	5	6	7	8	9
0.00	0.00	0.58	0.90	1.12	1.24	1.32	1.41	1.45

4. 构建风险指标体系评价集和模糊评价矩阵

根据之前构建的风险因素指标体系，这一步要求通过调查问卷方法让各专家对各因素的风险程度进行评价，也就是要构建风险指标体系的评价集，模糊数学方法是一种应用于比较评价里较为广泛的一种方法，避免直接用数值进行判断造成较大偏离程度的现象，这一部分的风险评价集的构建则是利用模糊评价语言方法获取风险评估专家对风险因素的风险程度评价，如"高、较高、中等、较低、低"作为量化标准，进而统计各评价对象做出的各评价结果的具体情况，形成风险因素的模糊评价矩阵。

这里先进行二级风险指标集 $X_k = \{X_{k1}, X_{k2}, \cdots, X_{kn}\}$ 的各风险因素进行单因素评估，R 为模糊评价矩阵，

$$R_k = \begin{pmatrix} r_{11} & r_{12} & \cdots & r_{1n} \\ r_{21} & r_{22} & \cdots & r_{2n} \\ \cdots & \cdots & \cdots & \cdots \\ r_{q1} & r_{q2} & \cdots & r_{qn} \end{pmatrix}$$

$$r_{ij} = \frac{V_{ij}}{\sum_{j=1}^{n} V_{ij}} (i = 1, 2, \cdots, q; j = 1, 2, \cdots, n)$$

其中 r_{ij} 是根据专家对风险因素的风险程度的评价结果整理得到对于指标 X_{ij} 的 V_{i1} 个 V_1 评语，V_{i2} 个 V_2 评语，$\cdots V_{in}$ 个 V_n 评语。

5. 综合风险评价

将前面求得的二级风险因素指标集的权向量 A_i 和二级风险因素指

标集的模糊评价集 R_i 相结合，运用 $C_i = A_i \times R_i = \{c_{i1}, c_{i2}, \cdots, c_{iq}\}$，得到二级风险因素指标的综合评价集：

$$R = \begin{pmatrix} C_1 \\ C_2 \\ C_3 \\ \cdots \\ C_p \end{pmatrix} = \begin{pmatrix} C_{11} & C_{12} & C_{13} & \cdots & C_{1n} \\ C_{21} & C_{22} & C_{23} & \cdots & C_{2n} \\ C_{31} & C_{32} & C_{33} & \cdots & C_{3n} \\ \cdots & \cdots & \cdots & \cdots & \cdots \\ C_{p1} & C_{p2} & C_{p3} & \cdots & C_{pn} \end{pmatrix}$$

然后将 R 评价集与 C 矩阵的权向量 W 进行综合评价，得到一级风险指标评价集：

$$C = A \times R = (a_1 \quad a_2 \quad \cdots \quad a_p) \begin{pmatrix} C_1 \\ C_2 \\ \cdots \\ C_p \end{pmatrix} = (c_1 \quad c_2 \quad \cdots \quad c_n)$$

本章小结

本章首先对项目风险识别与评价的几种常用方法进行了比较和分析，然后选取风险因素分解法、文献研究法和案例分析法对 PPP 项目进行了风险识别；根据 Li 等（2005）的宏观、中观、微观的风险分类方法，将项目整个生命周期中融资、施工、运营等阶段的风险进行归类，并以此构建 11 个一级风险因素指标和 35 个二级风险因素指标的 PPP 项目风险指标体系；最后选取优化的模糊层次分析法（F-AHP）构建了基础设施建设 PPP 项目的风险评价模型，通过这个模型可以得到每个风险因素的影响程度排名和项目的总体风险水平，进一步可以根据排名情况得到哪些风险因素需要优先进行风险分担和风险管理，也可以从风险程度角度将所有风险因素分成高、较高、中等、较低、低 5 个级别，为 PPP 项目的风险决策、风险分担、风险控制等后续环节奠定了重要基础。值得注意的是，这里构建的风险评价指标体系是在结合以往的国内外文献和 PPP 项目案例的基础上总结和归纳出来的，不同国家、不同省份的 PPP 项目是有差异的，也就是说并不存在一个一致的风险评价指标体系，而是要具体问题具体分析。

第五章　不完全信息下 PPP 项目风险分担博弈分析

前面一章构建了 PPP 项目风险因素指标体系，提供了评价各风险因素的影响程度和项目总体风险水平的方法，以此为风险分担过程中的各风险因素分配的优先顺序提供依据，如对于需要优先分配的风险因素而言，PPP 项目参与各方更希望尽早针对风险分担方案达成一致，各方在风险分担比例的谈判中的讨价还价回合中消耗系数相对较大，更愿意合作的一方可能会承担更多的风险分担比例来避免自身在下一回合中付出更多的成本或遭受更大的风险损失。这一章则是讨论如何在政府部门和私人部门之间进行合理的风险分担。一个 PPP 项目成功或失败取决于是否能将风险分担策略转化成有效的项目风险管理，然而在实践过程中，风险分担的过程和结果往往是凭直觉的、模糊的、主观的，容易受到主体行为态度和偏好的影响。本章首先介绍了 PPP 项目风险最优分配理论，提出在政府部门与私人部门两方之间进行合理风险分担的最优均衡点以及风险分配的影响因素；然后分析了参与各方风险偏好对风险分担主体的影响；最后基于不完全信息下讨价还价博弈理论，考虑参与主体不同的出价顺序，构建了 PPP 项目风险分担比例模型，研究了出价顺序对于风险分担结果的影响，解释了在 PPP 项目中风险分担博弈过程中的"先动优势"。另外，在了解政府部门与私人部门进行风险分担博弈过程与均衡结果的基础上，将风险分担均衡比例作为合同谈判参考依据，有助于以合同条款方式确定政府方和社会资本方的风险分配方案，有效界定各参与方权利、义务和风险边界，减少双方的谈判成本和时间，形成长期激励相容机制。值得注意的是，前面提到政府在 PPP 项目中具有"裁判员"和

"运动员"的双重身份，而这一章涉及的政府部门是以"运动员"身份，作为PPP项目的风险分担参与者的角色，来与私人部门进行风险分担谈判的。

第一节 PPP项目风险最优分配理论

PPP模式体现的是政府部门与私人部门之间的"全过程"的合作理念，如何结合定性和定量方法有效确定风险分担比例，需要在政府部门和私人部门两方通过权衡各自的风险和收益，并探寻一个项目风险分配的最优均衡点。因此，我们要按照一定的原则来更加合理、有效地分配风险。一方面基于PPP项目中多方参与主体追求自身利益的角度考虑，为了确保PPP项目风险分担的公平性和合理性，需要确定科学有效合理的PPP项目风险分担方案，避免私人部门为追求自身利益最大化提供不符合要求的公共物品，避免损害公众利益，努力形成"政府、企业、社会多方共赢"的局面，提高项目运行效率；另一方面，将PPP项目风险公平分担作为合同谈判基准，在合同中合理确定政府方和社会资本方的风险分配机制，通过界定各参与方权利、义务和风险边界，有效缩短双方的谈判成本和时间，提供项目运行效率，通过充分发挥政府部门和私人部门在政策、资源、技术等方面的各自优势，降低风险管理的总成本，实现长期激励相容，提供公共基础设施或公共服务的质量和效率，保障"新型城镇化"和"一带一路"进程中PPP项目的顺利实施。

PPP项目参与者为了达到合理的风险分担方案，往往会在风险分配谈判和获取对手信息方面花费大量时间，于是，合理的风险分担结果总是伴随着风险分担过程中成本上升。那么，合理的PPP项目风险分担要考虑风险分担方案实现的项目效率、风险成本等因素。最优风险分担是实现项目效率最大化和总成本最小化的均衡点。

在2014年财政部发布的PPP项目风险分担的相关文件中（财金〔2014〕156号）指出，以"风险与收益相匹配"为原则，充分考虑参与方的风险偏好和承担意愿。在设置PPP项目合同条款时，项目风险分担应依据以下几项基本原则：

（1）风险应由对风险控制力更强的一方承担

不同的风险对参与方的影响表现出不同的效果，风险应该分配给影响最大的一方，使风险对项目的影响程度最小化，当进行风险分配时，要将其风险分配给承担能力较强或是管理风险的成本较低的一方来承担。对承担风险一方有较强的控制力意味着它能凭借自身比较优势，更有效地降低风险发生的概率和减少风险损失，从而保证能够付出最小成本来控制风险。风险控制力包括预见风险的能力、评估风险的能力、控制风险发生能力以及风险事后管理能力等。

（2）风险应由能够将该风险合理转移的一方承担

当PPP项目中承担风险付出的成本大于获取的风险收益时，并且一方是被强制地接受这种风险情况，承担方往往会采取恰当的处理方式将风险转移出去，如购买保险产品，那么相关人也会获得一定的回报，这时风险获利者应将其部门获利转移给风险承担者。

（3）风险应由对该风险有可能获取更多的经济利益一方承担

PPP项目参与主体作为理性人，其追求自身利益最大化，只有风险与收益成正比，即收益会随着承担的风险增加而提高，这样才会有承担风险获取较大经济利益的动机，从愿意承担风险的参与方中选择能够使得项目总效益达到最大的一方，制定最优的风险分担方案，体现了"风险与收益成正比"的原则。每个参与主体通过衡量承担的风险与获取的收益进行权衡，然后选择愿意承担多大的责任和风险，也就是说在风险分担中获益才能使风险承担更有意义。

（4）风险应由控制风险成本更低的一方承担

项目风险分担的成本主要包括生产成本、交易成本和风险承担成本，各参与方目标是实现承担风险总成本降到最低。这个目标可以激励风险承担者降低风险发生概率，减少项目生产成本，提高项目风险管理效率；简化合同谈判交易程序；通过信息披露让参与方互相了解对方情况，避免风险承担时以高额的风险补偿为代价，降低风险分担的谈判费用或成本。

(5) 风险应由对该风险的偏好更高的一方承担

由于政府激励和优惠政策对 PPP 参与各方的影响程度不同，各方对于每一种风险的承担意愿和偏好程度有所不同，他们会在风险和收益之间进行权衡。通常情况下，PPP 项目一方对风险的偏好系数越大说明它承担该风险的动力越大，那么它会自主采用一些积极措施来预防风险发生以及降低风险损失程度。于是，比较项目参与方对各种风险偏好系数是确定风险承担主体的重要参考依据。

除此之外，在 PPP 项目运行中，还要注意承担风险的上限原则，在合同确定之前和实施之后可能出现意想不到的风险变化或损失，当风险损失可能与预估情况偏离很大时，该风险不能由一方单独承担，这会降低风险承担者的风险管理的效果。PPP 项目往往会出现一些误区：如政府部门希望尽量将更多的风险转移给私人部门，私人部门则希望承担更多的风险以获取更多的收益，在一些 PPP 项目失败的案例中，私人部门承担风险能力出现问题时，缺乏一定的控制能力，造成严重的财务损失，从而降低了公共物品的效率。所以，政策风险、法律风险和最低需求等是私人部门很难控制的，同时有可能造成严重后果，该风险应由政府来承担；项目的设计、建造、财务和运营维护等风险由私人部门承担；不可抗力等风险由政府和私人部门合理分担。

第二节　基于风险偏好的 PPP 项目风险分担博弈分析

这里研究 PPP 项目风险分担只考虑两个主体之间的博弈，即政府部门和私人部门。对于一种风险因素，政府部门和私人部门可以选择承担风险或者不承担。那么 PPP 项目里每一种风险有三种承担方式：政府部门一方承担、政府部门和私人部门共同承担、私人部门一方承担。

一　基本假设

由于风险可能带来损失或收益，PPP 项目参与方持有规避风险和承担风险的两面性。当然，风险收益需要以一定的付出作为代价，也就是说如果一方的风险偏好系数大，说明承担该风险能够给它带来较高的期望收益，这也说明了"风险与收益成正比"的原则。在讨论基于风险偏好的 PPP 项目风险分担的情况之前，这里需做出以下假设：

(1) 假设参与主体均是理性经济人，即追求自身效用最大化。

(2) 涉及的 PPP 项目各种风险之间相互独立，不存在联系。

(3) 风险收益 G_i 和风险成本 C_i 与风险 R_j 有关，且收益、成本与 R 呈线性关系。

(4) 参与主体有两种选择，承担或是不承担。政府承担风险 D_y 和私人承担风险 D_n，承担风险的同时会获取一定收益，那么风险收益可表示为 $G_i = f(d_y) = \alpha d_y$，风险成本为 $C_i = g(d_y) = \beta d_y$，净收益 $N_i = G_i - C_i = \lambda_i d_y$。

λ_i 为风险偏好系数。项目的产出函数表示为：$f(d_1, d_2)$。

二 博弈模型的构建及分析

(1) 当政府部门和私人部门承担风险时，项目总产出函数：$f(d_1, d_2) = d_y$；

(2) 当政府部门和私人部门都不承担风险时，项目总产出函数：$f(d_1, d_2) = 0$；

(3) 当政府部门不承担风险，私人部门承担风险时，项目总产出函数：$f(d_1, d_2) = k_2 d_y$；

(4) 当政府部门承担风险，私人部门不承担风险时，项目总产出函数：$f(d_1, d_2) = k_1 d_y$。

其中，k_1 和 k_2 表示两方承担的比例，且 $k_1 + k_2 = 1$。

于是，项目参与方的收益 T_i 由两部分构成：双方合作的产出收益和承担风险获得的收益净值，即 $T_i = f(d_1, d_2) + N_i$。

其中，f 是双方合作的产出收益；N_i 是承担风险获得的收益净值。以上是根据王颖林等（2013）文中的不变替代弹性函数来表示的产出函数。

PPP 项目中政府部门和私人部门的博弈支付矩阵见表 5-1，在不同风险偏好系数情况下，政府与私人部门博弈的纳什均衡结果见表 5-2。

表 5-1　　　　　政府部门和私人部门的博弈支付矩阵

政府＼企业	承担	不承担
承担	$d_y+(\alpha_1-\beta_1)k_1d_y, d_y+(\alpha_2-\beta_2)k_2d_y$	$k_1d_y+(\alpha_1-\beta_1)k_1d_y, k_1d_y$
不承担	$k_2d_y, k_2d_y+(\alpha_2-\beta_2)k_2d_y$	0, 0

表 5-2　　　　　政府部门和私人部门博弈的纳什均衡结果

序号	风险偏好系数		均衡结果
1	$\alpha_1>\beta_1, \alpha_2>\beta_2$		承担，承担
2	$\alpha_1>\beta_1, \alpha_2<\beta_2$	$1+(\alpha_2-\beta_2)k_2>k_1$	承担，承担
3	$\alpha_1>\beta_1, \alpha_2<\beta_2$	$1+(\alpha_2-\beta_2)k_2<k_1$	承担，不承担
4	$\alpha_1<\beta_1, \alpha_2>\beta_2$	$1+(\alpha_1-\beta_1)k_1>k_2$	承担，承担
5	$\alpha_1<\beta_1, \alpha_2>\beta_2$	$1+(\alpha_1-\beta_1)k_1<k_2$	不承担，承担
6	$\alpha_1<\beta_1, \alpha_2<\beta_2$	$1+(\alpha_2-\beta_2)k_2>k_1$ 且 $1+(\alpha_1-\beta_1)k_1>k_2$	承担，承担
7	$\alpha_1<\beta_1, \alpha_2<\beta_2$	$1+(\alpha_2-\beta_2)k_2>k_1$ 且 $1+(\alpha_1-\beta_1)k_1<k_2$	不承担，承担
8	$\alpha_1<\beta_1, \alpha_2<\beta_2$	$1+(\alpha_2-\beta_2)k_2<k_1$ 且 $1+(\alpha_1-\beta_1)k_1>k_2$	承担，不承担
9	$\alpha_1<\beta_1, \alpha_2<\beta_2$	$1+(\alpha_2-\beta_2)k_2<k_1$ 且 $1+(\alpha_1-\beta_1)k_1<k_2$	不承担，不承担

从以上政府部门和私人部门风险分担的博弈均衡结果看出，各方的风险偏好系数会影响风险分担比例的结果，风险分担情况大致可归纳为三大类：

第一类是一方承担。表 5-2 中的第 3、5、7、8 种均衡结果是（承担，不承担）和（不承担，承担），这表明政府部门或是私人部门单独有一方愿意承担该风险，而另一方则不愿意承担。在 PPP 项目合同订立时通过明确风险承担主体界定各方的权利和义务，这样可以提高风险管理效率，降低风险发生概率，减少损失程度。

第二类是两方共担。表 5-2 中的第 1、2、4、6 种均衡结果是

(承担，承担)，说明项目参与方都愿意承担该风险，即都愿意付出一定的成本或代价换取可能得到的高额收益。PPP项目实践中，对于一些凭借一方较难控制的风险，项目参与方一般都不愿意单独承担，只能通过协商方式对风险在双方之间进行合理分担，直至达成一致意见。

第三类是双方都不愿意承担。表5-2中的第9种均衡状态，模型的纳什均衡结果是（不承担，不承担），这种情况是项目参与方都不愿意为承担此风险付出一定代价。在PPP项目中出现这种各方都回避风险的局面，主要是因为通过估算得到承担该风险付出的成本大于获取的风险收益，或是自身承担风险比例超出自身预期极有可能造成较大损失，所以各方都不愿意去冒险，这时可以考虑将此风险转移给外部机构。

总之，由于在PPP项目中参与者追求的利益诉求不同，一般而言，政府部门追求社会公众福利最大化，而私人部门追求经济效益最大化。参与者追求的目标的差异容易引起双方的风险偏好不同，进而造成其在风险分担问题上持不同的观点。这部分基于参与主体的风险偏好构建了PPP项目的风险分担博弈模型，通过探讨风险分担的博弈均衡点，有助于理解风险偏好对风险分担结果的影响，从而为政府部门和私人部门进行合理、有效的风险分担方面提供依据，力求在满足各方利益诉求的同时，使风险分担达到最优状态。同时为制定一系列激励约束机制、监管机制等法律法规奠定了理论基础。

第三节　政府部门与私人部门讨价还价博弈过程分析

目前，大部分关于PPP项目风险分担问题研究更多地关注风险分担结果的分析，也就是每个风险因素是政府分担还是私人部门分担，或是风险分担的比例是多少，然而并未反映PPP项目参与方在整个谈判过程中对风险分配的讨价还价的过程，并且由于PPP项目中政府部门和私人部门的地位是不对等的，策略选择有先后之分，而次序的不同会导致不同的结果。因此，这里运用不完全信息条件的讨价还价理论来对 PPP 项目政府部门和私人部门风险分担比例进行动态研究。

一 讨价还价博弈论

讨价还价理论（即议价理论或谈判理论），指参与人通过谈判或协商方式解决利益分配的问题，现实中存在着很多讨价还价的情形，如国家之间的贸易协定，消费者与销售商的价格商定，工会与厂商工资协商等各种类型的谈判。这本质上就是参与者之间的博弈，如何在各方之间达成一个均衡状态，然后进行策略的选择，是博弈论中经典的动态博弈问题。

最早的古典讨价还价理论是 1881 年英国经济学家埃奇沃斯（Edgeworth）提出的，他运用埃奇沃斯方盒图工具法，基于双边垄断背景研究讨价还价谈判的帕累托最优状态。随后 Marshall（1890）对讨价还价理论进一步研究，但是对实现均衡机制方面的问题不能充分解释。希克斯 Hicks（1932）分析了工资谈判的讨价还价均衡问题，表明随着双方的谈判，各方的期望有所降低，直到职工与企业对工资的议价达成一致时，谈判才会结束，这可看作鲁宾斯坦轮流出价的讨价还价博弈理论的雏形。1930 年，丹麦经济学家泽森（Zeuthen）在《垄断问题与经济竞争》一书中，解释了讨价还价的解法，后来被海萨尼证明与纳什的讨价还价解是一致的，他的贡献是首次描述了讨价还价的动态过程，并且泽森讨价还价心理学模型中的让步假说有着特殊意义，为后来的讨价还价模型提供了分析思路。

随后讨价还价模型形成了两种理论：合作博弈讨价还价和非合作博弈讨价还价，其代表人主要有约翰·纳什和阿里尔·鲁宾斯坦。以上两种理论的区别在于：合作博弈中的参与方可以达成约束力的协议，而非合作博弈中不能达成。纳什的非合作博弈理论起着核心作用，成为继冯·诺依曼之后最伟大的博弈论大师。1982 年以色列经济学家阿里尔·鲁宾斯坦（Ariel Rubinstein）基于完全信息条件，研究了两人轮流出价分蛋糕的无限期讨价还价问题，并以此构建了鲁宾斯坦分蛋糕模型，这拓展了有限期轮流出价博弈理论。

二 不完全信息条件下的讨价还价

在 PPP 项目谈判过程中，信息掌握程度是关系到参与者各方利益的重要因素。根据双方掌握信息程度不同，可以分为完全信息和不完全信息。不完全信息指的是在博弈过程中一方对其他博弈方的行为或获益情况不完全知情；而完全信息反映的是一方很准确、很充分地知道另一方的能力、欲望和信仰等方面的情况。在 PPP 项目中，代表公众利益的政府部门总是提供项目资金支持和各项优惠政策，政府部门与私人部门相互了解程度很难达到完全信息状态，所以，这里研究双方对于风险分担的讨价还价过程应基于不完全信息博弈状态。Tserng 等（2012）认为由于私人部门往往受制于政府部门，政府部门具有积极的动机调节和管理私人部门行为。Dutz 等（2006）认为政府部门作为参与者和管理者的双重角色，在 PPP 项目政府部门比私人部门有更强的讨价还价的优势，凭借自身的权威能迫使私人部门承担更大的风险。因此，在风险分担的讨价还价的过程中，政府部门出于保护公共利益角度的考虑可能无法披露一些信息，这将导致信息不对称，在信息获取方面公共部门有更多的优势。由于各方掌握的不完全信息程度不同，谈判一方可能有相对优势。虽然 PPP 项目是不完全信息博弈，但并不代表完全没有信息，否则双方的博弈分析完全失去分析的依据，运用博弈论进行分析问题也就没有意义了。因此，这里 PPP 风险分担博弈过程，认为一方做出连续的战略选择是观察到以往的博弈策略行为的反映。

三 不完全信息下的海萨尼转换

如上面所说，这里的 PPP 项目的讨价还价博弈过程考虑的是不完全信息下的谈判。不完全描述的是每个参与者不能充分地获取其他参与者的行动策略。Harsanyi（1967）引入了海萨尼转换理论，这个理论可以将不完全信息转化成完全但不完美的信息博弈。对于不完全信息博弈，参与者各种情况下的博弈报酬和特定的付款是基于一定概率的。海萨尼转换理论的关键是假设所有参与者共享一个行为策略的概率信息库。当一方选择一个特定的策略，另一方可以选择多种策略。先验概率是这个博弈过程的重要规则。其中一个参与者知道其他参与者类型的先验概率，并且在观察其他参与者的行动之后调整自己的策略以达到均衡状态。李林等（2013）基于海萨尼转换理论，研究不完全信息的条件下政府部门可能利用其权威威胁转移给私人部门更多风险份额的概率，那么每一回合的讨价还价包括两种情况：政府部门威胁或不威胁私人部门。

本书基于不完全信息博弈理论，探讨PPP项目中需要共担的每一项风险在政府与私人两部门之间如何进行科学合理分配的问题。在不完全信息博弈过程中，双方参与者不完全了解彼此的信息和策略，然而，一方能够根据主观概率分布情况估计对手可能采取的行为策略。如果在动态博弈中，参与主体具有完善信息，也就是说博弈方对此前的其他博弈方的行动完全了解，则这种情况成为完美信息博弈；反之，如果博弈方并不了解此前各方的行为情况，那么成为不完美信息博弈。在PPP项目风险分担谈判过程中，这里假设参与人对各风险因素的影响程度是完全了解的，一方知道另一方选择了什么行为，即双方知道此前的全部博弈过程中互相的行为选择，因此，我们把PPP项目风险分担看作一个无限期完美的信息博弈。

四　政府部门与私人部门讨价还价博弈过程

PPP项目包括开发、设计、融资、建设、运营等阶段。参与者包括政府、项目发起人、项目公司、债权人和承包商，可以分为两组：政府部门和私人部门。本书基于PPP项目参与者"收益和风险分担"的原则，研究政府和私人这两大部门之间风险分担的问题。他们双方承担风险意愿和能力将影响风险分配的结果。在PPP项目中，政府部门代表公众利益，目标是满足高质量的公共基础设施和服务需求。然而，私人部门的目标是获取最大化利润。通常情况下，政府部门倾向于将更多风险转移给私人部门，私营部门迫于政府压力只能承担可控的或者不可控的风险。不合理的、低效率的风险分配会导致私人部门提供低质量的基础设施和服务，或者在投标价格中获取更高的溢价。Medda（2007）认为不合理的风险分配会使项目效率降低和成本增加。当参与者花更多的时间和精力在风险分配谈判和对手的信息采集方面，结果就是用高昂的成本换取有效的风险分配。因此，如何寻求

PPP 项目风险分配是值得探讨的问题。合理的风险分配应该遵循一定的原则，必须满足以下几个条件：(1) 有效的风险分配可以在一定程度上降低风险发生的概率，减少风险损失。一个公平、合理的风险分配可以使项目具有吸引力，提高参与者的热情。风险分配可以有效地界定各方的风险责任。(2) 适当的风险分配可以培养各参与方的理性和谨慎行为意识，他们各方都有能力控制自己承担的风险，保障项目的成功实施。因此，最优风险分担是项目效率最大和总成本最小的均衡点（刘新平等，2006）。

PPP 项目的讨价还价过程体现是在合同谈判中政府部门和私人部门针对利益和风险的分配问题上进行协商直至达成一致意见。假设政府部门和私人部门共同分担一种风险，政府部门先提出自身承担的风险分配比例 r（$0 \leqslant r \leqslant 1$），私人部门可以接受或拒绝。双方出价在不连续的时点上，即在 $0, t_1, t_2, \cdots$ 上，t 为偶数时，政府部门出价，私人部门如果接受价格则谈判结束，但私人部门拒绝则下一回合对方出价；t 为奇数时，私人部门出价，直到双方达成协议，谈判结束。

PPP 项目中政府部门和私人部门针对风险分担问题进行讨价还价，根据纳什定理得出讨价还价模型唯一的均衡结果。纳什讨价还价均衡解的存在性定理如下：(1) 每个有限博弈至少有一个混合策略纳什均衡结果；(2) 在 n 个参与人的博弈过程中，若各方的纯策略空间是欧氏空间上非空的、闭的，有界凸集，支付函数是连续且对纯策略空间是拟凹的，那么纯战略纳什均衡是一定存在的。(3) 在 n 个参与人的博弈过程中，若各方的纯策略空间是欧氏空间上非空的、闭的，有界凸集，支付函数是连续的，那么混合战略纳什均衡是一定存在的。并且，由于在讨价还价中，双方都要消耗一定的谈判成本，理性的参与者都不希望拖延谈判而付出更多的费用及各种机会成本，因而，说明讨价还价均衡结果是存在的，同时在多个纳什均衡解中是存在相对其他均衡解占优结果的。

第四节　基于参与方不同行动顺序下的风险分担讨价还价博弈分析

PPP项目涉及的参与方众多，有政府部门、贷款银行、采购公司、施工企业等，这里讨论的风险分担主体只考虑政府部门与私人部门之间的博弈。参与双方通过权衡风险和收益，对风险分担比例进行谈判。当一方提出风险分担的比例，另一方选择接受或拒绝。政府部门和私人部门协商的合理风险分配方案是通过一个讨价还价的过程实现的，这个风险分配结果可以让项目更具有吸引力，调动参与者的热情。直到双方预期获得收益在下一个回合不会更好，谈判过程才会结束。因此，这里从讨价还价博弈论视角，构建了政府部门与私人部门对风险分担比例的讨价还价模型，尤其是讨论PPP项目中政府和私人两个部门不同出价顺序对风险分担比例的均衡结果的影响。

在PPP项目风险分担比例的讨价还价过程中，根据参与人互相掌握对方信息的程度可分为完全信息博弈和不完全信息博弈两种情况，如前面所说，PPP项目更适合采用不完全信息情况，但需注意的是，不完全信息并不意味着双方互相一点都不掌握对方信息，而是知道对方不同策略的概率分布状况，否则探讨博弈策略选择问题就变得毫无意义了。同时，在动态博弈中，各博弈方的策略选择有先后之分，先行为博弈方做出选择后，后行为博弈方观察到对方策略后再决定如何选择策略，事实上，行动次序不同会导致博弈结果的不同。一般情况下，在轮流出价过程中，谁先出价谁就占据了主动优势即"先动优势"，风险分担比例相对减少。对于PPP项目风险分担讨价还价的博弈过程研究，李林（2013）基于完全信息条件和不完全信息条件构建了政府先出价的风险分担模型，但是未考虑私人部门先出价的风险分担模型构建。随着我国城镇化进程加快，PPP项目需求日益增加，私人部门先出价的情况应予以考虑。本书运用讨价还价博弈理论，考虑参与方不同的出价顺序，分别构建了风险分担博弈模型，并研究出价顺序对风险分担结果的影响。

因此，本书不完全信息博弈视角，考虑政府部门和私人部门出价顺序不同，分两种情况讨论双方的风险分担比例均衡点。第一种情况是政府部门先出价（见图 5-1）。在 PPP 项目风险分担的谈判过程中，政府部门首先根据自身承担风险能力估计因此而支付的成本和获取的风险收益情况，提出各方承担的风险比例，然后私人部门也会通过权衡承担风险付出的成本与获取的收益而做出选择，即接受或拒绝，若接受则意见达成一致，并且谈判结束；若不接受，则在第二回合提出风险分担比例，这时政府部门选择是否接受。同理，讨价还价过程一直会持续到双方达成一致，谈判才会结束。第二种情况是私人部门先出价（见图 5-2）。私人部门首先主动提出风险分担比例报价，然后由政府部门选择是否接受，如果政府部门认为承担的风险过高则拒绝，在第二回合由政府部门提出报价，私人部门选择是否接受，这样一直持续到风险分担意见达成一致，谈判结束。

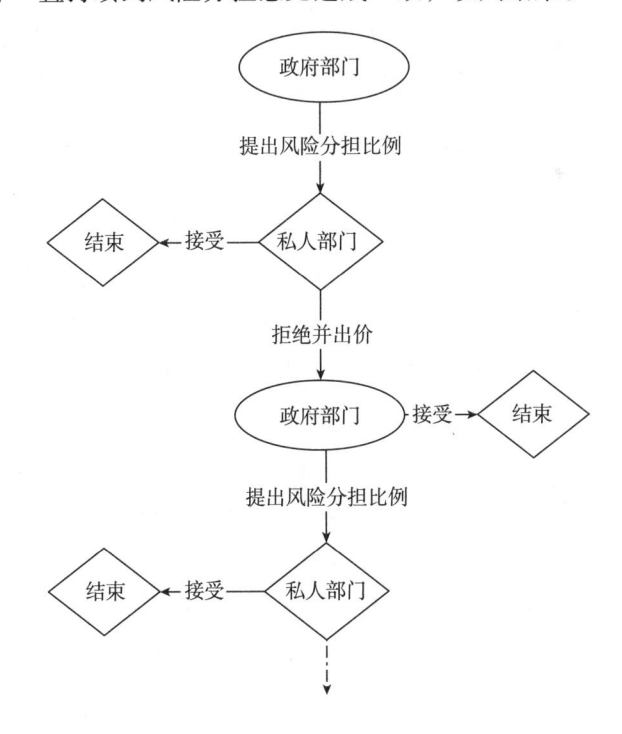

图 5-1 政府部门先出价的讨价还价博弈过程

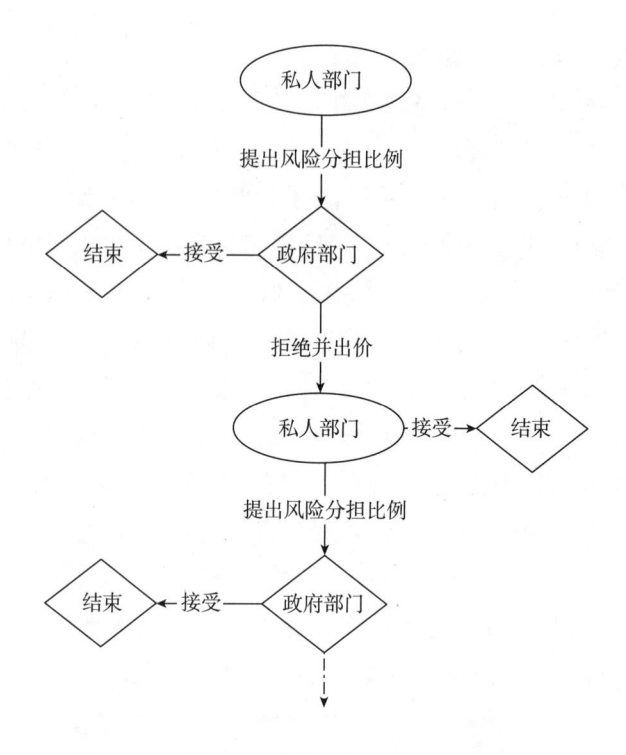

图 5-2　私人部门先出价的讨价还价博弈过程

一　基本假设

在不完全信息博弈条件下，政府部门与私人部门互相不充分了解对方信息和选择策略，但是私人部门能根据主观概率分布情况，估计政府部门利用自身强势地位威胁私人部门承担更多风险的概率为 p，这里需用到海萨尼转换理论，对讨价还价每一个回合进行分析。"海萨尼转换"是博弈论专家在 1967 年提出的一种处理不完全信息博弈的方法，通过引入一个虚拟参与人参数将不完全信息博弈转化成完全但不完美信息的动态博弈，1984 年，夏克德和萨顿提出了在一个无限回合的讨价还价博弈分析中无论是从第三回合开始还是从第一回合开始，其博弈最终的结果都是一样的。

1. 基本假设

假设一：政府部门和私人部门均是理性的，即双方的决策和行为是以个体自身最大化为根本目标的，而非以集体利益最大化为目标，并且双方希望最终谈判成功；每个参与者都会在风险与收益之间进行权衡，通过在预测所有可能的结果中选择一个最优的行为策略来追求实现利润最大化，最终，达成均衡状态。这个假设意味着谈判双方不希望谈判破裂，尽量不要拖延谈判的时间。

假设二：政府部门和私人部门是完全理性，即不会因为遗忘、失误、任性等因素而偏离最佳策略；

假设三：政府部门与私人部门的信息是不对称的，即在讨价还价过程中，对于不同类型的风险，双方掌握的资源和信息是不同的，一方对另一方的得益情况不能完全了解；

假设四：对于某一风险，政府部门承担的风险比例为 k_i，则私人部门承担的风险比例为 $1-k_i$，参与方对 k_i 进行讨价还价；

假设五：单个风险之间不存在关联性，即相互之间具备独立性；

假设六：政府部门与私人部门双方是风险厌恶的；

即基于不完全信息条件下，双方都不愿意主动承担更多风险。政府部门和私人部门希望尽量减少他们承担的风险，并且在讨价还价的过程中达到最优风险分担均衡点。

2. 对贴现因子的讨论

在谈判过程中还需注意的是：在 PPP 项目的实际运行中，谈判可能会持续几个月甚至更长的时间，谈判期间的企业效益不能忽略，即在风险分担博弈过程中要将消耗系数考虑进去。消耗系数 ξ 与参与人在重复博弈中的耐心程度 N_1、谈判费用 N_2、谈判机会成本 N_3、参与者的谈判能力 N_4 等有一定关联，而这些是由于参与各方的心理承受力和经济承受能力不同所决定的。消耗系数与以上四个因素的关系可以表达为：$\xi = f(N_1^{-1}, N_2, N_3, N_4^{-1})$。

参与人的耐心程度越高、讨价还价的成本越低、谈判实力越强，则参与人的消耗系数越小；反之，耐心程度越低、讨价还价成本越高、谈判实力越弱，则参与人的消耗系数越大。这说明，在讨价还价过程中，有耐心的一方将采取拖延战术逼迫对方失去耐性而放弃一部分利益，从而使自己获取更多的利益。在 PPP 项目中，通常情况下政府部门相比私人部门掌握更多信息资源，作为具有天然逐利性的私人部门不愿意在谈判上花费更多的时间，因为谈判时间拖得越长，项目开工延迟会影响获取收益，时间成本越大，在未来谈判阶段损耗程度越高，意味着收益会减少，风险逐步加大。而且，一般情况下，私人部门经常同时开展多个项目，项目早些结束，就可以早些回收成本并开展下一个项目，显然私人部门相比政府部门更没有耐心。因此，我们假定 $\xi_p > \xi_g$，表示谈判如果拖到下一个阶段，相比上一阶段来说，私人部门比政府部门承担的风险会更大。从而我们把贴现因子转换成消耗系数，将消耗系数作为下面的风险分担模型的参数。

Whalen（1966）认为，在讨价还价的谈判中，先出价者和后出价者都有自己的优势，称为先动优势和后动优势。当双方有足够的耐心（即 $\xi_g = \xi_p = 1$），后动优势即存在，因为他会拒绝任何报价，一直等到博弈的最后阶段。然而，由于在实践中参与者不可能有足够的耐心一直等待，而且等待也会有更大的成本消耗，对自身也是不利的，因此，后动优势一般情况下是没有理论意义的，先动优势是利益各方追求的目标。

3. 对于风险转移份额的讨论

由于政府部门的强势地位，在大多数情况下是更多的风险份额 α 转移到私人部门。这一比率反映了参与者之间的不对称程度，$\alpha \in [0, 1]$，$\alpha = 0$ 意味着政府部门不会威胁或影响私人部门，即政府部门没有能力去胁迫私人部门承担更多的风险份额。$\alpha = 1$ 代表政府部门对私人部门有着绝对影响力，也就是说政府部门拥有绝对权力迫使私营部门承担更多风险。讨价还价的谈判中，针对不同的风险类型，项目参与者对其信息资源掌握程度是不一样的，它取决于双方相对谈判地位，也称为相对地位的不对称性。对于某一种风险因素来说，如果政府部门相对于私人部门拥有更多的信息和更多的优势，那么在风险分担谈判中政府部门拥有更高的讨价还价能力，可以提出将更多的风险份额转移给私人部门。对于每个风险，根据政府部门自身的相对优势程度来调整风险转移份额的大小。

4. 参数说明

本研究构建了在不完全信息条件下，政府部门与私人部门在 PPP

项目风险分担过程中的讨价还价模型,从而为确定具体的风险分担比例提供依据,涉及的影响因子见表5-3。

表5-3 参数含义说明

参数	含义
ξ_g	政府部门在讨价还价过程中的消耗系数
ξ_p	私人部门在讨价还价过程中的消耗系数
α	政府部门在每一回合讨价还价过程中欲向私人部门转移的风险份额（这里假定每个回合的转移风险份额都是一样的）
p_1	不完全信息条件下,私人部门知道政府部门会和其强势地位向私人部门转移风险的概率

二 基于政府部门先出价的风险分担博弈模型

由于政府部门掌握更多的政策信息资源,私人部门往往迫于政府部门权力的威慑而承担更多风险,也就是说,在PPP项目中政府部门相对于私人部门更强势,愿意将更多风险份额转移给私人部门。假设在PPP项目谈判过程中,第一回合政府先出价,然后私人部门观测到政府的行为后再选择是否接受,如果接受,则谈判结束,否则谈判进入第二回合。在第二回合私人部门先出价,政府部门选择是否接受,这样一直持续到双方都接受并达成一致。在不完全信息条件下,政府部门与私人部门讨价还价的博弈模型的构建过程如下:

第一回合:假定政府部门利用其强势地位威慑私人部门的概率 p_1,政府部门在这个回合中先提出自己承担的风险分担比例为 k_1,相应地,私人部门承担的风险比例为 $1-k_1$,同时,政府部门要求将风险份额 α_1 转移给私人企业,则政府部门和私人部门承担的风险分别表示为:

$$G'_1 = p_1(k_1 - \alpha_1) \qquad (5-1)$$

$$P'_1 = p_1(1 - k_1 + \alpha_1) \qquad (5-2)$$

如前面所说,政府部门可能用它的强势地位威胁私人企业,也可能不威胁,威胁的概率为 p_1,那么不威胁对方承担更多风险的概率为

$1-p_1$。于是,在不威胁的情况下,政府部门和私人部门承担的风险可表示为:

$$G''_1 = (1-p_1)k_1 \quad (5-3)$$

$$P''_1 = (1-p_1)(1-k_1) \quad (5-4)$$

由式(5-1)至式(5-4)可知,第一回合中政府部门 G_1 和私人部门 P_1 两主体承担的风险期望可分别表示为:

$$G_1 = G'_1 + G''_1 = p_1(k_1 - \alpha_1) + (1-p_1)k_1 \quad (5-5)$$

$$P_1 = P'_1 + P''_1 = p_1(1 - k_1 + \alpha_1) + (1-p_1)(1-k_1) \quad (5-6)$$

如果在第一个回合中私人部门拒绝政府提出的风险比例,则双方不得不进入第二回合,对风险分担比例进行再次的讨价还价。

第二回合:假定政府部门利用它的强势地位威慑私人部门的概率为 p_1,则不威胁的概率为 $1-p_1$,在这个回合里私人部门先向公共部门提出政府承担的风险比例为 k_2,私人部门承担的比例为 $1-k_2$。但是,由于谈判过程双方都要付出时间和成本,谈判时间越长,双方承担的风险损失将越大,这里进一步地假定政府部门和私人部门的消耗系数分别为 ξ_g 和 ξ_p。政府部门要求转移给私人部门的风险份额为 α_2,则政府部门和私人部门承担的风险分别表示为:

$$G'_2 = \xi_g p_1(k_2 - \alpha_2) \quad (5-7)$$

$$P'_2 = \xi_p p_1(1 - k_2 + \alpha_2) \quad (5-8)$$

在政府部门不借强势地位威慑私人部门承担更多风险份额的情况下,政府部门和私人部门承担的风险分别表示为:

$$G''_2 = \xi_g(1-p_1)k_2 \quad (5-9)$$

$$P''_2 = \xi_p(1-p_1)(1-k_2) \quad (5-10)$$

由式(5-7)至式(5-10)可知,第二回合中政府部门 G_2 和私人部门 P_2 两主体承担的风险期望可分别表示为:

$$G_2 = G'_2 + G''_2 = \xi_g p_1(k_2 - \alpha_2) + \xi_g(1-p_1)k_2 \quad (5-11)$$

$$P_2 = P'_2 + P''_2 = \xi_p p_1(1 - k_2 + \alpha_2) + \xi_p(1-p_1)(1-k_2) \quad (5-12)$$

同理可得,第三回合政府部门 G_3 和私人部门 P_3 承担的风险期望为:

$$G_3 = G'_3 + G''_3 = \xi_g^2 p_1(k_3 - \alpha_3) + \xi_g^2(1-p_1)k_3 \quad (5-13)$$

$$P_3 = P'_3 + P''_3 = \xi_p^2 p_1(1-k_3+\alpha_3) + \xi_p^2(1-p_1)(1-k_3) \quad (5-14)$$

以此类推，风险分担比例的讨价还价过程循环下去，一直到各方对风险分配比例的意见达成一致，谈判才会结束。

根据海萨尼转换理论可知，在一个无限讨价还价博弈过程中，设立的逆推点不管是第三回合还是第一回合，推导出的结果是一致的。按照这样的思路，我们将 PPP 项目风险分担比例的博弈过程中的第三回合设为逆推点，倘若第二回合里私人部门提出的风险分担比例使政府部门承担的风险期望 G_2 大于第三回合的风险期望 G_3，从理性角度考虑，政府部门不会接受第二回合的风险比例，谈判过程也将进入第三回合。所以，从节约谈判造成的消耗成本角度考虑，私人部门在第二回合提出的风险分担比例既能够让自己承担的风险期望最小，同时满足政府部门所承担的风险期望 G_2 不大于 G_3，这样才能让双方尽快达成一致，避免更多的时间和成本的消耗。

由此看来，在第二回合中，私人部门和政府部门的最优策略为：$G_2 = G_3$

$$\xi_g p_1(k_2-\alpha_2) + \xi_g(1-p_1)k_2 = \xi_g^2 p_1(k_3-\alpha_3) + \xi_g^2(1-p_1)k_3 \quad (5-15)$$

从而 $k_2 = \xi_g k_3 + p_1\alpha_2 - \xi_g p_1\alpha_3 \quad (5-16)$

此时，私人部门风险分担情况如下：

$$P_2 = \xi_p(1 - \xi_g k_3 + \xi_g p_1 \alpha_3) \quad (5-17)$$

$$P_3 = \xi_p^2(1-k_3) + \xi_p^2 p_1 \alpha_3 \quad (5-18)$$

其中，$\xi_p > 1$，$\xi_p > \xi_g$，$0 \leq \alpha_3 \leq k_3 \leq 1$，$0 \leq p \leq 1$，从而可推导出 $P_2 < P_3$。

即私人部门在第三回合承担的风险比例大于第二回合承担的风险比例，那么两个部门都不愿意拖到第三回合的谈判。

同样的思路，现在逆推回到第一回合，若政府部门先提出的风险分担比例使私人部门承担的风险期望大于第二回合的风险期望，那么私人部门选择拒绝以期待在下一回合得到更小的风险期望，谈判拖到第二回合。因此，从节约谈判造成的成本消耗角度考虑，政府部门也会希望提出的比例 k_1 让私人部门选择接受，同时，又能使自己承担的风险期望最小，进而需满足 $p_1 = p_2$。

$$p_1(1 - k_1 + \alpha_1) + (1 - p_1)(1 - k_1) = \xi_p p_1(1 - k_2 + \alpha_2) + \xi_p(1 - p_1)(1 - k_2) \quad (5-19)$$

并将（5-16）带入式（5-19），求得，$k_1 = 1 + p_1\alpha_1 - \xi_p(1 - \xi_g k_3 + \xi_g p_1 \alpha_3)$ (5-20)

按照海萨尼转换理论的观点，一个无限回合博弈过程中从第三回合开始还是第一回合所得到的博弈结果都是一样的，那么

$$k_1 = k_3 \quad (5-21)$$

由式（5-20）和式（5-21）可得，假设 α 是常数，政府部门与私人部门承担风险比例的均衡结果为：

政府部门：$k = (\xi_p - 1)/(\xi_g \xi_p - 1) + p_1 \alpha$ (5-22)

私人部门：$1 - k = (\xi_g \xi_p - \xi_p)/(\xi_g \xi_p - 1) - p_1 \alpha$ (5-23)

由式（5-22）可知，政府部门名义上提出的风险报价为 k，由于政府强势胁迫，$p_1 \alpha$ 的风险份额会被转移给私人部门，那么政府实际承担的风险比例为 $(\xi_p - 1)/(\xi_g \xi_p - 1)$，私人部门的实际承担的风险比例为 $(\xi_g \xi_p - \xi_p)/(\xi_g \xi_p - 1)$。

三 基于私人部门先出价的风险分担博弈模型

在前面讨论的由政府部门先出价的风险分担博弈模型基础上，现在假设在谈判过程中私人部门先出价，政府部门观测到政府的行为后再选择是否接受。同时，很多情况下，PPP 项目中政府相对于私人部门更加强势，愿意将更多的风险份额转移给私人部门。按照上一个模型构建思路，运用主观概率分布情况来估计政府部门采取强势策略威慑私人部门承担更多风险份额的概率为 p_1，相应的，政府不威胁的概率是 $1 - p_1$。

那么，在不完全信息条件下，政府部门与私人部门讨价还价的博弈模型构建过程如下：

第一回合：在政府部门以概率 p_1 利用它的强势地位威慑私人部门的情况下，风险份额 α_1 从政府部门转移给私人企业，在第一回合中，私人部门提出自己承担的风险比例为 k_1，政府部门承担为 $1 - k_1$，那么，政府部门和私人部门承担的风险可表示为：

$$G'_1 = p_1(1 - k_1 - \alpha_1) \qquad (5-24)$$
$$P'_1 = p_1(k_1 + \alpha_1) \qquad (5-25)$$

政府部门不采取强势地位威慑私人部门承担更多风险份额的情况下，政府部门和私人部门承担的风险分别表示为：

$$G''_1 = (1 - p_1)(1 - k_1) \qquad (5-26)$$
$$P''_1 = (1 - p_1)k_1 \qquad (5-27)$$

由式（5-24）至式（5-27）可知，在第一回合谈判中政府部门 G_1 和私人部门 P_1 承担的风险期望分别为：

$$G_1 = G'_1 + G''_1 = p_1(1 - k_1 - \alpha_1) + (1 - p_1)(1 - k_1) \qquad (5-28)$$
$$P_1 = P'_1 + P''_1 = p_1(k_1 + \alpha_1) + (1 - p_1)k_1 \qquad (5-29)$$

在这种情况下，如果政府部门不接受私人部门在第一回合提出的双方风险承担比例，那么对于风险比例的谈判就会拖到第二回合。

同样地，第二回合中政府部门在威胁私人企业承担 α_1 的风险转移份额，那么政府部门和私人部门各自承担的风险分别表示为：

$$G'_2 = \xi_g p_1(1 - k_2 - \alpha_2) \qquad (5-30)$$
$$P'_2 = \xi_p p_1(k_2 + \alpha_2) \qquad (5-31)$$

在政府部门不采取强势地位威慑私人部门承担转移风险份额的情况下，两部门承担的风险分别为：

$$G''_2 = \xi_g(1 - p_1)(1 - k_2) \qquad (5-32)$$
$$P''_2 = \xi_p(1 - p_1)k_2 \qquad (5-33)$$

政府部门 G_2 和私人部门 P_2 承担的风险期望为：

$$G_2 = G'_2 + G''_2 = \xi_g p_1(1 - k_2 - \alpha_2) + \xi_g(1 - p_1)(1 - k_2) \qquad (5-34)$$
$$P_2 = P'_2 + P''_2 = \xi_p p_1(k_2 + \alpha_2) + \xi_p(1 - p_1)k_2 \qquad (5-35)$$

第三回合政府部门 G_3 和私人部门 P_3 承担的风险期望为：

$$G_3 = G'_3 + G''_3 = \xi_g^2 p_1(1 - k_3 - \alpha_3) + \xi_g^2(1 - p_1)(1 - k_3) \qquad (5-36)$$
$$P_3 = P'_3 + P''_3 = \xi_p^2 p_1(k_3 + \alpha_3) + \xi_p^2(1 - p_1)k_3 \qquad (5-37)$$

以此类推，风险分担比例的讨价还价过程如此循环下去，一直到各方对风险分配比例的意见达成一致，谈判才会结束。

按照海萨尼转换理论的观点，逆推点设在第三回合和第一回合所推导出的博弈结果都是一样的，那么按照上节的思路，私人部门先出价的情况下两部门承担风险比例的均衡点的推导过程如下：

$$P_2 = P_3 \tag{5-38}$$

$$G_1 = G_2 \tag{5-39}$$

将式（5-35）和式（5-37）带入式（5-38），得到

$$\xi_p p_1(k_2 + \alpha_2) + \xi_p(1-p_1)k_2 = \xi_p{}^2 p_1(k_3 + \alpha_3) + \xi_p{}^2(1-p_1)k_3 \tag{5-40}$$

因此，$k_2 = \xi_p k_3 - p_1 \alpha_2 + \xi_p p_1 \alpha_3 \tag{5-41}$

在这时，我们可以得到：

$$G_2 = \xi_g(1 - \xi_p k_3 - \xi_p p_1 \alpha_3) \tag{5-42}$$

$$G_3 = \xi_g{}^2(1 - p_1 \alpha_3 - k_3) \tag{5-43}$$

其中 $\xi_g > 1$，$\xi_p > \xi_g$，$0 \leq \alpha_3 \leq k_3 \leq 1$，$0 \leq p \leq 1$，因此，$G_2 < G_3$。

同理，满足 $G_1 = G_2$，得到：

$$p_1(1 - k_1 - \alpha_1) + (1-p_1)(1-k_1) = \xi_g p_1(1 - k_2 - \alpha_2) + \xi_g(1-p_1)(1-k_2) \tag{5-44}$$

因此：$k_1 = 1 - p_1 \alpha_1 - \xi_g(1 - \xi_p k_3 - \xi_p p_1 \alpha_3) \tag{5-45}$

在一个无限回合博弈过程中，逆推点设在第三回合和第一回合的博弈结果都是一样的，则可得

$$k_1 = k_3 \tag{5-46}$$

从式（5-45）和式（5-46）可得到：

$$k_3 = [\xi_g - 1 + p_1(-\xi_g \xi_p \alpha_3 + \alpha_1)]/(\xi_g \xi_p - 1) \tag{5-47}$$

同样，假设 α 是常数，由式（5-46）和式（5-47）得到：

私人部门：

$$k = (\xi_g - 1)/(\xi_g \xi_p - 1) - p_1 \alpha \tag{5-48}$$

政府部门：

$$1 - k = (\xi_g \xi_p - \xi_g)/(\xi_g \xi_p - 1) + p_1 \alpha \tag{5-49}$$

从而得到，私人部门提出的名义风险分担比例为 k，政府转移 $p_1 \alpha$ 的风险份额转移给私人部门，政府部门的实际承担的比例为 $(\xi_g \xi_p - \xi_g)/(\xi_g \xi_p - 1)$；私人部门实际承担的风险比例为 $(\xi_g - 1)/(\xi_g \xi_p - 1)$。

通过以上两节的讨论，在政府部门先出价和私人部门先出价的两种情况下，两个部门承担的风险比例可以归纳为表 5-4。

表 5-4　　　　政府与私人部门的风险分担均衡比例

参与主体	出价顺序	政府先出价	私人先出价
政府部门	名义比例	$(\xi-1)/(\xi_g\xi_p-1)+p_1\alpha$	$(\xi_g\xi_p-\xi_g)/(\xi_g\xi_p-1)+p_1\alpha$
	实际比例	$(\xi_p-1)/(\xi_g\xi_p-1)$	$(\xi_g\xi_p-\xi_g)/(\xi_g\xi_p-1)$
私人部门	名义比例	$(\xi_g\xi_p-\xi)/(\xi_g\xi_p-1)-p_1\alpha$	$(\xi_g-1)/(\xi_g\xi_p-1)-p_1\alpha$
	实际比例	$(\xi_g\xi_p-\xi_p)/(\xi_g\xi_p-1)$	$(\xi_g-1)/(\xi_g\xi_p-1)$

本章小结

PPP 项目中的政府与私人两部门对于同一风险因素所持有风险偏好程度不同，同一风险分担主体对不同的风险因素持有的偏好也不同，根据项目参与方的风险偏好情况构建风险分担的博弈模型，大体上可以分为两大类：一方主体单独承担的风险和双方主体共同分担的风险。然后，在需要双方共同分担的风险比例探讨中发现基础设施 PPP 项目中的政府与私人两部门的风险分担比例与一些因素密切相关，如谈判损耗系数、地位非对称性程度等，具体地说，当政府部门的谈判系数比较大，那么政府部门承担的风险比例越大，私人部门承担的风险比例越小。另外，在基于参与者不同行动顺序的风险分担的模型分析结果来看，PPP 项目的谈判中，先出价的一方有着相对的"先动优势"，政府先出价要比自身后出价时所分得的风险份额大，私人企业也是如此。因此，在实践中"先动优势"成为参与人追求的优势，在谈判过程中尽量做到"先出价"，当然，没有获取"先动优势"的一方也不是完全处于被动状态，被动的参与人应尽可能缩短谈判时间，以减少对方的先动优势。

第六章 基于博弈论的 PPP 项目风险分担政府监管

PPP 模式应用于基础设施建设，是政府部门与私人企业通过签订特许经营权协议建立的合作关系，力求提供高效率的城市基础设施等公共产品或服务。PPP 项目的参与方比较多，一般涉及政府部门、项目公司、中介机构、银行、保险公司等，它们之间的利益并不一致，在不同阶段表现出不同的价值和利益追求，相应地，各自承担的责任也不同。PPP 项目风险分担并非是一蹴而成的，而是一个动态调整过程，在初步确定风险分担方案后，需要经过监测发现一些问题，然后进行再分担。对于前面章节介绍到的 PPP 项目全生命周期中施工阶段、设计阶段、维护阶段所遇到的一些工程质量风险、设计风险、环保风险、定价风险等分担是否合理和有效，政府监管环节起到重要保障作用。因此，政府有效监控是公私合作项目顺利实施的关键环节。阿尔钦和德摩塞（Alchian A，H. Demsetz）最早提出了有效监督理论，指出在多人合作行为过程中存在一种偷懒现象，称为"社会虚度效应"。风险分担是一个动态调整的过程，在风险初步分担后需要政府监管部门对之前的初步风险分担方案进行监测，并让私人企业反馈项目实施过程风险分担不合理的因素，从而进行风险再分担。如果在风险监测环节私人企业没有如实上报风险分担情况，容易导致风险分担方案无效，最终造成私人企业不能提供符合要求的基础设施或公共服务。鉴于此，本章节是针对风险分担流程图里的第三阶段 PPP 项目风险分担的政府监管，即风险跟踪与再分配阶段，立足于政府监管部门、中介机构和私人企业三者之间的博弈关系，探讨政府如何对风险分担有效监管，从而有助于发现前面阶段未发现的风险因素以及之前初次分担比例不合理的风险因素,使其进行风险再分配。在这个风险分担监管环节中的政府部门是以 PPP 项目的风险分担监管的角色,作为"裁判员"身份出现并对风险初步分担情况进行监管的。政府监管部门、中介机构和私人企业三者之间的关系如图 6-1 所示。

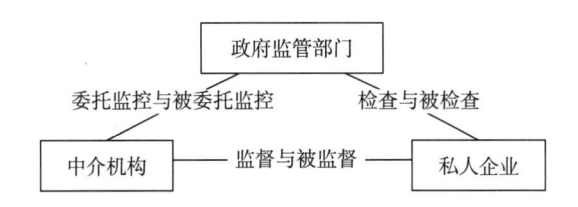

```
                    政府监管部门
        委托监控与被委托监控  检查与被检查
        中介机构 ── 监督与被监督 ── 私人企业
```

图 6-1 公私合作模式中主要参与方监控模式

在 PPP 模式风险分担的监管过程中涉及政府监管部门、中介机构和私人企业,其履行的职责如下。

1. 政府监管部门

在风险分担的监控过程中,政府监管部门主要负责收集和分析项目风险初步分担的情况,要求私人部门或中介机构上报风险初步分担中所遇到的问题,并针对私人企业提供的虚假信息提出预警或惩罚措施。另外,政府监管部门还可以引入中介机构对项目进行监控,政府预先设定根据上报情况进行相应的奖励或惩罚的规则。当然,鉴于中介结构有可能与私人机构合谋进行违规上报,所以政府监管部门会对中介机构上报的信息决定是否进行检查,一旦发现有虚报经营成果或是隐瞒风险分担不合理的情况,则会对其进行一定程度的处罚。值得注意的是,为了加强政府监管部门的有效性和独立性,可以设立专门的 PPP 管理中心负责风险监管。

2. 中介机构

由于政府部门对政策信息掌握比较全面,但是审计和检查方面的专业知识和经验比较缺乏,有时会借助中介机构在这方面的优势来完成对项目风险分担监管的任务,同时给予委托手续费用。中介机构一般是指专业的会计事务所、审计机构及其他机构,政府监管部门委托中介机构根据自己设立的监控指标对项目经营状况和风险分担情况进行全面、真实、有效的监控,同时要求私人企业提供项目成本、收益、费用等财务资料,对于风险分担的监控主要是将发现的之前未考虑到的风险因素或是风险分担不合理的因素上报给政府部门,然后参与方再对出现的问题进行解决达到合理的风险分担,保障项目顺利实施。

3. 私人企业

在 PPP 模式中,政府部门与私人部门建立的这种合作关系是以"特许权协议"为基础,"利益共享、风险共担"为理念的基础设施建设新模式。政府部门最初的意图是希望能够凭借私人企业在项目建设中管理方法与先进技术经验等方面的优势,提高基础设施项目的运行效率,同时,私人企业可以通过用户收费或政府补偿方式来实现预期利润。在风险分担的监控过程中,私人企业的职责是对前面阶段风险分担的情况进行分析,如实告知问题所在,主要是观察是否有前面未发现的风险因素需要进行分配,或是之前分配不合理的风险因素需要再进行调整分配方案的情况。

PPP 模式是多方参与城市基础设施项目建设的创新模式,相对项目企业而言,政府监管部门对项目的运营状态缺乏信息掌握,这就需要引入中介机构来帮助政府对风险分担带来的综合效益情况进行监控,那么由于各方的利益诉求不同,往往会造成私人企业或是中介机构违规上报或是刻意隐瞒不合理的风险分担的情况,那么在这种模式下,参与方之间的关系如图 6-1 所示。私人企业和中介机构违规上报的主要诱因是政府事先承诺的奖励或惩罚,政府和私人企业均为理性主体,政府考虑社会福利最大化,企业追求利润最大化,这就造成参与主体之间行为的冲突或矛盾。下面研究在政府委托中介机构对项目初步风险分担的情况进行监控的情况下,通过分析政府与企业的 KMRW 声誉博弈、中介机构违规上报的博弈和政府尽职检查的博弈情况,研究中介机构与私人企业进行串谋提供虚假的风险分担情况的主要影响因素,政府监管部门又如何判断是否对中介机构上报的情况进行再检查,如何让私人企业如实反映出未考虑的风险因素以及需要进行调整风险分担方案的因素。

第一节 政府与企业的 KMRW 声誉博弈分析

KMRW 声誉模型是由戴维·M. 克雷普斯（David M. Kreps）、保罗·米格罗姆（Paul Milgrom）、约翰·罗伯茨（John Roberts）和罗伯特·威尔逊（Robert Wilson）所建立的模型。该模型提出只要博弈重复的次数足够多，即使合作双方本性上并不是合作型的，但是每个参与人在开始时都想树立一个合作形象，在博弈快结束时，参与人可能会丧失声誉，合作才会停止。因此，在长期交易关系中参与人都倾向建立维护形象的合作关系。PPP 项目的最典型特点是参与者多、项目周期长，那么用 KMRW 声誉模型可以更加合适地解释在 PPP 项目参与者的利益诉求不同的情况下，政府和私人机构在长期特许经营协议过程中如何维护自身声誉和合作关系。另外，PPP 项目中政府在选择合作伙伴时往往会偏好综合实力强且信用好的企业，尤其是由于风险分担不是一次性的分配，而是在风险初步分担后需要在实践操作过程中不断发现之前分担方案不合理的因素，然后进行再分担的一个动态调整过程，那么在对风险初步分担监测过程中，企业能否如实反映分担情况决定了 PPP 项目风险分担是否有效。由此可见，私人企业是否会维护自身声誉在风险分担环节起到至关重要的作用。

政府和私人企业在 PPP 项目中往往是期待达成合作共识的，博弈的结果在实践中通常是双方遵守信用，若私人部门在某个时间点出现了违规，没有对风险分担结果进行如实上报，但当政府监管部门发现并对其惩罚后，私人企业为了继续保持合作关系则不会再做出违规行为，从而形成新的纳什均衡点。因此，本书运用 KMRW 声誉博弈模型来解释在 PPP 模式下声誉因素是如何影响自身选择、是否会如实上报风险分担情况的。

一 基本假设

假定 PPP 项目中私人企业的道德类型有两种，一是道德型企业，它愿意遵守契约,在接受政府部门或中介机构监测风险分担情况时,能够对发现的前面阶段未考虑到的风险和风险不合理的因素如实反映给监管部门,目标是提供符合公众意愿的基础设施或公共服务;二是非道德型企业,本书认为这种企业会做出违背契约规定的行为,为了追求自身效益最大化却牺牲社会公众利益,隐瞒目前风险分担的情况,不提供一些潜在风险信息,政府监管部门可以通过中介机构对私人部门提供的风险分担情况进行监督和评价,从而调整其项目的风险补偿决策。

二 博弈分析

根据海萨尼的观点,在 PPP 模式中政府监管部门与私人企业选择策略时,当一方选择某一种策略时,另一方会有几种策略可以选择,虽然不确定对方究竟会选择哪一种,但是知道对方每种策略发生的概率,并能够针对先验概率调整自身战略。

在 PPP 项目私人部门与政府监管部门的重复博弈过程中,假定第 T 时刻私人部门为道德型企业的概率是 p_t,一旦第 T 时刻私人企业被鉴定为道德型,它习惯一直做出守约行为来维持好声誉,即道德型企业选择维持声誉的概率为 1,也就说企业一直会向监管部门来如实反映风险分担情况,保证项目顺利实施。如果在 T 时期监测到企业反映的风险分担信息是真实的,并提供了一些风险分担不合理的因素和之前环节忽视的风险因素帮助监管部门对风险分担进行再调整,那么在 $T+1$ 时期政府部门判断企业是道德型的后验概率大于等于既定的 p_t,相反,如果在 T 时期观察到私人企业提供虚假的风险分担信息即做出违规行为,那么在 $T+1$ 期私人企业被认为是道德型的后验概率为 0。事实上,这与 PPP 模式实践情况是一致的,在第 T 时期私人企业对风险分担情况如实上报以维持自己的声誉,那么政府监管机构认为企业在未来仍然会以较大概率来保持道德型企业形象;相反,私人部门一旦被检查出违约上报行为,就被认定属于违约型企业,并被处罚。也就是说,如果政府监管机构在第 T 期判定私人部门属于道德型的概率较大时,即使是违约型企业也会尽可能将项目实施过程中出现的风险初步分担方案中不合理的风险因素或是之前未考虑到的风险因素如实地提供给政府监管部门,以此来塑造道德型企业。那么当社会公众对项目企业认可度越高,私人企业就会选择维持声誉从而不会做出为了追求自身利益而隐瞒真实风险分担情况的行为;相反,一旦私人项目企业的名声受损,它在未来可能继续欺瞒政府监管部门,也就是其提供虚假风险分担情况的概率随之提高。

下面具体分析从第 T 时刻到第 $T+1$ 时刻整个阶段违约型企业的选择策略,假定这里只考虑违约型企业做出纯战略行为(违约即提供虚假的风险分担情况,守约即提供真实的风险分担情况),如果违约型企业在 T 时刻选择违约,那么在 $T+1$ 期就会被认定是违约型的,政府部门判定私人企业会继续做出违规行为。若私人企业在 T 期和 $T+1$ 期都提供虚假的风险分担情况,假设从 T 期到 $T+1$ 期整个阶段私人企业获取的总效用为 U_1,如果违约型私人企业在 T 期提供真实的风险分担情况,$T+1$ 期选择提供虚假信息,则违约型企业从 T 期到 $T+1$ 期整个阶段的总效用为 U_2。

于是,当违约型企业从第 T 期到第 $T+1$ 期整个阶段总效用 $U_1 > U_2$ 时,说明在第 T 期选择违约对自身是有利的即私人企业提供虚假风险分担信息;$U_1 < U_2$ 时,在 T 期选择守约是有利的,即私人企业会提供真实的风险分担情况以进一步改善风险管理策略。也就是作为违约型企业,它只会在第 T 时刻选择提供真实风险分担信息带来的效用大于或等于提供虚假信息带来的效用时,才会选择提供真实信息来维持声誉,然而政府与私人部门共同参与的基础设施或公共服务的PPP项目很多都不会产生现金流,或是未来收益无法达到私人部门的预期利润或覆盖投资成本,再加上较长的特许经营周期,项目面临的风险众多且较为复杂,因此,在风险分担监管过程中,政府不能仅仅以企业对风险承担责任的履行情况作为绩效评估依据,而应给予其项目一定的风险补偿,通过发放适当合理的财政补贴来满足私人企业守约的预期效用水平,同时通过加强监管和加大惩罚力度以此增加企业提供虚假信息的违约成本,这样私人企业才会选择维持声誉,通过向监管部门提供真实的风险分担情况信息来改善风险管理的策略。

第二节　中介机构违规上报的博弈分析

一　基本假设

在 PPP 模式的实践过程中，政府监管部门往往会委托中介机构对私人企业在项目融资、施工、运营、维护等阶段中风险初步分担情况进行监控。私人企业面临两种情况：如实上报和虚假上报，它选择哪一种行为，取决于哪种对自身有利。这里判断风险分担是否合理或是否有未考虑的潜在风险因素，我们用初步风险分担给项目带来的综合效益是否达到预期值作为判断标准。用 R_s 表示项目实际获得的综合效益，政府根据 R_s 与 R_0 的关系进行适当奖励，当项目实际的综合效益 $R_s > R_0$，则政府会对企业进行一定的奖励来激励企业积极管理自身承担的风险责任。进一步假定中介机构对项目风险分担带来的综合效益的情况上报为 R_d，那么存在 $R_d > R_s$，$R_d = R_s$，$R_d < R_s$ 三种情况，其中上报风险分担给项目带来的综合效益大于实际情况即 $R_d > R_s$，即为违规上报，这种情况一般是私人企业担心真实效益低于预期值会遭受政府惩罚而刻意隐瞒风险初步分担情况。以下研究过程分为两个阶段，从中介机构上报到政府监管部门进行检查之前为第一阶段，从政府监管部门检查到核查出虚报并对私人企业和中介机构进行惩罚为第二阶段。

1. 模型建立

假设私人企业与中介机构是风险中性的，并且追求期望利益最大化，则在中介机构上报到检查之前的第一阶段中，私人企业与中介机构的收益函数分别为：

$$R_1 = (1 - \alpha)\delta(R_d - R_0) \qquad (6-1)$$

$$R_2 = \alpha\delta(R_d - R_0) + C \qquad (6-2)$$

式（6-1）、式（6-2）中，δ 为政府与私人企业事先承诺项目达到既定的风险分担带来的综合效益时给予私人企业的激励系数，α 为私人企业因与中介机构串谋违规上报，而将其获得的奖励收益向中介机构支付的分成比例，C 为政府机构委托中介机构进行风险分担监管而支付的委托服务费用。

在第二阶段，中介机构上报私人企业项目在初步风险分担给项目带来的综合效益状况之后，政府会凭借自己的经验来决定是否对上报结果进行检查，这里假定政府对项目企业进行检查的概率为 P，一旦通过检查发现私人企业提供虚假风险分担信息，则要对私人企业进行惩罚。为了构建收益函数，假定处罚力度与违规程度的平方成正比且系数为 A，μ 为贴现因子，私人企业如果选择进行违规上报，则期望收益为：

$$E(R_1) = (1-\alpha)\delta(R_d - R_o) - PA(R_d - R_s)^2\mu \qquad (6-3)$$

如果政府观测到中介机构提供虚假风险分担信息，则会对其采取一定的惩罚措施，假定惩罚力度与中介机构的违规程度的平方成正比，影响系数设为 B，那么中介机构的期望收益函数可以表示为：

$$E(R_2) = \alpha\delta(R_d - R_o) + C - PB(R_d - R_s)^2\mu \qquad (6-4)$$

当中介机构选择如实上报风险分担情况时，私人企业与中介机构收益函数分别为：

$$R''_1 = \begin{cases} \delta(R_s - R_o), & R_s > R_o \\ 0, & R_s \leq R_o \end{cases} \qquad (6-5)$$

$$R''_2 = C \qquad (6-6)$$

通过前面的分析，显而易见，私人企业和中介机构在预测出如实上报带来的期望收益大于或等于违规带来的期望收益时，他们才会选择将项目风险分担的真实情况报告给政府部门。也就是如下方程式的最大化求解：

$$\text{MAX}E(R_1) = (1-\alpha)\delta(R_d - R_o) - PA(R_d - R_s)^2\mu \qquad (6-7)$$

$$\text{MAX}E(R_2) = \alpha\delta(R_d - R_o) + C - PB(R_d - R_s)^2\mu \qquad (6-8)$$

2. 均衡状态求解

对式（6-7）、式（6-8）求最大值，对式（6-4）的 R_d 一阶求导，得到：

$$R_d(\alpha) = \frac{\alpha\delta}{2PB\mu} + R_s \qquad (6-9)$$

以上的贴现因子 δ 大于 0，即式（6-9）$R_d(\alpha) > R_s$，表示中介会选择违约上报。此时中介机构的期望收益为：

$$R'_2 = \alpha\delta\left(\frac{\alpha\delta}{2PB\mu} + R_s - R_o\right) + C \qquad (6-10)$$

显然，如 $R_s - R_o > 0$，$R'_1 - R''_2 > 0$ 即中介机构选择如实上报风险分担带来的综合效益，并且企业获得政府给予的一定奖励；当 $R_s - R_o < 0$，且 $R_s > R_o - \frac{\alpha\delta}{2PB\mu}$ 时中介机构才会如实上报风险分担情况，而风险分担带来的项目综合效益过低时，中介机构则会选择违规上报。

将式（6-9）代入式（6-3）并一阶求导获取目标函数最大化，可得到私人企业对中介机构因提供虚假的风险分担情况的违规上报而给予的分成比例的均衡点 α^*，并将 α^* 代入式（6-9），得到此时中介机构对风险分担带来的综合效益上报的 R_d 均衡点：

$$R_d^*(\alpha) = \frac{\alpha^*\delta}{2PB\mu} + R_s \qquad (6-11)$$

二 博弈分析

在 PPP 项目实施过程中，由于政府部门与私人企业之间的信息是不对称的，相对于政府部门而言，项目公司对风险分担是否合理、是否有未发现的风险因素等项目本身的风险状况比较了解，所以，政府监管部门往往会委托中介机构对初步风险分担情况进行监控，然后接受委托费用的中介机构负责将是否风险分担达到合理水平以及是否存在未能识别和分担的风险因素等情况上报给政府监管部门，政府监管部门根据上报情况作出（检查，不检查）两种决定，如果检查出存在提供虚假风险分担情况的行为，则政府监管部门会对私人企业和中介机构进行惩罚。政府部门为了激励私人企业更加积极承担自身的风险责任，会向项目公司承诺如果上报风险初步分担带来的项目综合效益大于政府部门给定水平，私人企业获得政府给予的一定奖励；如果项目综合效益小于或等于给定水平，政府不给任何奖励。同时，中介机构由于接受政府监管部门委托可获得监管风险分担情况的服务费。

在"激励相容"约束机制下，当政府监管部门委托中介机构对项目风险分担后的综合效益进行上报时，出于理性考虑，当如实上报带来的期望收益小于违规上报带来的期望收益时,他们极大可能会隐瞒风险分担的真实情况,不能准确反映之前未考虑到的风险因素和风险分担不合理的情况,从而造成项目出现风险,甚至引发巨大损失。从以上求出的均衡点公式中 R_d 与 δ、α 的关系可知,政府部门承诺给予私人企业的激励系数 δ 越大,中介机构和私人企业合谋进行违规上报风险分担带来的综合效益的概率就越大;私人企业愿意向中介机构支付的因提供虚假风险分担情况的违规行为而获得的分成比例 α 越大,中介机构为了获取更高的收入,愿意冒险向政府监管部门提供虚假的风险分担情况的概率也会增大。

第三节 政府检查企业和中介机构上报的博弈分析

中介机构上报项目风险分担的综合效益状况后,政府监管部门会凭借自身的专业知识和检验判断决定是否需要再对上报的情况进行核查,检验私人企业或是中介机构是否真实地反映风险分担的情况,从而确保项目顺利实施。

一 模型假设

(1) 假设 PPP 项目中私人企业只有守约型企业和违约型企业两种类型。私人企业是守约型的概率为 P_s,这里认为如果企业是守约类型,则它一直会真实反映风险分担的信息,并且获得政府的奖励 E,因为获取真实的风险分担情况有助于对分担不合理的风险因素以及未发现的风险因素进行再次调整,从而保证项目顺利进行;相应地,私人企业是违约型的概率为 $1-P_s$(即 P_w),此时有两种行动战略,要么如实上报风险分担情况,要么提供虚假的风险分担信息。其中,P_s是政府监管部门知道的企业类型的先验概率。

(2) 假设违约型私人企业选择违规上报的条件概率为 $\alpha = P(F/W)$,它若将风险分担带来的项目综合效益 $-R$ 上报给政府监管部门,有可能接受一定惩罚为 E',但是如果将虚假风险分担信息进行违规上

报可以获取收益为 E，同时，私人企业因与中介机构串谋进行虚假风险分担情况的违规上报而向其支付的费用为 C_1。

（3）中介机构上报项目风险分担的综合效益情况后，政府监管部门会做出检查和不检查两种策略。假设政府对违约型企业如实提供风险分担信息的情况不进行检查，政府监管部门对守约监控报告进行检查的条件概率为 β，$\beta = P(J/F)$。对相关参数做出如下假定：政府对企业上报风险分担的情况进行尽职调查需付出的成本为 C_2；一旦发现私人企业或中介机构存在提供虚假风险分担信息的情况，对其处罚并获取收益为 B；私人企业和政府监管部门的贴现因子分别为 μ 和 1；倘若政府对企业提供虚假风险分担信息的违约行为没有察觉到，那么遭受声誉损失为 $-C$。

二 博弈分析

对于中介机构上报风险分担情况，政府监管部门、中介机构与私人企业的博弈过程如图 6-2 所示，括号内第一个数字和第二个数字分别代表私人企业收益和政府部门收益。

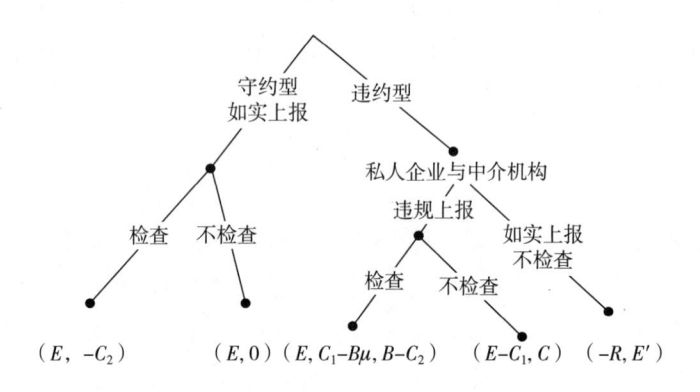

图 6-2 政府、中介机构与私人企业的博弈

假定私人企业的纯战略 α 为（守约即提供真实的风险分担情况，违约即提供虚假的风险分担情况），政府监管部门的纯战略为 β（对上报结果检查，对上报的结果不检查），中介机构的纯战略为 F（违规上报风险分担情况，如实上报风险分担情况），战略空间为 $T_1 =$

$T_2 = [0, 1]$，$\alpha \in T_1$，$\beta \in T_2$，私人企业为违约型时的期望收益：

$$R(\alpha, \beta) = \alpha[\beta(E - C_1 - B\mu) + (1 - \beta)(E - C_1)] + (1 - \alpha)(-R) \tag{6-12}$$

政府监管部门观测到守约监控报告的结果，并估计私人企业与中介机构串谋提供虚假风险分担情况的违规上报带来的期望收益为：

$$R(\alpha, \beta, F) = \beta[P(S/F)(-C_2) + P(W/F)(B - C_2)] + (1 - \beta)[P(S/F) * 0 + P(W/F)(-C)] \tag{6-13}$$

那么政府监管部门和私人企业最优战略组合（α^*，β^*）满足的条件：

$$\alpha^* \in \arg\max_\alpha R(\alpha, \beta^*), \beta^* \in \arg\max_\beta R(\alpha^*, \beta, F) \tag{6-14}$$

此时，（α^*，β^*）分别代表中介机构是否将风险分担情况如实上报的最优战略，政府监管部门是否对中介机构上报风险分担情况进行再次检查的最优战略。

下面对式（6-12）和式（6-13）进行最大化的求解，即分别对式（6-12）的 α 与式（6-13）的 β 进行一阶求导得到：

$$\beta(E - C_1 - B\mu) + (1 - \beta)(E - C_1) + R = 0 \tag{6-15}$$

$$P(S/F)(-C_2) + P(W/F)(B - C_2) - P(W/F)(-C) = 0 \tag{6-16}$$

又根据贝叶斯法则，后验概率 $P(S/F)$ 和 $P(W/F)$ 如下：

$$P(S/F) = (1 - P_w)/[\alpha P_w + (1 - P_w)] \tag{6-17}$$

$$P(W/F) = \alpha P_w/[\alpha P_w + (1 - P_w)] \tag{6-18}$$

由式（6-15）得到，$\beta^* = \dfrac{E - C_1 + R}{B\mu} \tag{6-19}$

将式（6-17）和式（6-18）代入式（6-16），并求解得到：

$$\alpha^* = \frac{1 - P_w}{P_w} \frac{C_2}{B - C_2 + C} \tag{6-20}$$

从以上模型分析得到：

（1）α^* 是政府观测到中介机构上报的风险分担带来的项目综合效益报告后，并对上报的可获得政府奖励的情况选择检查或不检查情况时，私人企业选择的最优战略。在 PPP 模式风险初步分担的监测过程中，当政府监管部门经过测算得出中介机构违规上报的概率 $\alpha > \alpha^*$

时，政府监管部门选择检查上报的风险分担情况是最优策略；若 $\alpha < \alpha^*$，则政府选择不检查是最优策略，可以避免调查时花费的较大成本；若 $\alpha = \alpha^*$，政府监管部门最优策略是对其上报的风险分担情况进行检查或不检查都可，那么建议采用随机抽查的方式，一方面可以消除私人企业投机的想法；另一方面又可以节约调查成本。随着政府监管部门知道的企业类型的先验概率 P_s 的增加，$\alpha < \alpha^*$ 的概率就会增加，这意味着当私人企业是守约型的先验概率增加时，政府会认为其提供虚假风险分担情况的违规行为概率会降低，那么出于成本考虑，政府监管部门对其上报结果进行检查的概率也会降低；相反，当私人企业是违约型的先验概率增加时，政府监管部门会认为企业提供虚假风险分担信息的概率增加，这时候有必要增加对企业检查的概率。

$\partial \alpha^* / \partial B < 0$，则说明如果政府对违约型企业发生虚假上报风险分担信息时对其的惩罚力度加大，企业的违规成本就会加大，违约型企业与中介机构串谋进行虚假风险分担信息上报的概率降低，也就是说违约企业不愿意冒风险做出提供虚假风险分担信息的行为。$\partial \alpha^* / \partial C_2 > 0$，说明政府监管部门进行检查的成本越高，中介机构虚假上报风险分担情况的概率加大，因为这种情况下，企业认为政府监管部门不愿意耗费那么多成本去检查上报的风险分担结果，即判断政府监管部门检查的概率变小，从而促使私人企业为追求自身利益而不能如实反映风险初步分担的情况，造成 PPP 项目的风险分担方案无法达到最优状态。$\partial \alpha^* / \partial C < 0$，那么私人企业发生提供虚假风险分担情况的行为给政府监管部门带来的声誉损失增大，中介机构进行虚假上报的概率会降低，说明企业认为政府监管部门为了避免较大的声誉损失而去进行检查的概率会增加，则中介机构与私人企业不敢轻易串谋上报虚假风险分担情况。

（2）β^* 是违约型企业针对项目风险分担情况选择如实上报或违规上报时，政府监管部门是否对其上报情况进行检查的最优战略。当 $\beta > \beta^*$ 即企业认为政府监管部门进行检查的概率大于均衡点，这时候政府监管部门检查上报的风险分担结果的概率会增加，从而促使私人企业选择如实上报风险分担情况并愿意因风险初步分担未达到预期综合效益而接受惩罚；那么当 $\beta<\beta^*$ 时候，则私人企业会选择提供虚假的风险分担信息以此获取奖励。$\partial\beta^*/\partial E>0$、$\partial\beta^*/\partial R>0$ 说明如果政府事先跟私人企业承诺风险分担带来的综合效益超出既定水平给予的奖励越大或是低于既定水平给予的惩罚越大，违约型企业考虑到可能获取较高收益，其铤而走险上报虚假风险分担情况的概率越大，因此，政府监管部门应提高检查的概率。

通过研究政府监管部门与企业的 KMRW 声誉博弈、中介机构违规上报的博弈和政府监管部门尽职检查的博弈情况，分析 PPP 模式的初步风险分担的监管过程中政府监管部门、私人企业与中介机构三者之间的博弈关系，分析参与主体是否会有效发现之前阶段里未考虑的风险因素以及分担不合理情况，进而得到如下结论与启示。

（1）在 PPP 项目中，健全声誉机制是确保私人企业如实反映风险分担情况的主要途径，是保障高效率的基础设施供给和满足社会公众需求的关键环节。在有限期的博弈过程中，私人企业一旦作出提供虚假风险分担情况的行为而造成声誉受损时，想在社会公众中塑造良好的道德型企业形象相对比较困难，外界轻易不会改变对其提供虚假信息的看法，也正因如此，企业在下一个阶段选择维护良好声誉的动力会明显不足。从前面分析还可以看出，私人企业的贴现因子 μ 过低时，企业认为提供虚假风险分担行为使自身遭受的损失较小，从而使维持道德形象的意愿减少，不重视声誉激励机制，进而造成对初步风险分担情况监测无效，无法通过风险再分担调整成最优的风险分担，致使基础设施项目的运营效率低下，影响实现社会福利性最大化的目标。健全科学合理的声誉机制，可通过建立数据库记录政府部门与私人部门在 PPP 项目合作过程中双方的信息沟通和风险分担反馈情况，方便政府根据私人企业的信用状况进行决策。引导参与各方秉持"风险共担和利益共享"核心理念，以长期持续合作为目标，不要过分关注眼前利益得失，追求互惠互利的共赢模式，避免私人部门提供虚假风险分担情况的行为，通过双方对风险分担情况的有效沟通和反馈促进更优化的风险分担方案形成。

（2）政府监管部门应建立合理的 PPP 模式声誉测量机制与奖惩机

制。健全 PPP 项目的监督评价体系是实现声誉测量机制的重要途径，通过私人企业前期运营过程中声誉情况来评价未来阶段中提供真实风险分担情况的守约概率，从而决定政府监管部门是否要检查其上报的风险分担结果；通过加大对提供虚假风险分担情况行为的惩罚力度，调动私人企业维持声誉的积极性，增强自我约束和监督能力，有利于减少政府监管部门检查成本。另外，政府监管部门要有效行使监管权力和职责，通过提高私人企业提供虚假信息的违规成本来激励私人企业维持声誉的意愿，促使其反映真实的风险分担情况并进行动态的调整风险分担方案，从而提供高效率的基础设施或公共服务，提高社会公众福利。

（3）由中介机构违规上报的博弈分析可知，风险分担带来的项目综合效益过低是造成中介机构隐瞒风险分担真实情况的重要因素，有的企业刻意隐瞒一些潜在的风险因素，不能充分反映不合理的风险分担情况。首先，政府应探索建立 PPP 模式动态补偿机制，确保私人企业获得合理的收益，调动私人企业参与积极性。其次，建立合理的政府监管部门对中介机构风险分担监管的考核机制，制定对中介机构的监控和考核制度，一旦发生中介机构与私人企业串谋提供虚假风险分担信息上报的情况，加大惩罚力度，从而保障中介机构提供真实、准确的项目风险分担监控报告，有效发现初步风险分担的问题并加以解决。在选取中介机构时，政府监管部门要根据 PPP 项目的特性选取信用度良好、专业性较强的中介机构进行监控，防止中介机构与私人企业进行串谋。

（4）政府监管部门可采取多途径进行风险分担情况的监控，除了实地调查和委托中介机构获取项目的风险分担情况之外，还可以发挥社会公众、新闻媒体等非政府社会群体的监督力量，通过多主体、多维度对 PPP 项目进行风险分担监管，从而确保风险分担监管的有效性。同时，运用定性与定量相结合的方法提高对私人企业类型概率分布情况预先判断的准确性，制定有效奖惩机制和声誉测量机制，防止中介机构与私人企业提供虚假风险分担情况的不道德行为，避免因出现风险分担不合理的风险因素或是未发现的风险因素造成 PPP 项目失败。

本章小结

本章基于博弈论的视角，通过分析政府监管部门与企业的 KMRW 声誉博弈、中介机构违规上报的博弈和政府监管部门尽职检查的博弈情况，来分析 PPP 模式风险初步分担情况监测过程中政府监管部门、中介机构与私人企业三者之间的博弈关系，以此来探讨政府监管部门如何对 PPP 项目风险分担进行有效监管，哪些因素会导致中介机构和私人企业不能如实反映风险分担情况。结果表明：声誉缺失可能引起私人企业维持声誉的动力不足，在接受监管时提供虚假的风险分担情况，导致未能及时发现风险分担的不合理性，造成提供的城市基础设施不符合社会公众意愿。因此，政府监管部门应建立科学有效的声誉测量机制、奖惩机制和动态补贴机制，达到自我约束和监督的目的，并使企业获得合理利润；政府监管部门判断私人企业的守约类型的先验概率越高，上报虚假结果的概率越小。另外，政府监管部门应建立中介机构考核体系，降低中介机构的违规概率。

通过政府监管部门对风险的跟踪和监测，如果发现发生意料之外的因素，或是未识别的风险，或是分担不合理的风险因素，根据风险分担基本原则采用之前章节构造的风险评价和风险分担模型，进行风险的谈判和再分担。

第七章　上海莘庄 CCHP 项目风险分担的案例研究

第一节　项目概况

上海华电莘庄工业区燃气热电冷三联供改造项目，简称莘庄 CCHP 项目，是清洁基金 2014 年支持的一个 PPP 项目，在项目立项、设计、采购、运营和监管等全过程中具备 PPP 项目典型特征，另外它还是"中美合作分布能源示范项目"，具有一定的总结示范价值。此项目是由上海市莘庄工业区管委会通过市场竞争方式选定中国华电集团公司（以下简称"华电集团"），并与之建立了"全过程"合作关系的典型 PPP 项目。莘庄 CCHP 项目于 2013 年 10 月 17 日正式开工，一期建设 2 套 60MW 级燃气—蒸汽联合循环机组，静态总投资 98157 万元，动态总投资 100516 万元，特许经营期 30 年（含建设期两年）。从收入来源结构看，该项目的主要收入来源为终端用户付费和售电收入，PPP 一般可采用使用者付费、政府付费和可行性缺口补贴（使用者付费+政府补贴）三种支付模式。与传统供能系统相比，分布式能源系统具有资本性支出高、占地面积大、运营维护成本高等特点。同时，我国的天然气价格远高于煤炭价格，而在用户端进行调价又存在障碍，上网电价一时也难以到位。在莘庄 CCHP 项目中，项目协议约定的限价机制又进一步降低了项目的经济自偿性，因此该项目采用了可行性缺口补贴模式。从运作模式看，该项目的双方以特许经营协议为基础，社会资本承担了设计、建造、融资、运营维护等职能，以提高公共产品及服务的数量、质量和供给效率，实现合作共赢和风险共担。项目谈判是 PPP 项目各项前期工作落地的关键环节，涉及权利、责任和风险分担等因素的界定，本部分则以莘庄 CCHP 项目为研究对象，运用第四、五、六章构建的风险评价、风险分担和风险监管的模型，对此项目的风险分担比例进行确定，从而为项目实施提供决策依据，并提出相关的政策建议。

第二节 风险识别与评价

一 风险指标体系的构建

在文献回顾和深度访谈的基础上，本书根据 PPP 项目的特点得到莘庄 CCHP 项目的风险指标体系（见表 7-1），其中包括 11 个一级风险因素指标和 35 个二级风险因素指标。在构建了上述风险指标体系后，本研究基于德尔菲调研方法，采用专家调查问卷方式对 PPP 项目风险要素进行评价，调研过程中一共发放了 112 份问卷，回收了有效问卷 100 份，参与德尔菲调研的专家包括政府官员、项目管理人员、技术人员、科研人员（见表 7-2）。调查对象中，有 12 人来自政府部门，35 人来自项目公司，33 人来自技术人员，20 人来自学术机构。所有的调查都是匿名的。在发放问卷之前，对调查对象进行了简单的培训，让他们熟悉问卷的内容。根据 Balci（1989）和 Hallowell 等（2010）对于调查对象选取标准的介绍，我们选取专家调查者主要从以下几个方面考虑：（1）对于风险评估和风险分担模型相对比较熟悉；（2）出版、发表了相关研究主题的书籍或论文；（3）参与过相关项目。

调查问卷由三个部分组成。第一部分，调查对象的基本信息，包括（a）工作领域；（b）工作时间；（c）参与 PPP 项目年限；（d）参与 PPP 项目数量；第二部分是项目概述；第三部分是调查问卷主体部分；附录 A 是判断一级风险的相对重要性（权重）。受访者先对隶属于目标层风险指标的一级指标上的各要素的重要程度进行两两比较构

表 7-1　　　　　莘庄 CCHP 项目风险评价指标体系

目标层	一级指标	二级指标
宏观层面风险	政治政策风险（C_1）	政府稳定性（X_{11}）
		征用/国有化（X_{12}）
		法律环境（X_{13}）
		政治决策失误（X_{14}）
		政府信用（X_{15}）
		财政风险（X_{16}）
	经济风险（C_2）	通货膨胀（X_{21}）
		外汇风险（X_{22}）
		利率风险（X_{23}）
		融资环境（X_{24}）
	社会风险（C_3）	公众反对风险（X_{31}）
	自然风险（C_4）	环保问题（X_{41}）
		地质气候（X_{42}）
		不可抗力风险（X_{43}）
中观层面风险	项目选择风险（C_5）	项目需求度（X_{51}）
		其他项目竞争（X_{52}）
		土地获取（X_{53}）
	融资阶段风险（C_6）	融资可行性（X_{61}）
		项目吸引力（X_{62}）
		融资成本（X_{63}）
	设计阶段风险（C_7）	项目延期审批（X_{71}）
		设计问题（X_{72}）
	施工阶段风险（C_8）	费用超支（X_{81}）
		合同变更（X_{82}）
		工程质量（X_{83}）
	运营阶段风险（C_9）	运营成本（X_{91}）
		维护费用（X_{92}）
		运营收入（X_{93}）
		定价风险（X_{94}）
		政府补助风险（X_{95}）
		安全风险（X_{96}）

续表

目标层	一级指标	二级指标
微观层面风险	合作关系风险（C_{10}）	合作关系人之间的承诺（X_{101}）
		合作关系人之间的权利、责任与风险的分配（X_{102}）
	第三方风险（C_{11}）	第三方侵权赔偿风险（X_{111}）
		人事风险（X_{112}）

表7-2　　　　　　　　　　调查问卷样本分布情况

基本信息	类别	人数	比例
专家构成	政府官员	12	12%
	项目管理人员	35	35%
	技术人员	33	33%
	国内学者	20	20%
工作时间（年）	<6	30	30%
	6—10	22	22%
	11—15	20	20%
	>15	28	28%
参与PPP时间	无	23	23%
	1—2	19	19%
	3—5	30	30%
	>5	28	28%
参与PPP项目数目	无	40	40%
	1—2	32	32%
	3—5	24	24%
	>5	4	4%

成一个判断矩阵，然后再对隶属于一级风险指标的二级风险指标的各要素之间相对重要性进行两两比较，并得到11个判断矩阵，分别在政治政策风险、经济风险、社会风险、自然风险、项目选择风险、融资风险阶段、设计阶段风险、施工阶段风险、操作风险阶段、合作风

险和第三方风险这 11 个一级指标层面上,进行二级指标的重要程度两两比较;附录 B 是调查对象对二级风险指标因素对 PPP 项目的重要程度的评价,根据李克特(Likert)分量表,此次德尔菲调研问卷将 PPP 项目风险发生概率分为 5 个等级,即 1 级几乎不可能发生,2 级极小发生,3 级偶然发生,4 级很可能发生,5 级经常发生。本研究将风险分为 5 个等级,即低、较低、中等、较高、高;附录 C 是专家对此项目风险分担方案的建议,找出每一项风险分担主体中大多数专家认同的观点作为最终的风险分担方案的参考依据;附录 D 是要确定政府部门与私人部门在 PPP 项目风险分担模型中相关参数值,将经过专家确定的参数值区间分为 5 个等级,即非常低、较低、中等、较高、非常高,进而调查对象针对每个参数值进行评价,之后再将得到的问卷中数值的等级转化成具体的数值,以此作为模型的参数值。

二 风险评价过程

1. 风险指标权重计算

两两风险要素的比较矩阵,在设计调查问卷的时候需要专家直接在判断矩阵上标出数值 1—9,比较同一层风险要素之间的相互重要性(详见附录 A)。

(1)根据上节中风险评价模型构建两两风险因素的比较矩阵 A,再分别表示出 A—C 层、C—X 层的比较判断矩阵。按照层次分析法,通过多次专家调查,对数据进行筛选,取专家分值的均值,对小数部分做四舍五入,得出判断矩阵 A,计算出一级风险指标的权重,见表 7 - 3。

表 7 - 3　　　　　　　风险因素判断矩阵

A	C_1	C_2	C_3	C_4	C_5	C_6	C_7	C_8	C_9	C_{10}	C_{11}	W_i
C_1	1	1/2	4	2	3	1/3	5	6	6	3	7	0.15084
C_2	2	1	5	3	4	1/2	6	7	7	4	8	0.20962
C_3	1/4	1/5	1	1/3	1/2	1/6	2	3	3	1/2	4	0.04789
C_4	1/2	1/3	3	1	2	1/4	4	5	5	2	6	0.10562
C_5	1/3	1/4	2	1/2	1	1/5	3	4	4	1	5	0.07133

续表

A	C_1	C_2	C_3	C_4	C_5	C_6	C_7	C_8	C_9	C_{10}	C_{11}	W_i
C_6	3	2	6	4	5	1	7	8	8	5	9	0.28159
C_7	1/5	1/6	1/2	1/4	1/3	1/7	1	2	2	1/3	3	0.03286
C_8	1/6	1/7	1/3	1/5	1/4	1/8	1/2	1	1	1/4	2	0.02252
C_9	1/6	1/7	1/3	1/5	1/4	1/8	1/2	1	1	1/4	2	0.02252
C_{10}	1/3	1/4	2	1/2	1	1/5	3	4	4	1	5	0.07133
C_{11}	1/7	1/8	1/4	1/6	1/5	1/9	1/3	1/2	1/2	1/5	1	0.01593

（2）分别计算指标层判断矩阵及确定其特征向量

与构造准则层判断矩阵的方法同理，评判专家对指标层相对重要度打分，如表7-4至表7-14所示。

政治政策风险主要是特许经营政策变动风险和行业政策变动，特许经营项目整个生命周期较长，通常为20—30年，政策法规的调整会导致项目提前终止。莘庄CCHP的行业政策变动主要体现在国家对天然气发电的政策限制、燃气热电冷三联供的审批、电力的政府定价等方面。城镇化与工业化是相辅相成的，工业化带来了能源枯竭，在城镇化能源转型过程中，积极提出可再生能源发展及分布式发电等新型能源利用模式，根据国家发改委的《天然气利用政策》，国家鼓励天然气发电，综合能源利用效率70%以上属于优先类。

表7-4　　　　　　　　政治政策风险指标计算

政治政策风险（C_1）	X_{11}	X_{12}	X_{13}	X_{14}	X_{15}	X_{16}	W_i
X_{11}	1	3	7	7	5	9	0.46737
X_{12}	1/3	1	5	5	3	7	0.25512
X_{13}	1/7	1/5	1	1	1/3	3	0.05964
X_{14}	1/7	1/5	1	1	1/3	3	0.05964
X_{15}	1/5	1/3	3	3	1	5	0.12955
X_{16}	1/9	1/7	1/3	1/3	1/5	1	0.02867
CR = 0.04 < 0.1							

经济风险主要包括通货膨胀、外汇风险、利率风险和融资环境。若发生了比预期高的通货膨胀，项目总投资比预算价格高，投资者必须追加投资额度，中国通货膨胀压力一直威胁着中国经济的健康发展；另外，利率的变动会影响项目价值降低或收益受到损失，融资成本也会加大，目前我国正在推进新型城镇化，基础设施建设的投资力度加大，贷款项目审批程序复杂，使得投资者筹集资金较为困难，从而给PPP项目带来融资风险。

表7-5　　　　　　　　经济风险指标计算

经济风险（C_2）	X_{21}	X_{22}	X_{23}	X_{24}	W_i
X_{21}	1	3	1	1/5	0.15300
X_{22}	1/3	1	1/3	1/7	0.06171
X_{23}	1	3	1	1/5	0.15300
X_{24}	5	7	5	1	0.63229
CR = 0.03 < 0.1					

公众支持项目的力度对于保证项目的顺利实施至关重要，PPP最著名的失败案例之一玻利维亚科恰巴水供应及服务特许案例，特许经营合同是在公共设施财务信息不明确的情况下签署的，水费增加了38%以上，随之引来抗议，合同也撤销了。

表7-6　　　　　　　　公众反对风险指标计算

公众反对风险（C_3）	X_{31}	W_i
X_{31}	1	1

自然风险包括环保风险、地质气候条件风险和不可抗力风险。环保问题关系着人类的可持续发展，已经成为全社会关注的重要问题，新型城镇化对自然环境以及人类健康和福利的要求也日益提高。莘庄CCHP项目是能源基础设施领域利用清洁能源实现节能减排和大气治理目标的典型项目，环保风险产生的原因主要包括设备质量不达标、相关技术标准不合格（污水、污泥、噪声、臭气等）。

表 7-7　　　　　　　　　自然风险指标计算

自然风险（C_4）	X_{41}	X_{42}	X_{43}	W_i
X_{41}	1	2	3	0.53961
X_{42}	1/2	1	2	0.29696
X_{43}	1/3	1/2	1	0.16342
CR = 0.008 < 0.1				

PPP 项目的市场需求具有不确定性，如价格变动、政府消费政策、消费者预期、人口数量与结构等，影响项目收益。莘庄 CCHP 工业区企业众多，热能需求量较大；PPP 项目的产品和服务仍受现有竞争者、潜在竞争者的威胁，造成项目在特许期内回收成本和实现利润存在风险，项目完成后，原莘庄供热公司承担的业务转移给华电闵行公司，后者成为莘庄工业区唯一一家集中供应热电冷的企业，同业竞争较小。

表 7-8　　　　　　　　　项目选择风险指标计算

项目选择风险（C_5）	X_{51}	X_{52}	X_{53}	W_i
X_{51}	1	3	5	0.63699
X_{52}	1/3	1	3	0.25828
X_{53}	1/5	1/3	1	0.10473
CR = 0.03 < 0.1				

在融资阶段风险中，项目融资可行性是最重要的一个风险因素，在这类风险指标中权重较大。莘庄 CCHP 项目中，华电闵行公司自有资金 8000 万元，上海市财政提供可行性缺口补贴包括转贷清洁基金清洁发展委托贷款 2.8 亿元，并提供 2000 万元补贴资金，其余资金均通过融资获得。目前境内融资渠道相对集中于商业银行贷款，截至 2013 年 4 月 25 日，华电闵行公司与交通银行、农业银行一共签订了 6 亿元的人民币贷款合同，贷款随项目工程进度分批取得。

表 7 – 9　　　　　　　　融资阶段风险指标计算

融资阶段风险（C_6）	X_{61}	X_{62}	X_{63}	W_i
X_{61}	1	3	2	0.53961
X_{62}	1/3	1	1/2	0.16342
X_{63}	1/2	2	1	0.29696
CR = 0.008 < 0.1				

设计阶段风险中，项目审批延迟的风险权重为 0.83333，莘庄 CCHP 项目中，技术风险主要表现在设备和系统的技术先进性、可靠性及适用性，以及主机选型和系统方案拟定等方面，该项目通过调研、模拟运算、技术方案来论证及专题研究等手段，采用高技术先进设备的引进策略来防范技术风险。

表 7 – 10　　　　　　　设计阶段风险指标计算

设计阶段风险（C_7）	X_{71}	X_{72}	W_i
X_{71}	1	5	0.83333
X_{72}	1/5	1	0.16667
CR = 0 < 0.1			

项目实施日常需要的人力、物力、各种原材料的价格随着市场供求量和通货膨胀等因素而发生变动，成本变动势必影响项目利润水平。在莘庄 CCHP 项目中，天然气价格是最敏感的成本变动因素，并且在项目中设置了供冷收费单价、供冷收费价格与天然气同比例增减、蒸汽价格与天然气价格变动挂钩等调价机制，从而控制成本超支风险。

表 7 – 11　　　　　　　施工阶段风险指标计算

施工阶段风险（C_8）	X_{81}	X_{82}	X_{83}	W_i
X_{81}	1	3	5	0.63699
X_{82}	1/3	1	3	0.25828
X_{83}	1/5	1/3	1	0.10473
CR = 0.03 < 0.1				

运营阶段的风险主要源于生产管理不规范,经营管理人员素质低、经验不足和监督检查力度会引发风险,莘庄CCHP项目中除了华电闵行内部的生产运营管理措施外,政府目前没有应对运营及生产风险的具体措施。同时,由于我国的天然气价格比煤炭价格高,用户端调价又存在障碍,上网电价一时难以到位,在目前我国财政补贴及优惠政策缺位的情况下,国内分布式能源项目大部分处于微利甚至亏损状态,这类PPP项目适于采用政府提供可行性缺口补贴方式,因此,政府能不能按时按量支付补贴会影响项目运营的回报。

表7-13 运营阶段风险指标计算

运营阶段风险(C_9)	X_{91}	X_{92}	X_{93}	X_{94}	X_{95}	X_{96}	W_i
X_{91}	1	5	1	1	3	7	0.26780
X_{92}	1/5	1	1/5	1/5	1/3	3	0.05514
X_{93}	1	5	1	1	3	7	0.26780
X_{94}	1	5	1	1	3	7	0.26780
X_{95}	1/3	3	1/3	1/3	1	5	0.11179
X_{96}	1/7	1/3	1/7	1/7	1/5	1	0.02967
CR = 0.02 < 0.1

PPP项目组织和任命的机构不合理,关键职位安排不当,会影响项目的决策过程和管理成本;责任风险不当,无法充分调动参与方控制风险的积极性,谈判成本也会增加;政府与私营机构合作中权利分配不当,会对项目产生负面影响;另外,合作中沟通不畅会影响项目的决策和执行,也是潜在风险因素之一,可能会导致项目延期。

表7-13 合作关系风险指标计算

合作关系风险(C_{10})	X_{101}	X_{102}	W_i
X_{101}	1	1/5	0.16667
X_{102}	5	1	0.83333
CR = 0 < 0.1

第三方风险主要包括第三方侵权赔偿风险和人事风险。除政府和私营投资者的其他项目参与者拒绝履行合同约定的责任和义务,或者

履行时间延误等原因，造成向第三方提出索赔的风险；人力资源管理风险包括项目发起人、管理人员、设计人员、技术人员的能力和素质对项目实施造成的不利影响。

表7-14　　　　　　　　第三方风险指标计算

第三方风险（C_{11}）	X_{111}	X_{112}	W_i
X_{111}	1	1/2	0.33333
X_{112}	2	1	0.66667
	CR = 0 < 0.1		

对于问卷的可靠性和有效性，这里用效度和信度来进行检验，效度包括内容效度和结构效度，由于相关问卷是在大量文献和专家访谈基础上多次修订后确定，那么在一定程度上可以保证问卷的内容效度，因此，效度只考虑结构效度即可。本文通过 SPSS 软件得到的 CITC 值来确定测量题目的收敛程度，如果 CITC 值小于 0.5 则认为其收敛程度较差；用软件的可靠性分析功能得到 Cronbach's alpha 系数来判断问卷的信度，如果 Cronbach's alpha 值大于 0.7，则认为符合研究标准。经过 SPSS 软件测算得到，以上通过专家调查方法得到的判断矩阵的测量项的 CITC 值在 0.502—0.857，每个矩阵的整体 Cronbach's alpha 系数为 0.833—0.974，那么满足 CITC 大于 0.5 和 Cronbach's alpha 系数大于 0.7 的判断标准，因此风险评价的调查问卷的有效度和可靠性较好，基本符合研究要求。

将各风险指标进行归一化权重值及排名情况见表7-15。

表7-15　　　　　　　风险指标归一化权重值及排名

一级指标及其权重	二级指标	权重值	总体排序	分类排序
政治政策风险（C_1） 0.15084	政府稳定性（X_{11}）	0.07050	4	1
	征用/国有化（X_{12}）	0.03848	10	2
	法律环境（X_{13}）	0.00900	22	4
	政治决策失误（X_{14}）	0.00900	22	4
	政府信用（X_{15}）	0.01954	15	3
	财政风险（X_{16}）	0.00433	31	6

续表

一级指标及其权重	二级指标	权重值	总体排序	分类排序
经济风险（C_2） 0.20962	通货膨胀（X_{21}）	0.03207	11	2
	外汇风险（X_{22}）	0.01294	19	4
	利率风险（X_{23}）	0.03207	11	2
	融资环境（X_{24}）	0.13254	2	1
社会风险（C_3） 0.04789	公众反对风险（X_{31}）	0.04789	7	1
自然风险（C_4） 0.10562	环保问题（X_{41}）	0.05699	6	1
	地质气候（X_{42}）	0.03136	13	2
	不可抗力风险（X_{43}）	0.01726	17	3
项目选择风险（C_5） 0.07133	项目需求度（X_{51}）	0.04544	9	1
	其他项目竞争（X_{52}）	0.01842	16	2
	土地获取（X_{53}）	0.00747	24	3
融资阶段风险（C_6） 0.28159	融资可行性（X_{61}）	0.15195	1	1
	项目吸引力（X_{62}）	0.04602	8	3
	融资成本（X_{63}）	0.08362	3	2
设计阶段风险（C_7） 0.03286	项目延期审批（X_{71}）	0.02738	14	1
	设计问题（X_{72}）	0.00548	29	2
施工阶段风险（C_8） 0.02252	费用超支（X_{81}）	0.01435	18	1
	合同变更（X_{82}）	0.00582	28	2
	工程质量（X_{83}）	0.00236	33	3
运营阶段风险（C_9） 0.02252	运营成本（X_{91}）	0.00603	25	1
	维护费用（X_{92}）	0.00124	34	5
	运营收入（X_{93}）	0.00603	25	1
	定价风险（X_{94}）	0.00603	25	1
	政府补助风险（X_{95}）	0.00252	32	4
	安全风险（X_{96}）	0.00067	35	6
合作关系风险（C_{10}） 0.07133	合作关系人之间的承诺（X_{101}）	0.01189	20	2
	合作关系人之间的权利、责任与风险的分配（X_{102}）	0.05944	5	1
第三方风险（C_{11}） 0.01593	第三方侵权赔偿风险（X_{111}）	0.00531	30	2
	人事风险（X_{112}）	0.01062	21	1

2. 风险模糊综合评价

(1) 建立评价因素及评语集合

评估小组对莘庄 CCHP 项目进行评估，根据各指标因素的权重，设定综合评价集，然后根据附录调查问卷 B 表 3，对项目风险指标（C_1，C_2，…，C_{11}）进行评价，专家对 35 个二级风险因素的影响程度的评价见表 7-16。

表 7-16　　　　　　　风险因素评语

一级指标	二级指标	低	较低	中等	较高	高
政治政策风险（C_1）	政府稳定性（X_{11}）	0.00	0.41	0.49	0.10	0.00
	征用/国有化（X_{12}）	0.00	0.20	0.20	0.42	0.18
	法律环境（X_{13}）	0.00	0.00	0.41	0.59	0.00
	政治决策失误（X_{14}）	0.00	0.14	0.19	0.31	0.36
	政府信用（X_{15}）	0.00	0.14	0.19	0.31	0.36
	财政风险（X_{16}）	0.00	0.14	0.32	0.34	0.21
经济风险（C_2）	通货膨胀（X_{21}）	0.00	0.12	0.49	0.20	0.19
	外汇风险（X_{22}）	0.20	0.20	0.20	0.30	0.10
	利率风险（X_{23}）	0.16	0.29	0.20	0.23	0.12
	融资环境（X_{24}）	0.00	0.00	0.40	0.60	0.00
社会风险（C_3）	公众反对风险（X_{31}）	0.20	0.40	0.31	0.09	0.00
自然风险（C_4）	环保问题（X_{41}）	0.00	0.00	0.00	0.50	0.50
	地质气候（X_{42}）	0.20	0.31	0.32	0.17	0.00
	不可抗力风险（X_{43}）	0.16	0.35	0.29	0.20	0.00
项目选择风险（C_5）	项目需求度（X_{51}）	0.00	0.22	0.20	0.33	0.25
	其他项目竞争（X_{52}）	0.16	0.24	0.49	0.11	0.00
	土地获取（X_{53}）	0.20	0.27	0.30	0.23	0.00
融资阶段风险（C_6）	融资可行性（X_{61}）	0.00	0.21	0.47	0.32	0.00
	项目吸引力（X_{62}）	0.10	0.26	0.38	0.25	0.00
	融资成本（X_{63}）	0.00	0.29	0.26	0.19	0.25
设计阶段风险（C_7）	项目延期审批（X_{71}）	0.11	0.29	0.39	0.21	0.00
	设计问题（X_{72}）	0.29	0.30	0.22	0.10	0.09
施工阶段风险（C_8）	费用超支（X_{81}）	0.00	0.00	0.00	0.50	0.50
	合同变更（X_{82}）	0.00	0.10	0.21	0.28	0.41
	工程质量（X_{83}）	0.00	0.00	0.29	0.24	0.47

续表

一级指标	二级指标	低	较低	中等	较高	高
运营阶段风险（C_9）	运营成本（X_{91}）	0.20	0.38	0.23	0.09	0.10
	维护费用（X_{92}）	0.00	0.21	0.29	0.39	0.11
	运营收入（X_{93}）	0.00	0.11	0.22	0.31	0.36
	定价风险（X_{94}）	0.12	0.21	0.38	0.29	0.00
	政府补助风险（X_{95}）	0.00	0.20	0.42	0.29	0.09
	安全风险（X_{96}）	0.00	0.14	0.48	0.28	0.10
合作关系风险（C_{10}）	合作关系人之间的承诺（X_{101}）	0.00	0.00	0.28	0.31	0.41
	合作关系人之间的权利、责任与风险的分配（X_{102}）	0.10	0.28	0.42	0.20	0.00
第三方风险（C_{11}）	第三方侵权赔偿风险（X_{111}）	0.21	0.40	0.21	0.18	0.00
	人事风险（X_{112}）	0.20	0.40	0.13	0.27	0.00

（2）确定评价隶属矩阵

邀请风险管理专家对各因素进行评价，分别得到政治政策风险、经济风险、自然风险等因素的评判隶属矩阵如下：

$$R_1 = \begin{pmatrix} 0 & 0.41 & 0.49 & 0.10 & 0 \\ 0 & 0.20 & 0.20 & 0.42 & 0.18 \\ 0 & 0 & 0.41 & 0.59 & 0 \\ 0 & 0.14 & 0.19 & 0.31 & 0.36 \\ 0 & 0.14 & 0.19 & 0.31 & 0.36 \\ 0 & 0.14 & 0.32 & 0.34 & 0.21 \end{pmatrix}$$

$$R_2 = \begin{pmatrix} 0 & 0.12 & 0.49 & 0.20 & 0.19 \\ 0.20 & 0.20 & 0.20 & 0.30 & 0.10 \\ 0.16 & 0.29 & 0.20 & 0.23 & 0.12 \\ 0 & 0 & 0.4 & 0.6 & 0 \end{pmatrix}$$

$$R_3 = (0.20 \quad 0.40 \quad 0.31 \quad 0.09 \quad 0)$$

$$R_4 = \begin{pmatrix} 0 & 0 & 0 & 0.5 & 0.5 \\ 0.20 & 0.31 & 0.32 & 0.17 & 0 \\ 0.16 & 0.35 & 0.29 & 0.20 & 0 \end{pmatrix}$$

$$R_5 = \begin{pmatrix} 0 & 0.22 & 0.20 & 0.33 & 0.25 \\ 0.16 & 0.24 & 0.49 & 0.11 & 0 \\ 0.20 & 0.27 & 0.30 & 0.23 & 0 \end{pmatrix}$$

$$R_6 = \begin{pmatrix} 0 & 0.21 & 0.47 & 0.32 & 0 \\ 0.10 & 0.26 & 0.38 & 0.25 & 0 \\ 0 & 0.29 & 0.26 & 0.19 & 0.25 \end{pmatrix}$$

$$R_7 = \begin{pmatrix} 0.11 & 0.29 & 0.39 & 0.21 & 0 \\ 0.29 & 0.30 & 0.22 & 0.10 & 0.09 \end{pmatrix}$$

$$R_8 = \begin{pmatrix} 0 & 0 & 0 & 0.5 & 0.5 \\ 0 & 0.10 & 0.21 & 0.28 & 0.41 \\ 0 & 0 & 0.29 & 0.24 & 0.47 \end{pmatrix}$$

$$R_9 = \begin{pmatrix} 0.20 & 0.38 & 0.23 & 0.09 & 0.10 \\ 0 & 0.21 & 0.29 & 0.39 & 0.11 \\ 0 & 0.11 & 0.22 & 0.31 & 0.36 \\ 0.12 & 0.21 & 0.38 & 0.29 & 0 \\ 0 & 0.20 & 0.42 & 0.29 & 0.09 \\ 0 & 0.14 & 0.48 & 0.28 & 0.10 \end{pmatrix}$$

$$R_{10} = \begin{pmatrix} 0 & 0 & 0.28 & 0.31 & 0.41 \\ 0.10 & 0.28 & 0.42 & 0.20 & 0 \end{pmatrix}$$

$$R_{11} = \begin{pmatrix} 0.21 & 0.40 & 0.21 & 0.18 & 0 \\ 0.20 & 0.40 & 0.13 & 0.27 & 0 \end{pmatrix}$$

（3）如前面所述，第二层次风险权重集为 $A_i = \{a_{i1}, a_{i2}, \cdots, a_{in}\}$，$a_{ij}$ ($j = 1, 2, \cdots, n$) 是第二层次中决定因素 X_i 中第 j 个因素 X_{ij} 的权数，且满足：$\sum_{j=1}^{n} a_{ij} = 1$，$j = (1, 2, \cdots, n)$

下面分别对各风险因素进行综合评价并进行归一化处理得：

$C_1 = A_1 \times R_1 = (0.46737 \quad 0.25512 \quad 0.05964 \quad 0.05964$

$0.129550 \quad 0.02867) \times R_1$

$= (0 \quad 0.271929 \quad 0.350099 \quad 0.256786 \quad 0.121176)$

同理可得：

$C_2 = A_2 \times R_2 = (0.03738 \quad 0.07493 \quad 0.37097 \quad 0.46326 \quad 0.05346)$

$C_3 = A_3 \times R_3 = (0.2 \quad 0.4 \quad 0.31 \quad 0.09 \quad 0)$

$C_4 = A_4 \times R_4 = (0.08613 \quad 0.14824 \quad 0.14203 \quad 0.35378 \quad 0.26981)$

$C_5 = A_5 \times R_5 = (0.06321 \quad 0.22859 \quad 0.28561 \quad 0.26045 \quad 0.16214)$

$C_6 = A_6 \times R_6 = (0.01634 \quad 0.24230 \quad 0.39577 \quad 0.26998 \quad 0.07559)$

$C_7 = A_7 \times R_7 = (0.13939 \quad 0.29242 \quad 0.36212 \quad 0.19091 \quad 0.01515)$

$C_8 = A_8 \times R_8 = (0 \quad 0.02583 \quad 0.08447 \quad 0.41604 \quad 0.47366)$

$C_9 = A_9 \times R_9 = (0.08521 \quad 0.22539 \quad 0.29863 \quad 0.24746 \quad 0.14331)$

$C_{10} = A_{10} \times R_{10} = (0.08333 \quad 0.23485 \quad 0.39545 \quad 0.21818 \quad 0.06818)$

$C_{11} = A_{11} \times R_{11} = (0.20303 \quad 0.4 \quad 0.15455 \quad 0.24242 \quad 0)$

三级模糊评价矩阵

$C = (0.15084 \quad 0.20961 \quad 0.04789 \quad 0.1056 \quad 0.0713 \quad 0.2816$
$0.03286 \quad 0.02252 \quad 0.0225 \quad 0.0713 \quad 0.0159) \times$

$$\begin{pmatrix} 0 & 0.271929 & 0.350099 & 0.256786 & 0.121176 \\ 0.03738 & 0.07493 & 0.37097 & 0.46326 & 0.05346 \\ 0.20 & 0.40 & 0.31 & 0.09 & 0 \\ 0.08613 & 0.14824 & 0.14203 & 0.35378 & 0.26981 \\ 0.06321 & 0.22859 & 0.28561 & 0.26045 & 0.16214 \\ 0.01634 & 0.24230 & 0.39577 & 0.26998 & 0.07559 \\ 0.13939 & 0.29242 & 0.36212 & 0.19091 & 0.01515 \\ 0 & 0.02583 & 0.08447 & 0.41604 & 0.47366 \\ 0.08521 & 0.22539 & 0.29863 & 0.24746 & 0.14331 \\ 0.08333 & 0.23485 & 0.39545 & 0.21818 & 0.06818 \\ 0.20303 & 0.4 & 0.15455 & 0.24242 & 0 \end{pmatrix}$$

$= (0.05130 \quad 0.21446 \quad 0.34295 \quad 0.31324 \quad 0.11009)$

（4）计算最终结果

设定评判集 V 中各元素具体数值：

$V_1 = 1$（高），$V_2 = 0.75$（较高），$V_3 = 0.6$（中等），$V_4 = 0.35$（较低），$V_5 = 0.10$（低）

$P = C \times V^T = (0.05130 \quad 0.21446 \quad 0.34295 \quad 0.31324 \quad 0.11009) \times (0.10 \quad 0.35 \quad 0.60 \quad 0.75 \quad 1) = 0.631$

详细判断结果见表 7-17，可以得到如下结论：

本算例中莘庄 CCHP 项目的总体风险评价得分为 0.631，小于 0.75，因此，判定本项目的整体风险比较适中。其中，项目的施工阶段风险得分为 0.845 > 0.75，属于较高风险，应首先予以控制；经济风险、自然风险、运营阶段风险也属于较高风险，不容忽视；政治政策风险、项目选择风险、融资阶段风险等较为适中。

表 7-17　　　莘庄 CCHP 项目风险算例分析结果

一级指标	权重	低风险	较低风险	中等风险	较高风险	高风险	得分
政治政策风险（C_1）	0.151	0.000	0.272	0.350	0.257	0.121	0.619
经济风险（C_2）	0.210	0.037	0.075	0.371	0.463	0.053	0.653
社会风险（C_3）	0.048	0.200	0.400	0.300	0.100	0.000	0.415
自然风险（C_4）	0.106	0.086	0.148	0.142	0.354	0.270	0.681
项目选择风险（C_5）	0.071	0.063	0.229	0.286	0.260	0.162	0.615
融资阶段风险（C_6）	0.282	0.016	0.242	0.396	0.270	0.076	0.602
设计阶段风险（C_7）	0.033	0.139	0.292	0.362	0.191	0.015	0.492
施工阶段风险（C_8）	0.023	0.000	0.026	0.084	0.416	0.474	0.845
运营阶段风险（C_9）	0.023	0.085	0.225	0.299	0.247	0.143	0.595
合作关系风险（C_{10}）	0.071	0.083	0.235	0.395	0.218	0.068	0.560
第三方风险（C_{11}）	0.016	0.203	0.400	0.155	0.242	0.000	0.435
总体评价	0.631							

三　风险评价结果

通过对表 7-15 分析可以看到，影响莘庄 CCHP 项目的风险因素按照影响程度排名在前五位的依次为融资阶段风险、经济风险、政治政策风险、自然风险、合作关系风险，需重点关注以下风险并制定应对机制。

（1）在融资阶段风险中，融资的可行性是最为重要的风险因素，在所有的35个风险指标里排名第一。目前，在境内融资渠道相对集中于商业银行贷款的情况下，规避融资风险的主要方式有向银团贷款和获得政策性低息贷款，还可以通过金融工具采用套期保值方式。莘庄CCHP项目则通过贷款协议体系及协议条款中的较低利率设置和提款进度设置得到了较为合理的控制。

（2）经济风险中的利率风险是资本市场中最常见的风险，而经济发展的周期性波动是其存在的基础。在经济风险中，利率风险的影响程度是比较高的，在35个风险指标中的排名是第11。PPP项目长期债权融资特点比较明显，在整个项目融资过程中通过债权获得融资的比例相当高，这意味着利率变动风险是整个债权期间都会面临的主要风险，那么，在融资交割之前确定利率风险评估是进行风险控制或重要决策的前提条件。一般来说，采用设定利率变动上限控制损失是常用的方式，另外，还可以考虑以下几种手段：一是由项目公司的母公司作为债权人，凭借自身的利率风险控制能力和经验，进行对外融资和融资结构安排；二是可以通过在项目合同中约定方式将利率变动风险转移给政府部门，当利率变动超出一定幅度，允许项目公司提高收费价格来弥补损失；三是在项目融资时选择固定利率融资工具，将利率变动风险转移给政府部门，但是这种方法也会增加融资成本；四是项目融资时候选择多种利率产品，通常在6个月周期内做一次利率对冲方式控制利率风险。另外，对于项目公司来说，从投标阶段到融资交割阶段，项目方结合市场利率变动情况提出收费价格，制定得过高虽然能弥补利率变动带来的成本增加，但是也会降低自身竞标优势，可以采取两种方式解决：一是合作双方尽量缩短投标到融资交割时间差，降低利率变动风险；二是由风险控制能力较强的项目公司母公司来担任融资方，降低收费价格，提高自身竞标优势。对于政府而言，也不愿意承担利率风险，而且项目公司往往会提出由于利率变动要求提高收费价格，所以，政府的财政支出可能会有额外增加，再加上项目公司可能要求提前终止合同，这给政府带来较大的支出压力。因此，对于利率风险，可以在项目合同里事先约定好承担的条件、期限和分担主体等具体条款。

（3）政治政策风险，由于PPP项目特许经营权期限较长，不可避免地遇到国家政治政策法规调整，这会影响到协议双方之前在合同里制定的协议相关条款的修正或补充。尤其是政治不稳定的国家，政策变化频繁，整个宏观经济环境不确定性和波动性较大，金融市场也会因此产生波动。对于中国而言，政局相对稳定，所面临的政治政策风险主要有征用或国有化、限制设备和原材料进出口、腐败行为、政府不守信用以及优惠税率调整，等等。事实上，在PPP项目中这种风险主要受到以下因素的影响：（a）中央政府和地方政府不同的利益诉求；（b）政策和监管体系；（c）财政压力；（d）政府官员腐败现象；（e）政府机构能力；（f）行政文化；等等。对这种风险，可在合同里增加条款说明，如果政治政策调整导致项目提前终止，双方可以依据协议中提前终止补偿条款执行，使双方免遭损失。

（4）自然风险，在这类风险里的环境因素风险和地质气候条件风险分别列第6位和第13位，风险级别比较靠前。莘庄CCHP项目是热电冷三联供改造项目，对地质气候条件有特殊要求，在当前环保问题成为焦点的时代，这个项目响应国家对节能减排和对新能源技术政策要求，以强调利用清洁能源作为主要目标，这与促进经济社会可持续发展方向相一致。对于环保风险，主要是项目面临国家关于技术设备或能源材料的新标准，可在合同协议中用具体条款明确对于能源材料使用方案和设备更新的补偿办法，以此来有效控制这种风险。

（5）合作关系风险，主要体现为两个方面，一是合作关系人之间的承诺风险；二是合作关系人之间的权利、责任与风险的分配风险。世界银行的工作报告（1997）认为PPP是能促进技术合作、创新，政府与非政府组织共同参与的复杂的活动。PPP项目有诸多参与者和利益相关者，主要包括当地的政府部门、消费者、中介咨询机构等。每个角色在PPP项目中至关重要，影响项目的利益相关者有不同的利益。由于各方的利益诉求不相同，在PPP项目过程中体现了各方对利益分配与风险分担的协调。当这些利益相关者之间出现不协调关系时，项目延迟或是失败的风险就会增加。实际上，制定详细的合同条款是保障 PPP 项目中各方履行自己职责的主要途径，具体地应以"风险与收益相匹配"为中心原则，将参与方的具体责任、权利和风险分配转化为详细的合同条款。另外，合同结构中还有一个关键因素是补贴机制，政府应设立清晰合理的绩效指标，明确补贴时间点、补贴数量以及补贴方式等。

除此之外，不可抗力的风险、设计问题、成本超支、项目延期审批风险因素分别占第 17 位、第 29 位、第 18 位和第 14 位，这些风险容易引起项目工期延误。建设期履约保函可以起到保障项目顺利进行的作用，通过协议约定保险险种，当发生工程进度延误、设备性能不符合工程质量要求等情况时，按照事先约定，政府部门从保函中扣款；倘若是政府引起的问题，则政府向项目公司支付一定的违约金。

第三节 风险分担

一 风险分担博弈过程

1. 风险分担方案

对于 PPP 项目风险因素的识别和风险分配方案，国内外学者虽然已进行了一定研究，但并没有统一的分配方案，因为不同国家、同一国家的不同省份、同一省份的不同区域实际情况存在一定差异，因此不同的 PPP 项目的风险分担方案需要具体分析。2014 年财政部印发的《政府和社会资本合作模式操作指南（试行）的通知》（财金〔2014〕113 号），指出了按照风险分配优化、风险收益对等和风险可控等原则，考虑政府和企业的风险管理能力进行合理分配风险，大体上可以确定社会资本主要承担的是项目设计、建造和运营维护等阶段的相关风险；政府则主要承担与法律、政策和最低项目需求等相关的风险；还有一些需要政府和社会资本合理共担的风险如不可抗力等。按照以上风险分担的原则，结合中国清洁发展机制基金管理中心（2014）对于上海华电莘庄工业区燃气热电冷三联供改造项目建议风险分担方案，来研究通过与相关专家的深度访谈和调查问卷结合的方式，通过发放100份有效问卷对莘庄CCHP项目风险分担方案进行调查，涉及的调查人员包括政府官员、高校科研人员、项目管理人员和技术人员，风险分担的调查结果见表7-18，进一步找出每一项风险分担主体中大多数专家认同的观点，以此作为最终的风险分担方案的参考依据，从而确定了最终的风险分担方案，见表7-19。

表7-18　　　　莘庄CCHP项目的风险分担调查结果

一级指标	二级指标	政府承担	共同承担	私人部门承担
政治政策风险	政府稳定性	100%		
	征用/国有化	100%		
	法律环境	83%	17%	
	政治决策失误	100%		
	政府信用	100%		
	财政风险	100%		
经济风险	通货膨胀	23%	72%	5%
	外汇风险	17%	30%	53%
	利率风险	13%	22%	65%
	融资环境	2%	68%	30%
社会风险	公众反对风险	87%	13%	
自然风险	环保问题	2%	85%	13%
	地质气候	2%	20%	78%
	不可抗力风险	17%	71%	12%
项目选择风险	项目需求度	1%	9%	90%
	其他项目竞争		8%	92%
	土地获取	93%	7%	
融资阶段风险	融资可行性		3%	97%
	项目吸引力		4%	96%
	融资成本		6%	94%
设计阶段风险	项目延期审批	1%	6%	93%
	设计问题		1%	99%

续表

一级指标	二级指标	政府承担	共同承担	私人部门承担
施工阶段风险	费用超支		15%	85%
	合同变更		75%	25%
	工程质量		4%	96%
运营阶段风险	运营成本		10%	90%
	维护费用		11%	89%
	运营收入		2%	98%
	定价风险		5%	95%
	政府补助风险	100%		
	安全风险		1%	99%
合作关系风险	合作关系人之间的承诺		100%	
	合作关系人之间的权利、责任与风险的分配		100%	
第三方风险	第三方侵权赔偿风险	71%	17%	12%
	人事风险	45%	26%	29%

表7-19　莘庄CCHP项目的风险分担方案

一级指标	二级指标	政府承担	共同承担	私人部门承担
政治政策风险	政府稳定性	▲		
	征用/国有化	▲		
	法律环境	▲		
	政治决策失误	▲		
	政府信用	▲		
	财政风险	▲		
经济风险	通货膨胀		▲	
	外汇风险			▲
	利率风险			▲
	融资环境		▲	
社会风险	公众反对风险	▲		
自然风险	环保问题		▲	
	地质气候			▲
	不可抗力风险		▲	

续表

一级指标	二级指标	政府承担	共同承担	私人部门承担
项目选择风险	项目需求度			▲
	其他项目竞争			▲
	土地获取	▲		
融资阶段风险	融资可行性			▲
	项目吸引力			▲
	融资成本			▲
设计阶段风险	项目延期审批			▲
	设计问题			▲
施工阶段风险	费用超支			▲
	合同变更		▲	
	工程质量			▲
运营阶段风险	运营成本			▲
	维护费用			▲
	运营收入			▲
	定价风险			▲
	政府补助风险	▲		
	安全风险			▲
合作关系风险	合作关系人之间的承诺		▲	
	合作关系人之间的权利、责任与风险的分配		▲	
第三方风险	第三方侵权赔偿风险	▲		
	人事风险	▲		

2. 影响参数程度选择

本研究构建的莘庄 CCHP 项目风险分担的讨价还价博弈模型，通过文献研究和深度调查得到莘庄 CCHP 项目需要政府部门和私人部门共同分担的风险主要有 7 类，分别是通货膨胀风险、融资环境风险、环保风险、不可抗力风险、合同变更风险、合作关系人之间的承诺风险和合作关系人之间的权利、责任与风险的分配风险，因为政府部门在信息和谈判成本上的支出往往小于私人部门，所以在模型中设定了

$1 < \xi_g < \xi_p$。同时，假定各个风险都是相互独立的，不考虑风险之间的相互作用。经过对专家的深度访问，确定了以下参数数值区间：

$p_1 \in [0.5, 1]$；$\xi_g \in [1, 1.25]$；$\xi_p \in [1, 1.25]$；$\alpha \in [0, 0.25]$。根据李克特（Likert）分量表，此次德尔菲调研问卷将以上参数值分为5个等级（见表7-20）。

表7-20　莘庄CCHP项目的风险分担相关参数的等级分类

序号	p_1 区间	均值	ξ_g 区间	均值	ξ_p 区间	均值	α 区间	均值	等级
1	0.5—0.6	0.55	1—1.05	1.025	1—1.05	1.025	0—0.05	0.025	非常低
2	0.6—0.7	0.65	1.05—1.1	1.075	1.05—1.1	1.075	0.05—0.1	0.075	较低
3	0.7—0.8	0.75	1.1—1.15	1.125	1.1—1.15	1.125	0.1—0.15	0.125	中等
4	0.8—0.9	0.85	1.15—1.2	1.175	1.15—1.2	1.175	0.15—0.2	0.175	较高
5	0.9—1	0.95	1.2—1.25	1.225	1.2—1.25	1.225	0.2—0.25	0.225	非常高

为了确保调查问卷的可靠性和有效性，这里借鉴Chou等（2012）采用的信度和效度分析进行了如下研究，首先，在发放问卷之前咨询专家，对问卷的内容及量表进行了多次调整和修正，可以保证问卷调查的内容效度。对于结构效度，即量表的结构与测定结果的吻合程度可以利用收敛效度，如果CITC≥0.5，则认为其收敛效果较好，表7-21显示测量项目的CITC值为0.504—0.853，收敛度相对较高，基本符合调查问卷研究要求。其次，为了测量参数的信度水平，采用Cronbach's alpha系数，从表7-22中可见，Cronbach's alpha系数均大于0.7，说明调查问卷的可靠性较高。因此，从CITC值和Cronbach's alpha系数可知，调查问卷的结果符合研究标准。从而通过问卷统计和数据处理，得出PPP项目的风险分担模型中p_1，$1-p_1$，ξ_g，ξ_p，α 相关参数（见表7-22）。

表7-21　莘庄CCHP项目的风险分担相关参数的信度和效度分析

风险因素	CITC p_1	ξ_g	ξ_p	α	Cronbach's alpha系数
通货膨胀	0.763	0.698	0.803	0.739	0.886

续表

风险因素	CITC p_1	CITC ξ_g	CITC ξ_p	α	Cronbach's alpha 系数
融资环境	0.662	0.706	0.567	0.718	0.832
环保风险	0.663	0.771	0.747	0.673	0.864
不可抗力风险	0.677	0.731	0.562	0.504	0.802
合同变更	0.693	0.736	0.853	0.663	0.868
合作关系人之间的承诺	0.688	0.690	0.695	0.728	0.857
合作关系人之间的权利、责任与风险的分配	0.673	0.733	0.693	0.633	0.846

表 7-22 莘庄 CCHP 项目的风险分担相关参数值

风险因素	p_1	$1-p_1$	ξ_g	ξ_p	α
通货膨胀	0.70	0.31	1.14	1.20	0.10
融资环境	0.60	0.40	1.14	1.20	0.09
环保风险	0.59	0.41	1.06	1.11	0.10
不可抗力风险	0.71	0.29	1.04	1.10	0.10
合同变更	0.88	0.12	1.10	1.19	0.15
合作关系人之间的承诺	0.59	0.41	1.15	1.20	0.15
合作关系人之间的权利、责任与风险的分配	0.60	0.40	1.15	1.20	0.15

根据表7-19中的风险分担情况，莘庄 CCHP 项目风险中，需要政府部门和私人部门共同承担的风险有7类，分别是通货膨胀风险、融资环境风险等。

这里以通货膨胀风险为例，运用前面构造出的模型计算政府部门和私人部门的风险分担比例，其他几种风险同理可得到：

（1）在不完全信息条件下，根据政府先出价的讨价还价博弈模型，由式（5-32）和式（5-23）可计算得出政府部门名义承担的风险分担比例是

$k = (1.2 - 1)/(1.14 \times 1.2 - 1) + 0.7 \times 0.10 = 61.35\%$

私人部门名义承担风险分担比例是

$1 - k = 38.65\%$

考虑到风险转移份额，政府部门实际承担风险分担比例是

$k - 0.7 \times 0.1 = 54.35\%$

私人部门实际承担风险分担比例是

$1 - (k - 0.7 \times 0.1) = 45.65\%$

（2）在不完全信息条件下，根据私人部门先出价的讨价还价博弈模型中，由式（5-34）和式（5-35），可知：

私人部门名义上承担的风险分担比例为

$k = (1.14 - 1)/(1.14 \times 1.2 - 1) - 0.7 \times 0.1 = 31.04\%$

政府部门名义上承担风险分担比例为

$1 - k = 68.96\%$

考虑到风险转移份额，私人部门实际上承担风险分担比例为

$k + 0.7 \times 0.1 = 38.04\%$

政府部门实际上承担风险分担比例为

$1 - (k + 0.7 \times 0.1) = 61.96\%$

按照同样的思路和方法，可计算得出其他几种共担风险的分担比例数值，进而得到莘庄CCHP项目中政府部门与私人部门对于通货膨胀等7种共担风险因素的分担比例（见表7-23）。

表7-23　　　　　莘庄CCHP项目的风险分担比例

风险种类	名义比例 政府部门 (1)	名义比例 政府部门 (2)	名义比例 私人部门 (1)	名义比例 私人部门 (2)	转移份额	实际比例 政府部门 (1)	实际比例 政府部门 (2)	实际比例 私人部门 (1)	实际比例 私人部门 (2)
通货膨胀	61.35%	68.96%	38.65%	31.04%	7.00%	54.35%	61.96%	45.65%	38.04%
融资环境	59.75%	67.36%	40.25%	32.64%	5.40%	54.35%	61.96%	45.65%	38.04%
环保问题	68.19%	71.92%	31.81%	28.08%	5.90%	62.29%	66.02%	37.71%	33.98%
不可抗力风险	76.54%	79.32%	23.46%	20.68%	7.10%	69.44%	72.22%	30.56%	27.78%

续表

风险种类	名义比例				转移份额	实际比例			
	政府部门		私人部门			政府部门		私人部门	
	(1)	(2)	(1)	(2)		(1)	(2)	(1)	(2)
合同变更	74.69%	80.84%	25.31%	19.16%	13.20%	61.49%	67.64%	38.51%	32.36%
合作关系人之间的承诺	61.48%	69.38%	38.52%	30.62%	8.85%	52.63%	60.53%	47.37%	39.47%
合作关系人之间的权利、责任与风险的分配	61.63%	69.53%	38.37%	30.47%	9.00%	52.63%	60.53%	47.37%	39.47%

注：(1) 和 (2) 分别代表由政府和私人部门分别先出价情况下的分担比例。

从以上通货膨胀、融资环境等7类共担风险的分担比例来看，总体来说，在政府与私人企业分别先出价的两种情况下，政府实际承担的比例均大于私人部门承担的比例，这意味着在PPP项目初步发展过程中，由于私人企业积极性并不是很高，相对而言，政府为了提供社会公众福利，不得不承担较高的风险或是给予私人企业更多的优惠政策，以此来吸引更多的民间资本参与到PPP项目中。

对于通货膨胀风险，政府部门实际承担的比例分别为54.35%和61.96%，私人部门分别为45.65%和38.04%。这与PPP项目实践中是一致的，通货膨胀风险一般情况下是双方都较难预测的，任何一方独立承担的风险较大，而政府在政策制定方面有一定信息优势，承担更多的通货膨胀风险份额可以促使政府部门寻求更加稳定的宏观经济政策，从而使通货膨胀给整个项目带来的风险尽可能地得到降低。

对于融资环境风险，政府部门实际承担的比例分别为54.35%和61.96%，私人部门分别为45.65%和38.04%。这个风险分担比例表明，政府部门与私人部门任何一方凭借自身能力达到风险预见、评价、控制或减少风险损失都是困难的，所以融资风险不能被政府部门或私人部门中某一方独立承担。由于 PPP 项目融资环境会在一定程度上影响项目融资成本和融资结构，也就是说资金是项目开展最关键的问题，如果项目融资出现问题，项目就无法进行后续的建设、维护等阶段了。政府一般作为项目发起机构，保证良好的融资环境是保证 PPP 项目进行的前提条件，那么政府对融资环境风险承担的责任就会多些。

随着社会对环境问题的重视，PPP 项目的环保风险不可忽视。莘庄 CCHP 项目是燃气热电冷三联供改造项目，要重点检查是否符合清洁能源实现节能减排和大气治理的目标，是否有设备质量不达标、相关技术标准不合格的风险。政府部门实际承担的比例较高，分别为 62.29% 和 66.02%，这说明政府作为社会公众利益的代表，应该对环保风险承担的责任和义务更多些，保证项目符合国家的环保政策。

不可抗力风险主要涉及一些自然灾害（地震、台风、洪水、海啸等），这些风险是外在的，人为很难预测或控制，并且造成的损失巨大，因此，任何一方都不能独立承担风险，需要在 PPP 项目的参与方之间进行分担，政府作为权力部门，往往需要多承担一些社会责任，不同出价顺序情况下政府分担的实际比例分别为 69.44% 和 72.22%，比私人部门大。

PPP 项目合同变更往往是由于国家一些法律政策的调整引起项目合同条款的变化。而 PPP 项目在推广初期，政府部门对 PPP 项目的管理经验是比较缺乏的，可以引入外部咨询机构帮助其在合同签订阶段对条款设计进行严格把关，防止在项目后续阶段对之前签订的合同进行变更，引起合同各方的利益受到损害。另外，私人投标企业由于存在道德风险，有时会故意忽视合同中的缺陷，提交不真实的投标价格。因此，对于合同变更风险，政府应分担较多的风险份额。

对于 PPP 项目中合作关系人之间的承诺、权利、责任与风险的分配，反映了各参与方之间的沟通与交流情况，显然，这种风险涉及双方的问题，需要各方共同承担。这意味着双方都有责任保持合作的态度，减少冲突，以实现项目利益最大化为追求的目标，这与 PPP 模式"风险共担、利益共享"的合作理念是一致的。政府作为权威机构，在协调各方利益方面承担的责任会更多些。另外，PPP项目应该引入外部的协调机构，通过建立专门的PPP管理中心，负责协调参与主体之间的利益、解决项目过程中出现的纠纷和冲突，从而保障PPP项目的顺利进行。

二 风险分担博弈结果

本书运用讨价还价博弈理论，从PPP项目中政府部门与私人部门对风险比例出价顺序不同的角度，构建了不完美信息条件下两部门双方风险分担比例的讨价还价模型。通过模型分析可知，PPP项目中共担风险的分担比例均衡点与参与人出价的顺序、谈判损耗系数、地位非对称程度三个主要因素具有一定的关联性。

（1）参与者轮流出价时不同出价顺序产生不同的最终风险分担比例。在不完全的信息条件下，根据以上表格中政府和私人部门分别先出价情况下的分担比例的结果中可以发现，以通货膨胀风险为例，政府先出价和私人部门先出价两种情况下政府实际承担的风险比例分别为54.35%和61.69%，从而由于"先发优势"使政府先出价情况下政府少承担7.34%的风险，由此可以推导出，PPP项目中参与者的行动顺序不同造成各方承担的风险比例结果不同，在风险分担博弈中谁先出价谁就占据了主动地位即"先发优势"，承担的风险比例相对减少。

（2）谈判损耗系数是影响PPP项目中政府与私人部门风险分担比例结果的重要因素之一。在不完全信息条件下，政府部门和私人部门采取"出价—还价—出价"的循环模式博弈过程，由于政府部门在政策制定和信息掌握方面具有优势，很多情况下私人企业迫于政府权力胁迫不得不承担更多的风险，在谈判过程中被动地接受一些来自政府部门的风险转移份额，如果第一轮双方没有达成一致，双方都要消耗更多的精力和费用进入下一轮，那么讨价还价博弈过程持续越久，消耗的成本就越多。因此，建议参与方互相了解对方的信息和策略，信息不对称程度降低有助于避免自身在博弈过程中处于劣势地位，提高谈判能力。

（3）风险分担的合理性。在PPP项目运行过程中，合理的风险分担能够培养参与者理性和谨慎的行为，通过以"风险适合分配给风险控制能力较强的一方"为原则,在降低风险发生概率和减少损失程度的同时,实现风险控制成本最低。与此同时,参与方的风险偏好程度、"风险与收益相匹配"原则也是风险分担的参考依据,探索一个合理的风险分担方案才能使 PPP 项目参与者互惠互利。

(4) 动态的风险分担调整机制。风险分担机制不仅仅是分担比例的确定,而是要根据风险分担情况不断调整成最优状况。由于 PPP 项目参与方众多,投资金额大,期限长,在整个项目的生命周期里,面临复杂多变的因素,要在初步风险分担确定后,通过对初步分担方案的风险跟踪和监测,随时评估未预见到的风险因素和分担不合理的风险因素,对发生与事先预期偏离的风险行为,有针对性地动态调整风险分担方案。

总之,运用不完全信息动态博弈方法研究 PPP 项目风险分担比例,得出一个重要结论:政府部门与私人部门两方轮流出价顺序不同,会造成各方承担的风险比例不同,在讨价还价过程中先出价一方占有主动优势,相应地承担的风险比例就会相对减少。同时,风险分担比例与谈判损耗系数相关,政府部门与私人部门应尽可能互相了解对方的信息和策略,有效降低由于信息不对称产生的额外成本,实现 PPP 项目参与方共赢的模式。

三 风险分担模型的有效性检验

对于一项研究,通过有效性检验来评价研究成果的质量与可信度是重要的环节(Lucko et al., 2010)。表 7-24 显示了 PPP 项目风险分担模型的适用性和实用性。我们根据 Lucko 等(2010)提出检验有效性的 4 个维度设计了调查问卷,问卷涉及以下几个方面的问题:①结构效度(问题 a),②外部效度(问题 b 和 f),③表面有效性(问题 c),④内部效度(问题 d 和 e)。选取专家时一般要求较高,至少有以下经历:(1) 研究过风险分配模型,(2) 出版或审阅过 PPP 风险管理相关的文章或书籍,(3) 参与过 PPP 项目。一共选取了七个专家,包括政府官员、企业管理者、学术研究人员等。专家受访者要求对每个问题采取李克特五级量表(5 代表"优秀",4 代表"很好",3 代表"好",2 代表"一般",1 代表"不好")表示,从而通过问卷调查来评估风险分担模型在 PPP 项目风险分担决策过程中的实践性、应用性和适用性。这里将各专家对每个题目给予的分值取平均分，从而得到风险分担模型的有效性检验结果（见表 7-24）。

表 7-24　　　　　　　风险分担模型的有效性检验

问卷题号	有效性检验问卷的内容	平均值
a	风险分担模型计算出的比例与风险分配原则一致吗？	4.71
b	风险分担模型在 PPP 项目实践中的合理性和应用性程度如何？	3.71
c	风险分担模型对于 PPP 项目管理者制定风险管理措施的作用程度大吗？	3.86
d	风险分担模型容易被 PPP 项目管理者理解并应用吗？	3.29
e	风险模型的构建过程适用于其他项目工程领域吗？	4.57
f	风险分担模型在 PPP 项目实践过程中进行风险分担比例时的适用性程度如何？	3.43

从有效性检验结果来看，一是风险分担模型与风险分配的原则一致性和模型的可复制性（问题 a 和 e）处于"优秀"状态，得分均值分别为 4.71 和 4.57；二是风险分配的合理性和实用性比率（问题 b 和 c）得分处于"很好"状态，分别为 3.71 和 3.86，这表明专家对风险分担模型在实践中可操作性的信心度很高；三是模型的易理解性和适用性（问题 d 和 f）得分均值分别为 3.29 和 3.43，处于"好"的状态，这两个问题的得分相对较低，原因可能是由于风险分担模型涉及很多公式的推导，造成一些专家对公式和推导过程不太理解，因此给予了较低分值。总体来说，通过专家问卷调查对风险分担模型的有效性检验结果可得，该模型在 PPP 项目管理者进行风险管理过程中具有较好的实践性和应用性。

本章小结

本章以莘庄 CCHP 项目为例进行了研究，首先基于德尔菲专家调查法进行问卷调查，结合城镇化背景的特点设计 PPP 项目风险评价指标体系，然后应用优化的模糊层次分析法和风险分担博弈模型，对风险因素进行了分析、评价和分担。通过本章的实证分析，进一步验证了之前构建的风险评价体系、风险分担模型在 PPP 项目实践过程中有较强的应用性，可以为 PPP 项目后续风险管理措施的制定提供借鉴和参考。另外，为了满足调查问卷结果的客观性和专家评价的可获得性，在风险分担模型的参数值确定方面，通过专家的深度访问确定参数数值区间范围，根据李克特（Likert）分量表将参数值分为 5 个等级，然后让专家对参数值等级进行评价，之后再将得到的问卷中数值的等级转化成具体的数值，以此作为模型的参数值。

第八章 结论与展望

本章主要是归纳和总结前文的基础上提出主要结论与创新之处，从而指出本研究的学术价值和应用价值，最后阐明本研究存在的局限性和不足之处，并进一步指明未来的研究方向。

第一节 研究结论

本书研究基础设施 PPP 项目风险分担的关键在于将风险公平分担作为合同谈判基准，在合同中合理确定政府方和社会资本方的风险分配机制，通过界定各参与方权利、义务和风险边界，能够有效减少双方的谈判成本和时间，降低风险发生概率，充分发挥政府和私人部门各自优势，提高公共设施或服务的效率，降低风险的总成本，实现长期激励相容，保障"新型城镇化"和"京津冀一体化"进程中 PPP 项目的顺利实施。为此，本书以 PPP 项目风险分担为研究对象，构建我国 PPP 项目风险分担模型和政府监管模型，并以莘庄 CCHP 为实例对其模型进行了应用研究，从而提出相关政策建议。主要研究结论如下。

1. 关于 PPP 项目风险识别

本研究在运用公共物品生产理论、项目分类理论、委托—代理理论、博弈论和利益相关者理论的基础上，采用风险因素分解法、文献研究法和案例分析法，根据 Li, B. 等（2005）的分类法将 PPP 项目风险因素分为宏观层面、中观层面和微观层面三大类，然后从项目整个生命周期角度出发，根据项目在融资、施工、运营等阶段的特点将风险进一步划分为 11 个一级风险因素指标和 35 个二级风险因素指标。其中宏观风险层面上包括政治政策风险（C_1）、经济风险（C_2）、社会风险（C_3）、自然风险（C_4）四个一级指标；中观风险层面包括项目选择风险（C_5）、融资阶段风险（C_6）、设计阶段风险（C_7）、施工阶段风险（C_8）和运营阶段风险（C_9）五个一级指标；微观风险层面包括合作关系风险（C_{10}）和第三方风险（C_{11}）两个一级指标。C_1包括政府稳定性、征用/国有化、法律环境、政治决策失误、政府信用、财政风险；C_2包括通货膨胀、外汇风险、利率风险、融资环境；C_3主要指公众反对风险；C_4包括环保问题、地质气候、不可抗力风险；C_5包括项目需求度、其他项目竞争、土地获取；C_6包括融资可行性、项目吸引力、融资成本；C_7包括项目延期审批、设计问题；C_8包括费用超支、合同变更、工程质量；C_9包括运营成本、维护费用、运营收入、定价风险、政府补助风险、安全风险；C_{10}包括合作关系人之间的承诺、合作关系人之间的权利、责任与风险的分配；C_{11}包括第三方侵权赔偿风险、人事风险。

2. 关于 PPP 项目风险评价

在构建 PPP 项目风险的 3 大类，11 个一级指标和 35 个二级指标体系的基础上，通过比较风险评价的几种常见方法，本研究采用模糊层次分析方法（F-AHP），详细研究了 PPP 项目风险指标的权重计算方法，并以莘庄 CCHP 项目为例，基于德尔菲专家调查法，通过构建综合模糊评价模型对项目风险进行评价，经过算例分析验证了风险评价模型的可操作性。结果得出该项目的总体风险评价得分为 0.631，总体风险适中，另外，融资阶段风险、经济风险、政治政策风险、合作关系风险的影响程度排名靠前，需要重点给予关注，并提出可以通过金融工具的套期保值、合同条款的补充、合同权利和责任界定、建设投保协议约定等措施来规避风险。

3. 关于 PPP 项目风险分担

基于风险最优分配理论，论证了 PPP 项目风险分担的基本原则，并对 PPP 项目风险单独承担和双方共同分担的两种情况进行了分析，表明风险分担结果是参与各方对承担风险与获取收益两者之间权衡的结果。在对政府部门与私人部门讨价还价博弈过程分析的基础上，运用不完全信息条件下讨价还价博弈理论，基于 PPP 项目中政府部门与私人部门轮流出价的不同次序，分别构建了政府部门先出价的 PPP 项目风险分担模型和私人部门先出价的 PPP 项目风险分担模型，得出了对应的子博弈精炼纳什均衡状态下双方的风险分担比例的计算方法，并得到如下结论：PPP 项目中的政府部门与私人部门的风险承担比例与谈判损耗系数、地位非对称性程度有关，另外，PPP 项目的谈判中，先出价的一方有着相对的"先动优势"，政府部门与私人部门谁拥有主导优势，谁先出价，谁就在讨价还价过程中占一定优势。

4. 关于 PPP 项目风险分担监管

基于博弈论方法，通过构建政府监管部门与企业的 KMRW 声誉博弈模型、中介机构违规上报的博弈模型和政府监管部门尽职检查的博弈模型，分析了 PPP 模式风险初步分担的监管过程中政府监管部门、中介机构与私人企业三者之间的博弈关系，进而研究哪些因素会影响到中介机构与私人企业提供风险分担真实信息，结果表明：声誉缺失可能引起私人企业维持声誉的动力不足，导致提供的城市基础设施不符合社会公众意愿，政府监管部门应建立声誉测量机制、奖惩机制和动态补贴机制，达到自我约束和监督的目的，并使企业获得合理利润，避免企业因收益过低造成违规上报情况；政府部门判断私人企业的守约类型的先验概率越高，则私人企业与中介机构提供虚假风险分担情况的概率越小。另外，对于中介机构可能存在的违规上报的行为，政府监管部门应通过建立中介机构考核体系来约束其违规行为。从而有助于发现前面阶段未发现的风险因素以及之前初次分担比例不合理的风险因素，使其进行风险再分配。

第二节 政策建议

一 风险评价方面

1. 政府部门角色定位

在中国政府在 PPP 项目顺利实施过程中，扮演着创建一个良好的政治、经济和金融环境的关键角色。应建立一个有效的政治制度或治理结构，发挥深层次的民主参与制度，有效地处理 PPP 项目在信息透明度、问责制、监管和腐败方面存在的一些问题。制定优惠的政策来吸引私人资本参与到 PPP 项目中来，有效提高项目投资效率。另外，政府还要在 PPP 项目相关的法律、财务和组织机制方面进行不断的完善。

（1）完善相关的法律和监管框架

在地方政府层面，避免 PPP 项目在法律、法规上存在争议。在法律和法规的制定方面也要注意有效保证投资者的利益，以此来吸引私人投资者。同时，通过健全法律框架，防止政府部门的腐败行为，降低政府信用风险。

（2）建立 PPP 项目的中央协调和调节的权威机构

在中国有必要建立一个中央 PPP 中心机构，防止管理机构层层监管的复杂性，避免政府部门之间的互相扯皮现象。赋予这个中央 PPP 中心机构适当权利协调和解决项目纠纷，同时还应注意它的独立性。可以借鉴国外 PPP 管理的经验，建立一个独立的反腐败委员会来监控 PPP 项目在采购、施工、运营等阶段出现的腐败行为。另外，成立省级 PPP 协调中心，可以由发改委、财政部门领导，相关行业领域管理机构参与，共同管理 PPP 项目。

（3）加强政府信用

政府信用值得重点关注，个别地方政府在 PPP 项目中的违约行为往往造成多米诺骨牌效应，其他的社会资本参与 PPP 项目热情不高，这在很大程度上是由于政府信用风险。具体有如下对策：通过加强地方政府信用有效应对法律变化、货币兑换、土地征收和国有化、不可抗力等风险。可以借鉴印尼、巴西和墨西哥这些国家的做法，在政府、银行和担保公司的帮助下建立互惠互利的机构。当地方政府不能按时支付费用给私营部门，这个机构先替政府支付给私人部门，地方政府稍后再还钱。这意味着，面对财务问题，政府更应该作为一个管理者，而不是垄断的政治权威主体。

（4）机构能力建设

随着社会公众对公共产品和服务的需求层次和多元化水平日益提高，政府考虑的是如何利用有限的公共资源，提高公民的社会福利水平，那么，在PPP项目实施过程中，存在数据信息缺失和科学管理水平不足的问题，给项目评估和监管造成障碍。因此，中央政府层面应该开发一个PPP项目数据存储库来共享国内外PPP项目的有效经验，为地方政府和其他参与者提供PPP培训和经验，使用全局的数据资源来评估项目的成本、收益和谈判成本。在地方政府层面，借鉴英国的Partnership for Schools（PfS）and Partnership for Health（PfH）的质量和价格认证体系动作经验，发展监管、规范和认知文化机构以加强治理。

2. 创造良好的经济环境

PPP项目收益往往取决于社会公众对公共产品或服务的需求，提高公众购买能力是满足项目持续性的重要因素，那么中国稳定经济增长是改善人们的购买力和项目供应商长期提供产品的先决条件。政府部门可通过制定有效的经济政策以刺激公众对基础设施和服务的生产和消费，为项目产品创造一个良好的市场，确保项目获益（Adams et al.，2016）。项目未来能拥有足够的盈利能力和现金流，才能来吸引私人投资者和贷款机构参与PPP项目。另外，面对高通胀率、较大波动的利率和汇率风险，为项目提供弹性的支持或担保政策有利于创建良好的金融和投资环境。

3. 合理协调项目利益相关者之间的关系

利益相关者应该在追求集体利益最大化上做出自己的决策行为，相互之间发展一种信任的契约模式，通过削弱投机行为来有效降低管理成本和交易成本。

（1）建立有效的问责机制

创建有效的PPP项目三个维度问责机制促进服务于公众利益。共同体问责可确保项目虽然涉及众多的拥有不同需求和不同观点的利益相关者，但通过努力达到维护公众利益的目的。合伙人问责提供一个机制来约束每个合作伙伴对提高项目效率进行负责，并促进参与者努力达成一致的目标。道德责任引导PPP项目参与者更注重对提供高质量公共产品或服务的承诺,而不只是单纯地追求项目利润。

(2) 制定合理的合同条款界定责任

如果一方违约,合同条款应给予另一方合同终止或采取补救措施的权利,包括提出警告、要求补偿、减少支付费用,甚至终止合同。此外,合同条款应该解决项目、设施和土地所有权的问题,转移项目的条件和时限要求,合同到期支付的费用等。注意合同的灵活性,促进项目的创新性,提高公共基础设施和服务效率。加快构建评价项目产品质量和效率的关键性指标,同时选取有效的测量方法和奖惩机制,从而推进项目的顺利实施。

(3) 加强与咨询管理机构合作

在 PPP 项目中加强与咨询管理机构合作,可以利用其掌握的信息和知识资源优势减少咨询费用和交易成本,减少利益冲突的风险(Moszoro,2015)。由于中国 PPP 项目推行初期缺乏经验和专业知识,可以考虑借助外部专家顾问来评价 PPP 项目的可行性,以此降低合同交易成本和风险。第三方中介顾问相对而言可以提供更加客观的评估、投诉处理等。

4. 健全 PPP 项目的风险评估体系

建立有效的 PPP 项目风险评估体系,重点对项目的政治、经济、参与主体之间利益等方面的风险进行科学评估。在项目的竞标与谈判阶段,政府部门要对社会资本实力、资源、风险控制能力进行评估,并提出风险补偿的方式。在项目实施过程中,加强对其运营情况以及工程质量的监管,确保提供符合公众利益的基础设施和服务。完善项目考核绩效指标体系,对项目提供的产品质量、资金使用、公众满意程度、目标实现等方面进行评估,并制定合理的激励机制和动态补贴机制。

总之,PPP 项目在全生命周期的阶段中蕴含着各种各样的风险。在 PPP 项目风险管理过程中,政府扮演着重要角色,通过提供良好的政治、社会和经济环境和一个有效的制度框架,可以有效降低风险发生概率,使得参与者获得"双赢"的结果。此外,正确处理好 PPP 项目中利益相关者之间的关系也是重要环节。信任是一个关键的成功因素，不信任将增加感知风险和潜在的决定风险，这种信任约束还需通过立法和合同的形式来实现（Asquith et al., 2014）。制定有效的合同，通过条款明确规定参与方的权利、义务和风险分配，可以降低PPP项目在建设、设计和维护阶段面临的风险。

二 风险分担方面

在 PPP 项目实践过程中，风险分担要通过合同条款等外在的约束来实现，这意味着风险分担比例需在合同里以明确的条款方式来对政府和私人部门承担的风险责任与义务进行明确，并制定支付机制与风险转移的工具，从而保证风险承担主体凭借自身的管理能力与经验控制与管理风险。风险分担的政策建议如下。

1. 根据参与方各自的优劣势进行风险分担

在 PPP 项目中，风险较多且原因复杂，因此，应发挥参与方各自在资源、信息、技术等方面的优势进行合理的风险分担。政府部门掌握着政策信息资源、财政支持等方面的优势，但是缺乏项目管理经验和资金投入，那么政治政策风险由政府部门承担比较合适。私人部门则是在融资能力、管理水平、先进技术等方面具有明显优势，因而，与项目运营相关的风险应由私人部门承担。具体地，参与方应基于风险分配给控制能力最大以及管理成本最小的一方，风险与收益相匹配的原则，根据对于风险控制能力、管理成本，合理确定风险承担的主体和分担比例。

2. 根据 PPP 项目所处不同阶段进行风险分担

PPP 项目周期较长，涉及项目发起、融资、施工、运营、维护等阶段，根据财政部下发的 PPP 风险分配的相关文件里指出的以 "风险与收益" 为原则的风险分配基本依据，在项目建设、运营、维护阶段所产生的设计风险、工程质量风险、运营成本超支风险等应由私人部门承担；政治政策风险、法律变更风险等由政府部门承担；公众反对风险和不可抗力风险等由双方共同承担。

3. 针对不同类型的风险采取相应的分担策略

政治风险一般由政府承担，在发生政治政策调整导致项目损失时给予一定补偿；建立公开、公正、公平的市场准入和退出机制，避免审批延误风险和退出风险；聘请专业法律咨询机构，避免项目遭遇法律风险；政府出现违法行为必须问责。对于财政风险，政府财政部门在明确指出责任的同时，要制定项目财政承受限额，考虑资本收益，根据项目的运营情况和维护费用等因素，确定合理的财政支持的方式，加强政府信用，防止出现财政问题。在项目运营阶段，项目公司要从提高自身的管理水平和技术实力方面控制设计风险、工程质量风险等。对于经济风险，合作双方可以通过与金融机构签订融资协议，实现金融衍生工具对冲汇率和利率风险。因此，明确双方风险分担的责任和义务，确保各方履行自身职责，保障项目顺利开展。

4. 根据风险与收益相匹配的原则进行风险分担

对于有明确收费基础且收益能完全覆盖投资成本的PPP项目，政府部门可以通过授予特许经营权的方式，根据项目净折现率或行业收益率水平，根据风险与收益匹配原则进行风险分担；对于收费不足以偿还项目投资成本或是无现金流产生的项目，政府可以根据项目绩效考核情况采用部分补贴或政府付费的方式，确保项目顺利实施。

5. 根据投资收益和公共利益均衡的原则进行风险分担

PPP项目应使投资者获取合理的利润，以调动项目公司提供符合广大社会公众需求的基础设施和服务的热情，服务价格不能单纯考虑项目收益。另外，PPP项目还需与当前的环保理念与规章制度保持一致，通过技术改造和设备升级提供更加环保的产品；政府对项目的补贴不能过度，而要降低政府财政压力，让政府充分发挥服务于社会的作用。

6. 完善PPP项目的合同体系

政府部门与私人部门在PPP项目整个生命周期里要树立合同契约意识，一旦签订合同，就要信守承诺，承担相应的风险责任，提高政府信用水平。合同应明确项目范围、价格机制、回报机制、补贴方式、绩效标准和评估方法、违约处理等方面的具体条款，其中风险分担也要在合同中界定清楚，才能保证项目顺利实施。完善涉及项目合同、融资合同、经营合同、采购合同等全方位的合同体系，并对提供的公共基础设施和服务的质量进行规定，对设施维护和更新的投资作出详细说明，确保提供符合公众利益的项目产品。

7. 提高政府与私人部门风险承担能力

PPP 项目核心理念是"利益共享、风险共担"，政府部门、私人部门、运营方等各参与主体采取的风险分担和控制策略有所不同。首先，政府主要是分担政治风险和经济风险，完善相关法律法规制度，营造良好投融资环境，对项目进行有效监管；对于经济风险，可在特许经营协议中约定当经济变动超过一定范围时可调价格范围。其次，项目公司、金融机构、承包商、供应商等私人机构在 PPP 项目合作过程中，在相互合作的基础上要承担项目的设计、融资、建设和运营等阶段中各自的职责；对于一些风险损失小、损失概率低的风险选择自留；不能控制的风险可以转移给保险公司或分包商等第三方；对于政局稳定性或征用/国有化等政治政策风险，或政府不守信用风险可通过签订合同条款，达到风险规避的目的。

三　风险分担监管方面

从第六章研究 PPP 项目风险分担的政府监管过程来看，PPP 项目中遇到的一些工程质量、设计风险、环保风险、定价风险等的初步风险分担是否合理和有效，政府监管环节起到重要保障作用。政府监管部门对风险分担的有效监管，可以有助于发现前面阶段未发现的风险因素以及之前初次分担比例不合理的风险因素，并使其进行风险再分配，另外，还有助于监管参与各方风险分担责任执行情况。因此，政府有效监控是实现 PPP 项目风险分担合理化的关键环节。政府监管部门可以从以下几个方面加强监管以保障 PPP 项目风险分担的有效性，从而促进项目顺利实施。

1. 服务质量监管

PPP 项目本身一般具备一定的垄断性，如华电莘庄工业区燃气热电冷三联供改造工程主要负责莘庄工业园区及附近地区的工业用气和采暖（制冷）的任务，在同一地区存在较少的竞争者，在其建设和运营过程中承受较小的竞争压力。因此，在服务质量上容易给私人投资者创造盈利空间，私人投资部门会缺乏主动维护、提升改造、更新换代服务设施的动力。为了确保私人部门积极有效地承担并应对技术风险，政府部门要进行监管，使工程技术方案贴近实际，有针对性地研究处理技术风险的方法，尤其注意燃料供应、电力输出、热能输送等不稳定因素的技术风险。由此可见，虽然技术风险一般是由私人企业承担的，但是政府对 PPP 项目的服务质量监管相当重要。具体措施包括建立 PPP 项目服务质量的标准及评价体系、健全相关法律法规体系等，完善城市基础设施建设 PPP 项目服务质量监管体系等。

2. 服务价格监管

项目定价风险一般由私人企业承担，但是由于基础设施 PPP 项目的公共物品属性，政府的价格政策往往会影响产品或服务定价。对于追求利润的私人企业来说，政府要代表公众利益对项目进行监管，并通过制定合理的价格调整机制、动态补贴机制来保障私人企业获取一定利润。政府部门为了维护消费者的利益，会采取严格的服务价格控制，但是，较低的服务价格会使基础设施项目的投资回报率降低，长此以往私人投资部门会缺乏足够的投资信心，进一步会影响地区经济社会发展与公众生活质量；另外，提供较低水平的服务会影响消费者满意度和支付意愿，从而降低项目效益。因此，政府需要在相关政策支持下，保障私人企业的利润。

一是建议政府搭建公众参与管理平台，鼓励非政府团体参与讨论 PPP 项目管理政策落实，建立民意调查制度，专设项目服务质量的投诉电话，针对用户投诉的问题，实地调查；二是利用大数据和云计算技术建立统一的 PPP 项目风险分担信息系统，提高公共基础设施或服务质量和价格的透明度，项目公司或第三方监管中介机构要定时对外公布项目实施中成本和收益的变化，以及公共服务质量等信息。另外，政府还应该制定合理的价格调整机制、消费定价听证制度、政府动态补贴机制等。

对于价格机制，在价格结构方面，可采用固定单价和计量单价模式，一是将项目固定费用分摊成固定单价，保证项目能回收资金；二是将与项目使用量相关的变动费用和预期利润挂钩，形成计量单价。这种机制有助于实现项目需求量风险在政府部门和社会资本之间的合理分担。在定价方面，选取竞争性和限价结合方式，一方面，采用公开招投标选取项目公司，实现市场定价，政府部门规定项目相关标准，有利于发现价格，促进成本控制；另一方面，政府部门考虑到PPP项目的公共属性，对产品收费标准进行规定，防止私人资本因追求自身利益而损害公众利益。在调价机制方面，考虑到PPP项目周期较长，应在项目合同中约定价格调整的条件、政策、程序等具体条款，说明价格调整适用的模型或公式。同时，政府固定费用补贴政策和行业相关管理办法的制定也是促进价格调整机制实施的重要支持。

3. 外部性监管

环保和公众健康问题是目前社会关注的焦点，一般而言，环保风险是政府部门和私人部门共同承担的。PPP项目在产生经济效益的同时，还应注意社会效益和环境效益等基础设施的外部性特征，如环境质量、生活质量、生态平衡、公共安全等方面。政府要监管私人部门提高项目产品的服务标准，使污水处理、污染物排放等达到发达国家的水平，并明确违反标准时的赔偿责任。尤其应注意国家环保政策的变化，充分考虑项目是否符合节能环保的减排目标。但是，仍需要依靠政府补贴等手段来对私人投资者进行补偿，政府部门对PPP项目建立有效的政府补贴机制、行政审批制度、第三方公众监管机制等措施是必不可少的。

4. 社会公平监管

在政府和市场监管失灵的情况下，社会监督机制作为一种有益的补偿，可以促进PPP项目风险分担有效性。在PPP项目实施中，受私人部门的投机主义行为的影响，再加上政府与私人部门之间信息不对称，风险分担方案在现实中难以达到最优效果，参与的私人部门出于逐利的目标，容易隐藏项目实施过程中风险分担出现的问题，提供不符合质量要求的公共物品，损害社会公众利益。私人投资者追求自身利益最大化的目标与政府部门追求社会公众福利最大化的目标是不一致的。政府要建立科学、有效的基础设施建设PPP项目公平性风险监管制度，如在价格和收费方面的管制等，从而避免PPP项目私人参与者因追求高额利润产生违规行为，否则会导致政府无法达到既定的社会效益目标，也会影响实现风险分担的公平性。

5. 加强 PPP 项目立项和退出环节的风险分担评估能力

一是立项监管。在项目识别和项目准备阶段，各地方政府在有效利用"物有所值"（VFM）评价理念，对推荐的 PPP 项目进行准确的识别和筛选时，要对项目参与各方的风险偏好和风险承担能力进行有效评估，确保项目合同中风险分担方案与参与方控制风险能力保持一致。二是在 PPP 项目特许期结束后，政府监管部门要从项目的经济效益、社会效益等方面对风险分担的综合效益进行评价，并对外公开披露。

6. 健全 PPP 项目法律监管体系

国家在各个公共项目领域中虽然存在一些适用的法律和法规，但是缺乏统一规范的 PPP 项目上位法，PPP 项目周期长，政府和行业主管部门在法律上存在不协调或是冲突，在预算法、税法、土地法接轨方面存在问题。在目前监管制度缺乏的环境下，在一些具体的项目中对监管依据、程序及监管效果等也没有明确指出方向。建立统一的监管机构可促进 PPP 风险分担环节的监管法规政策及流程的标准的统一，例如，英国财政部及协助机构共同促进 PPP 项目监管，同时，各行业部门凭借自身行业领域的监管经验，提高项目风险监管水平。在推进和完善 PPP 模式下的相关法律进程中，要清晰界定相关利益部门风险分担监管的权限和职责，划分政府和社会部门风险分担的责任、权利和义务，切实保障 PPP 项目管理机构设立的独立性和有效性。同时，依据"风险与收益相匹配"的原则，确保不同参与者在承担各自风险责任的同时，利益也得到保障。

7. 健全有效的监管方法和手段

首先，采取定性与定量方法进行风险分担的监管。定性监管主要从以下几个方面考虑：一是政府信用风险是 PPP 项目中主要风险来源之一，而政府作出违约行为实际上很多是由于政府出现财政问题。那么在项目监管环节，要注意 PPP 项目是否由项目投资人控制而非由当地政府控制，防止地方政府借 PPP 之名借入地方债，造成政府债务风险加大。二是监管 PPP 项目在投融资结构回报方式、回购方式等方面是否存在伪 PPP 现象，产生潜在的违约风险。PPP 项目风险分担的监管标准和考核标准采用定量方法对项目进行评价，定量监管主要解决两个问题，一是根据"风险与收益相匹配"原则，根据私人部门承担风险情况，合理制定付费和补贴机制；二是提供的公共产品和服务的公共属性是否有变化，防止发生工程质量风险。

其次，在风险分担监管手段方面，借鉴国外应用的报备制度即社会投资人根据 PPP 协议和法律法规，通过提交风险分担的监管报告方式说明其项目风险初步分担的实施状况和履约情况。有效运用政府的介入权，根据法律规定或是合同约定，当出现一些特定情况时，政府部门有权控制项目运营，通过 PPP 协议提前终止条款事项甚至终止 PPP 项目，更换社会投资人等，比如，项目出现安全或环保风险；已经产生或是预计产生威胁到国家安全或社会公共利益的情况；法律或合同约定的其他情况。要注意政府介入与其他监管不同，政府介入是为了保护公共利益而非追求经济利益，这种介入不能是长期状态；政府介入不可重组项目公司或改变股权结构。

另外，建立合理的风险分担监管成本分摊机制和补偿机制。注重从效率角度实现跨地区的信息共享，通过政府行政手段和市场两种方式运用财政转移支付、技术援助等手段来补偿，实现 PPP 项目风险监管的成本共担与收益共享。

四 其他方面

1. PPP 社会资本方提前介入、谈判

财政部、发改委发布的《关于进一步共同做好政府和社会资本合作（PPP）有关工作的通知》（财金〔2016〕32号）中指出，PPP 项目要加强可行性研究，采用合理的方法进行论证、决策，筛选条件成熟的 PPP 项目，确保 PPP 项目提供的公共产品和服务的质量和效率，加快项目的前期准备工作。建立 PPP 模式，社会资本方可以提前介入谈判，可以增进政府与社会资本方之间的互信，政府对项目公司的财务实力、融资情况、管理和技术能力等方面有进一步认识，使双方建立长效互惠机制。尤其是对于 PPP 项目而言，特许经营权期限较长，有的长达30年，政府契约精神的缺乏往往导致项目企业面临政策变更风险、地方政府换届风险等信用风险。因此，社会资本方提前介入项目，有利于参与方互相信任。

首先，进行多回合谈判，帮助政府和社会资本方认清自身角色和定位。PPP合作目标是通过谈判建立互惠互利、合作共赢的平等关系，这就需要转变政府职能，政府不能在PPP项目中总是凌驾于社会资本之上，处于掌控、支配或管理的地位，而是应该建立一种平等合作的关系。双方应各自发挥自身优势，社会资本凭借资金和技术优势，提供高效率的基础设施与公共服务；政府利用国家权威，监管PPP项目符合民生福祉和公共利益。PPP项目中双方确定各自的身份和角色，才是保证PPP项目顺利开展的重要前提。

其次，社会资本方提前介入谈判可以帮助政府和社会资本方界定各自的权利、责任和义务，为了实现有效的监管，PPP项目合同条款内容比较多，比较详细。另外，PPP项目咨询机构的参与也是至关重要的，在政府和社会资本谈判过程中，第三方凭借自身的专业知识和信息，帮助参与方解决一些模糊的问题，对于谈判的内容进行引导和管理，提供一个对接和交流的平台，可以提高谈判的有效性。

最后，PPP社会资本提前介入需注意几个问题。社会资本方提前介入PPP项目的机制，可以提高项目签约率，提高政府与社会资本方的谈判效率，降低谈判交流的成本。社会资本方提前介入是一种趋势，但也要注意一些环节。一是社会资本提前介入要规范化和制度化，加快政府工作会议纪要、政策法规等形式推动社会资本方介入的立法。二是社会资本方介入要走阳光化的道路，PPP项目要合法合规，降低政府部门违法违规行为。三是在PPP项目招标环节，要遵守《中华人民共和国政府采购法》和《中华人民共和国招标投标法》，PPP专业咨询机构推荐社会资本参与方时不能承诺中标，要坚持公开公平的招标原则。

建立社会资本方提前介入机制是当今社会的大势所趋，是PPP项目相关法律法规制度方面的改革重点之一。在推进PPP发展的过程中，PPP项目的社会资本提前介入机制需要进一步完善，以此保障PPP项目规模增长和落地率提高。

2. PPP 项目协议核心条款内容要明确

协议应包括以下几方面内容：

一是项目的背景条款。协议术语、声明性陈述是预防风险的有效方式，项目操作背景、目的及意义要展示 PPP 模式可实现公共利益和企业利益共赢。

二是项目签约主体。PPP 项目签约主体要注意主体资格的合法合规性及运营权的有效性，风险一般体现在项目前期审批手续协调难度大、中期采购主体不合适、中后期资金到位难、后期维护不足等问题。

三是项目协议期限及效力。包括协议生效时间，期限是否涉及建设期或运营期；项目合作期限提前或是延迟等约定条件；针对变更协议产生的原因及处理措施，附加补充协议及效力条款；设置协议保密性和信息披露等条款。

四是项目股权结构与退出。项目公司设立、经营和监督等信息披露；股权设置是否与实施方案相匹配；股权退出的限制性条款；股权抵押或质押的约定。

五是项目资金的计划安排。项目公司股东比例和金额；项目融资方式及合作条件、担保事项；资金使用的计划及到位时间等；奖补资金的使用情况；投融资违约责任承担等事项。

六是项目工程量。项目工程建设、采购、施工等事项约定；项目质量、安全、进度及配套施工等；要求工程造价确认和责任承担；监理和工程质量标准的约定；工程保险、后期质保和费用等的约定。

七是项目参与方权责利界定。项目公司资产的归属、运用、收益的约定；社会资本方回报机制；最低项目要素量的义务、政府补贴机制的制定；重大事项告知、公共利益政府介入、项目配套设施建议等；绩效考核的设定与监管及第三方评估的事项；参与各方履行各自职责的约定或承诺。

八是项目运营的具体事项。项目运营期间的保养、维修、维护等支出使用要求；运营阶段补贴方法；财务监管和信息披露规定；价格调整机制，价格违约责任、政府介入权等。

九是项目移交。项目移交方式、方法和时间等；资产评估及认定的程序和标准；移交前后的权利义务的承担，移交风险的应对措施；社会资本方在合作期限结束后的移交及过渡期相关事项。

十是项目争议解决。明确项目协议中违约行为和违约责任的认定；违约责任的细则、不可抗力和解决争端的机构和方式的选择；不得以争议纠纷为由影响项目公司提供公共产品或服务，导致公共利益受损。

3. 完善PPP项目风险分配机制

一是在PPP项目风险分配顶层设计方面，加快出台详细的PPP项目风险分配指南，制定分行业的标准合同，并建议各省市自治区根据自身区域特点，制定出不同的PPP项目风险分配实施方案。将不可预见的风险范围进行界定，明确不可抗力风险涉及的范围，并设计一些投保险种。

二是明确PPP项目风险分配详细条款和内容。优化PPP项目的财政承受能力评估和实施方案，注重其评估和实施方案报告与项目实际情况相一致，体现项目个体化特点，从而防止风险分配过于形式化，综合考虑项目所处区域和行业背景，充分识别风险种类，保障PPP项目风险识别、评估和控制覆盖整个合作期内。

三是充分保障PPP项目风险分配机制的落实。明确PPP项目风险分担目的和风险承担主体，加强PPP项目风险分配的法律支持，对PPP项目中政府和项目公司各自承担的风险种类和控制措施加以界定，相关的条款内容尽可能详细，包括支付违约金、履约保证金、补偿机制，等等。

第三节 研究创新

针对当前中国面临的深层次矛盾凸显、经济下行压力加大等问题，在基础设施领域大力推广PPP模式具有迫切性，然而PPP模式的理念是政府与社会资本"利益共享、风险共担、全程合作"，并且由于 PPP 项目的风险因素众多且复杂多变，项目的风险分担与政府监管关系到 PPP 项目的成败。本书在借鉴已有研究成果基础上，对 PPP 项目风险分担与政府监管进行较为深入的研究，针对现有文献的不足之处，试图有所创新，以期为我国实施 PPP 项目风险管理提供参考依据。本研究的创新点主要体现在以下几个方面：

1. 结合中国城镇化特点构建了基础设施 PPP 项目风险评价指标体系

关于 PPP 项目风险指标体系构建，不同地区情况不同，甚至不同的 PPP 项目之间也存在一些差异。本书立足于特定的 PPP 项目，基于 Li，B. 等（2005）的分类法，结合中国城镇化特点构建了基础设施 PPP 项目风险评价指标体系，从项目整个生命周期角度出发，将项目在融资、施工、运营等阶段面临的风险因素进一步划分为 11 个一级指标和 35 个二级指标，并运用模糊层次分析法对基础设施 PPP 项目进行风险评价，从而识别出 PPP 项目的风险因素的影响程度，可适用于对我国城镇化过程中基础设施 PPP 项目的风险进行评价和管理，为融资决策主体进行风险分担、收益分配等提供借鉴参考，因而具有一定推广价值。

2. 基于参与方不同行动顺序的 PPP 项目风险分担模型的构建

目前对于 PPP 的风险分担的研究，定性地分析政府部门与私人部门分担的原则、分担方式以及提出风险分担建议的文献比较多，而通过构建模型定量地确定风险分担比例的研究相对很少。本书运用不完全信息条件下讨价还价博弈理论，基于 PPP 项目中政府部门与私人部门轮流出价的不同次序，分别构建了政府部门先出价的 PPP 项目风险分担模型和私人部门先出价的 PPP 项目风险分担模型，以上海莘庄 CCHP 项目为例计算出双方的风险分担比例，并证明了先出价的一方有着相对的"先动优势"。

3. PPP 项目风险分担模型中参数值确定方面

目前绝大部分文献在对构建的 PPP 项目风险分担模型的参数值确定方面，比较常见的有两种方法，一是直接假定参数值，然后计算参与者风险分担比例，这种方法简单易行，但是假定参数数值可能与实际情况产生偏离从而造成计算结果缺乏有效性和真实性；二是采用专家调查法，以问卷的方式获取参数值，一般是直接把参数值划分为几个数值区间，让专家进行评价，但是对调查对象而言直接确定参数的数值是有困难的，这种方法的前提条件是要求调查对象具备相当丰富的项目知识、经验和技能。本书首先经过对专家的深度访问对相关参数数值区间进行确定，然后根据李克特（Likert）分量表将参数值分为5个等级：非常低、较低、中等、较高、非常高，在此基础上，运用德尔菲调查问卷方法让专家对参数值等级进行打分，最后将得到的问卷中数值的等级转化成具体的数值，以此作为模型的参数值，这种方法既可以方便专家进行评价，又可以通过模糊数学思维模式保证调查数据具有一定的客观性。

4. 基于博弈论的PPP模式风险分担政府监管模型的构建

关于PPP风险分担比例研究，绝大部分文献只是通过模型计算出比例数值，但是并未考虑风险分担初步方案确定之后的风险监测和风险调整。本书在研究PPP项目风险初步分担后，分析了PPP模式的风险初步分担情况监管过程中政府监管部门、中介机构与私人企业三者之间的博弈关系。具体地，通过构建政府监管部门与企业的KMRW声誉博弈模型、中介机构违规上报的博弈模型和政府监管部门尽职检查的博弈模型，研究政府监管部门如何利用奖惩和补贴机制对私人企业如实上报行为进行激励，政府监管部门如何通过科学预测企业守约或违约类型来决定是否对上报情况进行再检查。从而有助于发现前面阶段未发现的风险因素以及之前初次分担比例不合理的风险因素，使其进行风险再分配。

第四节 不足与展望

一 本研究存在的不足

一是我国PPP项目正处于起步阶段，各地方政府正在推广运用PPP模式，但是目前的实际成功案例并不多，相关研究大部分是基于国内外文献，虽然国外研究比较深入，但是我国实际情况与他国存在一定差异，且我国省份之间也有所不同，因此本书关于 PPP 项目风险评价和风险分担模型的有效性需要在实际操作中进一步验证。

二是基础设施建设 PPP 项目涉及众多领域，包括轨道交通、垃圾处理、城市绿化、能源、综合管廊、教育、医疗、养老等市政公用工程设施和公共生活服务设施，每个 PPP 项目具有不同的特点，面临的风险也不尽相同，本书以上海莘庄 CCHP 项目为例，采取文献研究和案例分析法进行了风险识别，但不能全面反映所有项目的风险因素，因此所构建的 PPP 项目风险指标评价体系并不适合所有的 PPP 项目，在实际操作过程中要结合具体的 PPP 项目特点进行指标体系的调整。

三是基于博弈论的 PPP 项目风险分担研究是一个具有实际应用价值并可以进一步进行深入研究的课题。随着我国 PPP 项目在各地的推广应用，PPP 项目风险分担工作需要进一步细化，保障项目的顺利进行。本书仅仅构建了政府部门和私人部门之间的风险分担博弈模型，只局限于政府部门与私人部门两方的博弈研究，未对三方以上参与主体的博弈模型进行研究，但是 PPP 项目实际的参与者众多，如私人投资机构、贷款银行、保险公司、项目运营者等，这方面往往比两方的情况要复杂得多。

四是对于风险分担模型的有效性检验，本书根据 Lucko et al.（2010）提出检验有效性的结构效度、外部效度、表面有效性和内部效度四个维度，仅仅对调查问卷设计了 6 个问题。在设计问卷的测量题目方面，对其他检验的维度和问题角度还有待于更加全面的考虑。

二 研究展望

由于 PPP 项目本身的复杂性，应根据各自特点具体确定，本研究提供了一种 PPP 项目风险分担和政府监管的基本思路和方法，但需要进行进一步的研究。

1. 风险分担模型中博弈主体和风险类型需进一步详细划分

本书只将 PPP 项目风险分担博弈过程中的参与方划分为两大类，即政府部门和私人部门，并且未区分显性风险和隐形风险。未来研究可根据多方博弈模型的理论，考虑项目参与主体之间存在的显性风险和隐性风险之间的转移机制，构建更加完善的 PPP 项目多方参与主体在风险分担上的博弈模型，从而更加贴近PPP项目实际运行情况。

2. 风险分担模型中的假设条件可进一步完善

本书的风险分担模型中假设各风险之间是相互独立的，不存在相互作用。因此，可以在未来研究风险分担模型时，考虑PPP项目中的各风险因素之间可能存在正向或负向关系，它们之间作用的相互叠加可能会增强或减弱对整体项目风险的影响程度，未来研究时可以选取更加有效的风险分担方法来体现风险之间的相互作用。

3. 模型中假定条件的参数取值需要更精确

PPP项目风险评价和风险分担模型中，运用了专家问卷调查法，虽然运用较为严谨的数学逻辑和实用性的方法，但缺乏较强的客观性，如风险分担模型中政府利用自身强势地位威胁私人部门的概率p_1，风险分担博弈过程中政府和私人部门的损耗系数ξ_g和ξ_p，风险转移份额α等，这些参数虽然是经过深度专家访谈确定取值范围后，再运用模糊数学方法将参数值分为5个等级，并运用问卷调查法对参数进行确定，但是与真实情况可能仍存在一定差距。因此，未来研究如何综合运用多种方法，尽量全面、准确、合理地进行风险评价还有待于进一步探讨。

4. 风险分担比例转化为合同条款的方法还有待研究

将PPP项目风险公平分担作为合同谈判基准，在合同中合理确定政府方和社会资本方的风险分配机制，通过界定各参与方权利、义务和风险边界，有效减少双方的谈判成本和时间，降低风险发生概率，这种将风险分担比例以某种方式转化为详细的合同条款的方式，有待于进一步深入研究。

附　录

PPP 项目风险调查问卷

尊敬的专家：

　　您好！非常感谢您能在百忙之中抽出宝贵时间完成此调查问卷。

　　长期以来，我国城市基础设施的建设以政府财政投资为主导，随着城镇化的推进，城市基础设施需求日益增长，经国家有关机构分析，一位农民成为城市居民，国家平均要花费 40 万元的基础设施建设资金，如以每年 1% 的城镇化速度计算，我国每年的进城农民达 1360 万（以 2013 年年底全国 13.6 亿人口计），新增基础设施资金投入总额为 54400 亿元，约占国内生产总值的 9.56%，政府财政不堪重负。PPP（Public - Private Partnerships 即公私合营）作为国际上应用于基础设施建设的新方式，在英国、法国、美国、澳大利亚、新加坡等发达国家以及中国、巴西等发展中国家应用广泛。2015 年财政部提出在能源、环境污染治理、交通、医疗、养老服务等领域优先选择 PPP 模式。

　　以下是一份关于 PPP 项目风险的调查问卷，目的是全面整理 PPP 项目的风险因素，为风险影响程度的打分，为我国 PPP 项目风险进行分析和评估提供依据，从而为确定政府部门与私人部门之间的合理风险分担比例奠定基础。

　　真诚希望能够借助您在该领域的丰富经验，对 PPP 风险相关问题提出宝贵的意见。

我们向您保证此调查结果将完全用于学术研究，采用匿名方式，绝不透露您的个人信息，恳请您认真填写，并请于3周内回复问卷结果。欢迎批评指正并提出建议。您在该领域的实践经验及指导意见对本次研究具有至关重要的意义，在此再次感谢您的帮助！

祝工作顺利，生活愉快！

中国矿业大学管理学院　博士研究生

一　基本资料

1. 您的工作领域是：

A. 政府官员　B. 项目管理人员　C. 技术人员　D. 国内学者

2. 您参加工作的年限：

A. <6　　　　B. 6—10　　　C. 11—15　　D. >15

3. 您参与PPP的时间（年）：

A. 无　　　　B. 1—2　　　　C. 3—5　　　D. >5

4. 您参与过的PPP项目数量（个）：

A. 无　　　　B. 1—2　　　　C. 3—5　　　D. >5

二　项目背景

上海华电莘庄工业区燃气热电冷三联供改造项目（即莘庄CCHP项目），是由上海市莘庄工业区管委会通过市场竞争方式选定中国华电集团公司（以下简称"华电集团"），并与之建立了"全过程"合作关系的典型PPP项目。莘庄CCHP项目于2013年10月17日正式开工，一期建设2套60MW级燃气—蒸汽联合循环机组，静态总投资为9.8157亿元，动态总投资为10.0516亿元，特许经营期30年（含建设期）。此项目的收入来源主要有两种：售电收入和终端用户付费。PPP项目的支付模式一般有三种：使用者付费、政府付费和可行性缺口补贴（使用者付费+政府补贴）。莘庄CCHP项目采用的是天然气分布式能源系统，相比传统供能系统，具有资本性支出高、占地面积大、运营维护成本高等特点。同时，项目协议中约定的限价机制，上网电价的调整存在障碍，这在一定程度上降低了项目的经济自偿性，所以，此项目选择了可行性缺口补贴支付模式。项目以特许经营协议为基础，社会资本承担了设计、建造、融资、运营维护等职能，实现政府部门与私人部门的"利益共享和风险共担"。

三 调查问卷部分

调查问卷 A

（一）风险指标体系介绍

在文献回顾和深度访谈的基础上，并根据 PPP 项目的特点得到莘庄 CCHP 项目的风险指标体系（见表1），其中包括 11 个一级风险因素指标和 35 个二级风险因素指标。

表 1　　　　　　PPP 项目风险评价指标体系

目标层	一级指标	二级指标	指标解释
宏观层面风险	政治政策风险（C_1）	政府稳定性（X_{11}）	项目所在国政府更替的频率及政局稳定性
		征用/国有化（X_{12}）	中央或地方政府强行被征用和国有化
		法律环境（X_{13}）	相关法律法规的变更（税收、收入等）；缺乏 PPP 模式法律
		政治决策失误（X_{14}）	缺乏深入理解和科学决策的能力和意愿，缺乏创新机制；项目生命周期与政府官员 5 年行政岗位任期不匹配，导致政府作出短视选择
		政府信用（X_{15}）	政府不履行或拒绝履行合同约定的责任和义务（如：终止特许经营权、不兑现支付），另外，政府官员的腐败直接增加项目成本，加大政府违约风险
		财政风险（X_{16}）	城镇化对 PPP 项目的需求旺盛，导致政府过度担保，过度投资，弥补收入缺口等加大了财政风险
	经济风险（C_2）	通货膨胀（X_{21}）	物价上涨，货币购买力下降，原材料、设备、人工成本增加
		外汇风险（X_{22}）	外汇汇率变化影响外汇兑付

续表

目标层	一级指标	二级指标	指标解释
宏观层面风险	经济风险（C_2）	利率风险（X_{23}）	市场利率变动的风险，如利率市场化的影响
		融资环境（X_{24}）	与PPP项目融资相关的国家经济形势，影响资金的筹措难度
	社会风险（C_3）	公众反对风险（X_{31}）	公众对项目的支持力度及利益是否能有效得到保护
	自然风险（C_4）	环保问题（X_{41}）	新型城镇化对环保要求提高，如垃圾、噪声、生态方面
		地质气候（X_{42}）	项目所在地的客观条件
		不可抗力风险（X_{43}）	不可预见且无法避免的损害或风险，如地震、洪水等自然灾害
中观层面风险	项目选择风险（C_5）	项目需求度（X_{51}）	客户对项目的需求程度
		其他项目竞争（X_{52}）	同行业项目的竞争影响本项目的绩效
		土地获取（X_{53}）	较长拆迁期，现有复杂设施转移
	融资阶段风险（C_6）	融资可行性（X_{61}）	特许经营商筹资的渠道和能力
		项目吸引力（X_{62}）	投资对项目的兴趣
		融资成本（X_{63}）	融资成本高于收益，导致项目亏损
	设计阶段风险（C_7）	项目延期审批（X_{71}）	审批环节复杂造成审批延迟
		设计问题（X_{72}）	设计的标准未通过，设计质量问题及设计变更的风险
	施工阶段风险（C_8）	费用超支（X_{81}）	费用超过预期
		合同变更（X_{82}）	项目完成前变更导致赔偿
		工程质量（X_{83}）	工程质量造成的损失
	运营阶段风险（C_9）	运营成本（X_{91}）	经营过程中受经济及其他因素影响使成本增加
		维护费用（X_{92}）	设备更新和维护成本昂贵
		运营收入（X_{93}）	运营不合理导致收入低于预期
		定价风险（X_{94}）	运营收费制度的限制
		政府补助风险（X_{95}）	政府能不能按时按量支付补贴
		安全风险（X_{96}）	项目工程安全引发的风险事件，如地铁坍塌等

续表

目标层	一级指标	二级指标	指标解释
微观层面风险	合作关系风险（C_{10}）	合作关系人之间的承诺（X_{101}）	参与方不同部门与地区之间的不合作，沟通不顺畅，自身追求的利益不同导致的信用风险
		合作关系人之间的权利、责任与风险的分配（X_{102}）	参与方的权利、责任和风险分配不当
	第三方风险（C_{11}）	第三方侵权赔偿风险（X_{111}）	代理人的行为损害参与方利益
		人事风险（X_{112}）	人力资源管理出现问题给企业带来的不利影响

（二）填写问卷说明

本问卷是调查各位专家对莘庄CCHP项目各风险因素重要程度的看法，对同一级的各风险要素两两之间的重要程度进行比较。两两比较法的量化标度见表2，即表格中数值1，3，5，7，9分别表示风险因素i与因素j相比为同等重要、稍微重要、明显重要、非常重要、极端重要；其中2，4，6，8表示重要程度在上述数值之间。

表2　　　　　　　　风险因素两两比较量化标度

标度 a	含义
1	风险因素i与因素j相比，同等重要
3	风险因素i与因素j相比，稍微重要
5	风险因素i与因素j相比，明显重要
7	风险因素i与因素j相比，非常重要
9	风险因素i与因素j相比，极端重要
2，4，6，8	上述相邻判断的中间值
1/a	i比j重要得a，j比i重要得$1/a$

1. 您认为11个一级指标分别在整个莘庄CCHP项目中的两两比较的风险重要程度是：

A	C_1	C_2	C_3	C_4	C_5	C_6	C_7	C_8	C_9	C_{10}	C_{11}
C_1											
C_2											
C_3											
C_4											
C_5											
C_6											
C_7											
C_8											
C_9											
C_{10}											
C_{11}											

2. 您认为以下风险指标 X_{11}、X_{12}、X_{13}、X_{14}、X_{15}、X_{16}分别在整个政治政策风险（C_1）层面上的两两比较的风险重要程度是：

政治政策风险（C_1）	X_{11}	X_{12}	X_{13}	X_{14}	X_{15}	X_{16}
X_{11}						
X_{12}						
X_{13}						
X_{14}						
X_{15}						
X_{16}						

3. 您认为以下风险指标 X_{21}、X_{22}、X_{23}、X_{24}分别在整个经济风险（C_2）层面上的两两比较的风险重要程度是：

经济风险（C_2）	X_{21}	X_{22}	X_{23}	X_{24}
X_{21}				
X_{22}				
X_{23}				
X_{24}				

4. 您认为以下风险指标 X_{41}、X_{42}、X_{43} 分别在整个自然风险（C_4）层面上的两两比较的风险重要程度是：

自然风险（C_4）	X_{41}	X_{42}	X_{43}
X_{41}			
X_{42}			
X_{43}			

5. 您认为以下风险指标 X_{51}、X_{52}、X_{53} 分别在整个项目选择风险（C_5）层面上的两两比较的风险重要程度是：

项目选择风险（C_5）	X_{51}	X_{52}	X_{53}
X_{51}			
X_{52}			
X_{53}			

6. 您认为以下风险指标 X_{61}、X_{62}、X_{63} 分别在整个融资阶段风险（C_6）层面上的两两比较的风险重要程度是：

融资阶段风险（C_6）	X_{61}	X_{62}	X_{63}
X_{61}			
X_{62}			
X_{63}			

7. 您认为以下风险指标 X_{71}、X_{72} 分别在整个设计阶段风险（C_7）层面上的两两比较的风险重要程度是：

设计阶段风险（C_7）	X_{71}	X_{72}
X_{71}		
X_{72}		

8. 您认为以下风险指标 X_{81}、X_{82}、X_{83} 分别在整个施工阶段风险（C_8）层面上的两两比较的风险重要程度是：

施工阶段风险（C_8）	X_{81}	X_{82}	X_{83}
X_{81}			
X_{82}			
X_{83}			

9. 您认为以下风险指标 X_{91}、X_{92}、X_{93}、X_{94}、X_{95}、X_{96} 分别在整个运营阶段风险（C_9）层面上的两两比较的风险重要程度是：

运营阶段风险（C_9）	X_{91}	X_{92}	X_{93}	X_{94}	X_{95}	X_{96}
X_{91}						
X_{92}						
X_{93}						
X_{94}						
X_{95}						
X_{96}						

10. 您认为以下风险指标 X_{101}、X_{102} 分别在整个合作关系风险（C_{10}）层面上的两两比较的风险重要程度是：

合作关系风险（C_{10}）	X_{101}	X_{102}
X_{101}		
X_{102}		

11. 您认为以下风险指标 X_{111}、X_{112} 分别在整个第三方风险（C_{11}）层面上的两两比较的风险重要程度是：

第三方风险（C_{11}）	X_{111}	X_{112}
X_{111}		
X_{112}		

调查问卷 B

评价集是对各层次评价指标的一种语言描述，它是专家评审人对各评价指标所给出的评语集合。本部分从各种风险对此项目影响程度的大小考虑，最终将评语分为五个等级："低、较低、中等、较高、高"。

表 3　　　　　　　　　险因素评语

一级指标	二级指标	低	较低	中等	较高	高
政治政策风险 (C_1)	政府稳定性 (X_{11})					
	征用/国有化 (X_{12})					
	法律环境 (X_{13})					
	政治决策失误 (X_{14})					
	政府信用 (X_{15})					
	财政风险 (X_{16})					
经济风险 (C_2)	通货膨胀 (X_{21})					
	外汇风险 (X_{22})					
	利率风险 (X_{23})					
	融资环境 (X_{24})					
社会风险 (C_3)	公众反对风险 (X_{31})					
自然风险 (C_4)	环保问题 (X_{41})					
	地质气候 (X_{42})					
	不可抗力风险 (X_{43})					
项目选择风险 (C_5)	项目需求度 (X_{51})					
	其他项目竞争 (X_{52})					
	土地获取 (X_{53})					
融资阶段风险 (C_6)	融资可行性 (X_{61})					
	项目吸引力 (X_{62})					
	融资成本 (X_{63})					

续表

一级指标	二级指标	低	较低	中等	较高	高
设计阶段风险 (C_7)	项目延期审批 (X_{71})					
	设计问题 (X_{72})					
施工阶段风险 (C_8)	费用超支 (X_{81})					
	合同变更 (X_{82})					
	工程质量 (X_{83})					
运营阶段风险 (C_9)	运营成本 (X_{91})					
	维护费用 (X_{92})					
	运营收入 (X_{93})					
	定价风险 (X_{94})					
	政府补助风险 (X_{95})					
	安全风险 (X_{96})					
合作关系风险 (C_{10})	合作关系人之间的承诺 (X_{101})					
	合作关系人之间的权利、责任与风险的分配 (X_{102})					
第三方风险 (C_{11})	第三方侵权赔偿风险 (X_{111})					
	人事风险 (X_{112})					

调查问卷 C

对于 PPP 项目风险因素的识别和风险分配方案，财政部印发的《政府和社会资本合作模式操作指南（试行）的通知》（财金〔2014〕113 号），按照风险分配优化、风险收益对等和风险可控等原则，综合考虑政府和企业的风险管理能力。基于以上风险分担的原则，请各位专家对莘庄 CCHP 项目风险分担方案给出建议。

表 4　　　　　　　　莘庄 CCHP 项目的风险分担方案

一级指标	二级指标	政府承担	共同承担	私人部门承担
政治政策风险	政府稳定性			
	征用/国有化			
	法律环境			
	政治决策失误			
	政府信用			
	财政风险			
经济风险	通货膨胀			
	外汇风险			
	利率风险			
	融资环境			
社会风险	公众反对风险			
自然风险	环保问题			
	地质气候			
	不可抗力风险			
项目选择风险	项目需求度			
	其他项目竞争			
	土地获取			
融资阶段风险	融资可行性			
	项目吸引力			
	融资成本			
设计阶段风险	项目延期审批			
	设计问题			
施工阶段风险	费用超支			
	合同变更			
	工程质量			
运营阶段风险	运营成本			
	维护费用			
	运营收入			
	定价风险			
	政府补助风险			
	安全风险			

续表

一级指标	二级指标	政府承担	共同承担	私人部门承担
合作关系风险	合作关系人之间的承诺			
	合作关系人之间的权利、责任与风险的分配			
第三方风险	第三方侵权赔偿风险			
	人事风险			

调查问卷 D

本问卷希望各位专家对莘庄 CCHP 项目的风险分担模型中的相关因子参数给予意见。

（一）参数说明

本研究构建了不完全信息条件下，政府部门与私人部门在 PPP 项目风险分担过程中的讨价还价模型，从而为确定具体的风险分担比例提供依据，涉及的影响因子如下：

参数	含义
ξ_g	政府部门在讨价还价过程中的消耗系数
ξ_p	私人部门在讨价还价过程中的消耗系数
α	政府部门在每一回合讨价还价过程中欲向私人部门转移的风险份额（这里假定每个回合的转移风险份额都是一样的）
p_1	不完全信息条件下，私人部门知道政府部门会采取强势地位转移风险的概率

（二）影响参数程度选择

本研究构建的莘庄 CCHP 项目风险分担的讨价还价博弈模型，通过文献研究和深度调查得到莘庄 CCHP 项目需要政府部门和私人部门共同分担的风险主要有 7 类，分别是通货膨胀风险、融资环境风险、环保风险、不可抗力风险、合同变更风险、合作关系人之间的承诺风险和合作关系人之间的权利、责任与风险的分配风险,因为政府部门在信息和谈判成本上的支出往往小于私人部门,所以在模型中设定了 $1<\xi_g<\xi_p$,各专家进行打分时要注意各变量的关系即 $\xi_g<\xi_p$。同时,假定各个风险都是相互独立的,不考虑风险之间的相互作用。

1. 通货膨胀风险

(1) 政府部门消耗系数 ξ_g:(1. 非常低 2. 较低 3. 中等 4. 较高 5. 非常高)

(2) 私人部门消耗系数 ξ_p:(1. 非常低 2. 较低 3. 中等 4. 较高 5. 非常高)

(3) 转移的风险份额 α:(1. 非常低 2. 较低 3. 中等 4. 较高 5. 非常高)

(4) 转移风险的概率 p_1:(1. 非常低 2. 较低 3. 中等 4. 较高 5. 非常高)

2. 融资环境风险

(1) 政府部门消耗系数 ξ_g:(1. 非常低 2. 较低 3. 中等 4. 较高 5. 非常高)

(2) 私人部门消耗系数 ξ_p:(1. 非常低 2. 较低 3. 中等 4. 较高 5. 非常高)

(3) 转移的风险份额 α:(1. 非常低 2. 较低 3. 中等 4. 较高 5. 非常高)

(4) 转移风险的概率 p_1:(1. 非常低 2. 较低 3. 中等 4. 较高 5. 非常高)

3. 环保风险

(1) 政府部门消耗系数 ξ_g:(1. 非常低 2. 较低 3. 中等 4. 较高 5. 非常高)

(2) 私人部门消耗系数 ξ_p:(1. 非常低 2. 较低 3. 中等 4. 较高 5. 非常高)

(3) 转移的风险份额 α:(1. 非常低 2. 较低 3. 中等 4. 较高 5. 非常高)

(4) 转移风险的概率 p_1：（1. 非常低　2. 较低　3. 中等　4. 较高　5. 非常高）

4. 不可抗力风险

(1) 政府部门消耗系数 ξ_g：（1. 非常低　2. 较低　3. 中等　4. 较高　5. 非常高）

(2) 私人部门消耗系数 ξ_p：（1. 非常低　2. 较低　3. 中等　4. 较高　5. 非常高）

(3) 转移的风险份额 α：（1. 非常低　2. 较低　3. 中等　4. 较高　5. 非常高）

(4) 转移风险的概率 p_1：（1. 非常低　2. 较低　3. 中等　4. 较高　5. 非常高）

5. 合同变更风险

(1) 政府部门消耗系数 ξ_g：（1. 非常低　2. 较低　3. 中等　4. 较高　5. 非常高）

(2) 私人部门消耗系数 ξ_p：（1. 非常低　2. 较低　3. 中等　4. 较高　5. 非常高）

(3) 转移的风险份额 α：（1. 非常低　2. 较低　3. 中等　4. 较高　5. 非常高）

(4) 转移风险的概率 p_1：（1. 非常低　2. 较低　3. 中等　4. 较高　5. 非常高）

6. 合作关系人之间的承诺风险

(1) 政府部门消耗系数 ξ_g：（1. 非常低　2. 较低　3. 中等　4. 较高　5. 非常高）

(2) 私人部门消耗系数 ξ_p：（1. 非常低　2. 较低　3. 中等　4. 较高　5. 非常高）

(3) 转移的风险份额 α：（1. 非常低　2. 较低　3. 中等　4. 较高　5. 非常高）

(4) 转移风险的概率 p_1：（1. 非常低　2. 较低　3. 中等　4. 较高　5. 非常高）

7. 合作关系人之间的权利、责任与风险的分配风险

（1）政府部门消耗系数 ξ_g：（1. 非常低　2. 较低　3. 中等　4. 较高　5. 非常高）

（2）私人部门消耗系数 ξ_p：（1. 非常低　2. 较低　3. 中等　4. 较高　5. 非常高）

（3）转移的风险份额 α：（1. 非常低　2. 较低　3. 中等　4. 较高　5. 非常高）

（4）转移风险的概率 p_1：（1. 非常低　2. 较低　3. 中等　4. 较高　5. 非常高）

阅卷结束，感谢您在百忙之中抽出宝贵时间完成此调查问卷，您的配合对我完成此次研究帮助很大，再次致谢！

参考文献

安丽苑：《PPP项目的多参与方风险分担研究》，《湖南医科大学学报》（社会科学版）2009年第6期。

操双春：《政府与社会资本合作（PPP）项目风险分担机制研究》，《安徽建筑》2016年第1期。

陈晨子、成长春：《产业结构、城镇化与我国经济增长关系的ECM模型研究》，《财经理论与实践》2012年第6期。

陈琤：《公私部门合作中的风险分配失败：一个基于网络治理的分析框架》，《复旦公共行政评论》2011年第2期。

陈红、黄晓玮、郭丹：《政府与社会资本合作（PPP）：寻租博弈及监管对策》，《财政研究》2014年第10期。

陈守科、韦灼彬：《大型公共项目融资风险与控制研究》，《中国工程科学》2007年第12期。

陈婉玲：《公私合作制的源流、价值与政府责任》，《上海财经大学学报》2014年第5期。

程连于：《PPP项目融资模式的风险分担优化模型》，《价值工程》2009年第4期。

邓小鹏、李启明、熊伟等：《城市基础设施建设项目的关键风险研究》，《现代管理科学》2009年第12期。

邓雄：《PPP模式的风险及其风险分担机制分析》，《国际金融》2015年第10期。

董威、朱文喜：《基于AHP-GRAP的BOT项目风险分担方案选择方法研究》，《工程建设》2014年第3期。

杜晓荣、丁棠丽、程晓敏、李籽佳：《农村水利PPP项目网络治理特征及风险分配研究》,《水利经济》2016 年第 3 期。

E.S 萨瓦斯:《民营化与公私部门的伙伴关系》,周志忍译,中国人民大学出版社 2002 年版。

范小军、赵一、钟根元:《基础项目融资风险的分担比例研究》,《管理工程学报》2007 年第 1 期。

范昕墨:《基础设施建设地方政府融资博弈行为形成机理研究》,《土木工程学报》2011 年第 44 期。

葛果、侯懿:《基于风险偏好的 PPP 项目风险分担的三方博弈模型》,《四川理工学院学报》(自然科学版) 2015 年第 1 期。

郭健:《公路基础设施 PPP 项目交通量风险分担策略研究》,《管理评论》2013 年第 7 期。

郭晓亭、蒲勇健、林略:《风险概念及其数量刻画》,《数量经济技术经济究》2004 年第 2 期。

何健:《基于多层次动态模糊评判的水电项目融资风险评价模型》,《广西水利水电》2008 年第 2 期。

何伟怡、徐飞翔等:《全寿命周期设计的风险分担研究》,《工程管理学报》2014 年第 2 期。

洪慧杰:《交通基础设施对西部地区经济增长的影响——基于动态面板数据的 GMM 估计》,《金融经济》2014 年第 6 期。

黄恒振、周国华:《公私合营(PPP)项目风险再分担问题研究》,《建筑经济》2015 年第 10 期。

黄新华:《政府管制、公共企业与特许经营权竞标——政府治理自然垄断问题的政策选择分析》,《东南学术》2006 年第 1 期。

纪鑫华:《优化项目风险分配—实现 PPP "物有所值"》,《中国财政》2015 年第 16 期。

金祥荣、陶永亮、朱希伟:《基础设施、产业集聚与区域协调》,《浙江大学学报》(人文社会科学版) 2012 年第 2 期。

柯永建、王守清、陈炳泉:《基础设施 PPP 项目的风险分担》,《建筑经济》2008 年第 4 期。

柯永建、王守清、陈炳泉:《英法海峡隧道的失败对项目风险分担的启示》,《土木工程学报》2008年第12期。

柯永建、王守清:《特许经营项目融资(PPP):风险分担管理》,清华大学出版社2011年版。

李皓、王洪强:《不完全信息条件下PPP项目公私共担型风险分配的博弈模型》,《价值工程》2016年第14期。

李林、刘志华、章昆昌:《参与方地位非对称条件下PPP项目风险分配的博弈模型》,《系统工程理论与实践》2013年第8期。

李永强、苏振民:《PPP项目风险分担的博弈分析》,《基建优化》2005年第5期。

梁晴雪、胡昊、谢忻玥:《国内外典型PPP项目案例研究及启示》,《建筑经济》2015年第8期。

林表文:《PPP项目融资风险合理分担方式、原则和流程》,《长春工程学院学报》(社会科学版)2013年第2期。

林翰:《立足改革创新——加快推广运用PPP模式》,《中国财政》2015年第16期。

林媛、李南:《PPP项目的风险分担模型研究》,《项目管理技术》2011年第1期。

刘江华:《项目融资风险分担研究》,《工业技术经济》2006年第8期。

刘向杰、张克勇:《公私合作提供公共产品的监督机制研究》,《经济经纬》2008年第6期。

刘新平、王守清:《试论PPP项目的风险分配原则和框架》,《建筑经济》2006年第2期。

刘亚臣、牛思琦、包红霏:《基于灰色评价模型的廉租房PPP项目融资风险综合评价》,《沈阳建筑大学学报》(社会科学版)2014年第3期。

马晓河、张琳:《加快推进天津市新型城镇化发展》,《宏观经济管理》2015年第4期。

米本家:《我国基础设施投资与区域经济发展研究》,《安徽农业科学》2009年第13期。

苗阳:《PPP 模式应用于养老机构的风险分担研究》,《价值工程》2016 年第 10 期。

彭桃花、赖国锦:《PPP 模式的风险分析与对策》,《中国工程咨询》2004 年第 7 期。

亓霞、柯永建、王守清:《基于案例的中国 PPP 项目的主要风险因素分析》,《中国软科学》2009 年第 5 期。

宋志东:《BOT 融资中的风险分担及合同管理》,《吉林省经济管理干部学院学报》2004 年第 1 期。

孙荣霞:《基于霍尔三维结构的公共基础设施 PPP 项目融资模式的风险研究》,《经济经纬》2010 年第 6 期。

谈文昌:《监管与服务——公用事业市场化中的政府定位》,《中国投资》2007 年第 1 期。

唐小丽、冯俊文:《ANP 原理及其运用展望》,《统计与决策》2006 年第 12 期。

陶思平:《PPP 模式风险分担研究——基于北京市轨道交通的分析》,《管理现代化》2015 年第 4 期。

王建波、刘宪宁、赵辉、盛雪艳:《城市轨道交通 PPP 融资模式风险分担机制研究》,《青岛理工大学学报》2011 年第 2 期。

王明涛:《证券投资风险计量、预测与控制》,上海财经大学出版社 2003 年版。

王英、李纪华、顾湘:《PPP 模式下大型体育场馆建设风险承担与分配研究》,《建筑经济》2010 年第 5 期。

王颖林、刘继才、赖芨宇:《基于风险偏好的 PPP 项目风险分担博弈模型》,《建筑经济》2013 年第 12 期。

王振坤:《BOT 项目融资的风险管理研究》,硕士学位论文,厦门大学,2009 年。

乌云娜、胡新亮、张思维:《基于 ISM – HHM 方法的 PPP 项目风险识别》,《土木工程与管理学报》2013 年第 1 期。

吴玉鸣:《中国省域经济增长趋同的空间计量经济分析》,《数量经济技术经济研究》2006 年第 12 期。

谢贞发：《民营化改革的所有权结构选择》，《财经研究》2005 年第 7 期。

熊超男、孟禹彤：《基于项目参与者分担视角下的农业综合开发 PPP 项目风险研究》，《昆明理工大学学报》（自然科学版）2016 年第 1 期。

叶青、易丹辉：《中国证券市场风险分析基本框架的研究》，《金融研究》2000 年第 6 期。

叶晓甦、徐春梅：《我国公共项目公私合作（PPP）模式研究述评》，《软科学》2013 年第 6 期。

叶秀东：《基于风险分担的高速铁路投资风险评估模型研究》，《工程管理学报》2012 年第 5 期。

詹镇荣：《论民营化类型中之公私协力》，《月旦法学杂志》2003 年第 11 期。

张光南、李小瑛、陈广汉：《中国基础设施的就业、产出和投资效应》，《管理世界》2010 年第 4 期。

张杰：《PPP 项目系统风险的识别与管理——以"鸟巢"项目为例》，《中国勘察设计》2015 年第 2 期。

张萍、刘月：《城市基础设施 PPP 模式下融资风险水平度量研究》，《工程管理学报》2015 年第 2 期。

张玮、张卫东：《基于网络层次分析法（ANP）的 PPP 项目风险评价研究项目》，《项目管理技术》2012 年第 10 期。

张亚静、李启明、程立、袁竞峰：《PPP 项目残值风险系统性影响因素识别及分析》，《工程管理学报》2014 年第 4 期。

赵立力、谭德庆、黄庆：《BOT 项目的可控制风险研究》，《中国管理科学》2005 年第 5 期。

郑鸿：《论政府在城市基础设施投融资中的多元化角色》，《科技创新导报》2008 年第 34 期。

中国清洁发展机制基金管理中心：《PPP 项目开发案例——上海华电莘庄工业区燃气热电冷三联供改造项目》，中国商务出版社 2014 年版。

周国光、江春霞:《交通基础设施 PPP 项目失败因素分析》,《技术经济与管理研究》2015 年第 11 期。

周和平、陈炳泉、许叶林:《公私合营(PPP)基础设施项目风险再分担研究》,《工程管理学报》2014 年第 3 期。

周全胜、刘翠竹:《论公私合作机制在我国公共服务中的引入》,《山西财经大学学报》2012 年第 5 期。

周小付、萨日娜:《PPP 的共享风险逻辑与风险治理》,《财政研究》2016 年第 4 期。

朱宝瑞、杨海欧、董士波:《基于 Shapely 修正的 PPP 项目风险分担研究》,《中国电力企业管理》2015 年第 17 期。

朱淑珍:《金融创新与金融风险——发展中的两难》,复旦大学出版社 2002 年版。

朱向东、肖翔、征娜:《基于三方博弈模型的轨道交通项目风险分担研究》,《河北工业大学学报》2013 年第 2 期。

Abednego, M. P., Ogunlana, S. O., "Good project governance for proper risk allocation in public private partnerships in Indonesia", *International Journal of Project Management*, Vol. 24, No. 7, 2006.

Adams, S., Klobodu, E. K. M., Opoku, E. E. O. "Energy consumption, political regime, and economic growth in sub-Saharan Africa", *Energy Policy*, Vol. 96, No 9, 2016,

Akbiyikli, R., Eaton, D. "Risk management in PFI procurement: A holistic approach", Proceedings of the 20th Annual Association of Researchers in Construction Management (ARCOM) Conference, Edinburgh, UK: Heriot-Watt University, 2004.

Akintoye, A., Taylor, C., Fitzgerald, E. "Risk analysis and management of Private finance initiative Projects", *Engineering, Construction and Architectural Management*, Vol. 5, No. 1, 1998.

Al-Bahar, J. F., Crandall, K. C., "Systematic risk management approach for construction projects", *Journal of Construction Engineering and Management*, Vol. 116, No. 3, 1990.

Alchian, A. A. , Demsetz, H. Production, "Information costs and economic organization", *American Economic Review*, Vol. 62, No. 5, 1972.

Arndt, R. H. "Risk allocation in the Melbourne city link project", *Journal of Structured Finance*, Vol. 4, No. 3, 1998,

Aschauer, D. A. "Is public expenditure productive", *Journal of Monetary Economics*, Vol. 23, No. 2, 1989.

Asquith, A. , Brunton, M. , Robinson, D. , "Political influence on public – private partnerships in the public health sector in New Zealand", *International Journal of Public Administration*, Vol. 38, No. 3, 2014.

Athena, R. , Anagnostopoulos, K. P. , "Public – private partnership projects in Greece: risk ranking and preferred risk allocation", *Construction Management and Economics*, Vol. 26, No. 7, 2008.

Baldwin, R. *Economic geography and public policy*, Economics Books, 2005.

Bekkers, V. , "Flexible information infrastructures in Dutch E – Government Collaboration Arrangements: experiences and policy implications", *Government Information Quarterly*, Vol. 26, No. 1, 2009.

Bertinelli, L. , Strobl, E. , *Urbanization, urban concentration and economic growth in developing countries*, Urbanization Working Paper, CREDIT. 2003.

Beyene, T. T. , "Factors for implementing public – private partnership (PPP) in the development process: stakeholders' perspective from Ethiopia", *International Journal of Science and Research*, Vol. 3, No. 3, 2014.

Bing, L. , Tiong, R. , Fan, W. W. , Chew, D. , "Risk management in international construction joint ventures", *Journal of Construction Engineering and Management*, Vol. 125, No. 5, 1999.

Boarnet, M. G. ,"Spillovers and locational effects of public infrastructure", *Journal of Regional Science*, Vol. 38, No. 3, 1998.

Buhlmann. , *Mathematical methods in risk theory*, Spinger – Verlag, 1996.

Bunni, N. G. *The FIDIC form of contract*, London Blackwell Scientific Publication, 1997.

Carbonara, N., Costantino, N., Pellegrino, R., "Revenue guarantee in public – private partnerships: a fair risk allocation model", *Construction Management and Economics*, Vol. 32, No. 4, 2014.

Carpintero, S., Petersen O. H., "PPP projects in transport: evidence from light rail projects in Spain", *Public Money and Management*, Vol. 34, No. 1, 2014.

Chan, A. P. C., Lam, P. T. I., Chan, D. W. M., Cheung, E., and Ke, Y. J. Daniel W. M. "Critical success factors for PPPs in infrastructure developments: Chinese perspective", *Journal of Construction Engineering and Management*, Vol. 136, No. 5, 2010.

Chang, C. Y., "A critical review of the application of TCE in the interpretation of risk allocation in PPP contracts", *Construction Management and Economics*, Vol. 31, No. 2, 2013.

Cheng, J. H., "A view of public and private sectors for Taiwan's BOT transportation project financing using fuzzy multi – criteria methods", Proceedings of the 10th IEEE International Conference on Fuzzy Systems. Australia, The University of Melbourne, 2001.

Chou, J. S., Yeh, C., Tserng, H. P., Lin, C., "Critical factors and risk allocation for PPP policy: Comparison between HSR and general infrastructure projects", *Transport Policy*, Vol. 22, No. 7, 2012.

Chung, D., Hensher, D., "Risk management in Public – Private Partnerships", *Australian Accounting Review*, Vol. 25, No. 1, 2015.

Chung, D., Hensher, D. A., "Modelling risk perceptions of stakeholders in Public – Private Partnership toll road contracts", *A Journal of Accounting, Finance and Business Studies*, Vol. 51, No. 3, 2015.

Clarkson, M., "A risk – based model of stakeholder theory", Preceedings of the Toronto Conference on Stakeholder Theory, Center for Corporate Social Performance and Ethics., University of Toronto, Toronto, Canada, 1994,

Clyde, J. C., Amos, E. R., *Casulty Insurance*, New York: Prentiee-Hall Inc., 1929.

Colm, G. "Comments on Samuelson's Theory of Public Finance", *Review of Economics and Statistics*, Vol. 38, No. 4, 1956.

D'Alessandro, L., Bailey, S. J., Monda, B., Giorgino, M., "PPPs as strategic alliances: from technocratic to multidimensional risk governance", *Managerial Finance*, Vol. 40, No. 11, 2014.

Daube, D., Vollrath, S., Alfen, H. W., "A comparison of project finance and the forfeiting model as financing forms for PPP projects in Germany", *International Journal of Project Management*, Vol. 26, No. 4, 2008.

Dequiedt, V., Martimort, D., "Delegated monitoring versus arm's length contracting", *International Journal of Industrial Organization*, Vol. 22, No. 7, 2004.

Dutta, A., "Telecommunications and economic activity: an analysis of granger causality", *Journal of Management Information Systems*, Vol. 17, No. 4, 2001.

Dutz, M., Harris, C., Dhingra, I., Shugart, C., *Public-private partnership units: What are they and what do they do?* Public policy for the private sector, World Bank, Washington, D. C., 2006.

E E Lampard, *Economic development and cultural change*, Chicago: The University of Chicago Press, 1955.

Ebrahimnejad, S., Mousavi, S. M., Seyrafianpour, H., "Risk identification and assessment for build-operate-transfer projects: A fuzzy multi attribute decision making model", *Expert Systems with Applications*, Vol. 37, No. 1, 2010.

Edame, G. E., "Trends analysis of public expenditure on infrastructure and economic growth in Nigeria", *International Journal of Asian Social Science*, Vol. 4, No. 4, 2014.

Fayek, A, Young, D. M, Duffield, C. F., "A survey of tendering practices in the Australian construction industry", *Engineering Management Journal*, Vol. 10, No. 4, 1998.

Feuvre, M. L., Medway, D., Warnaby, G., Ward, K., Goatman, A., "Understanding stakeholder interactions in urban partnerships", *Cities*, Vol. 52, 2016.

Fisher, P., Robson, S., "The perception and management of risk in UK Office Property Development", *Journal of Property Research*, Vol. 23, No. 2, 2006.

Frederick, W. C., Davis, K., Post, J. E., *Business and society, corporate strategy, public policy, ethics*. Mc Graw - Hill Book Co, 1988.

Grimsey, D., Lewis, M. K., *Public - Private Partnerships: The Worldwide Revolution in Infrastructure Provision and Project Finance*, Public private partnerships: the worldwide revolution in infrastructure provision and project finance. E. Elgar, 2004.

Grimsey, D., Lewis, M. K., "Evaluating the risks of Public private partnerships for infrastructure projects", *International Journal of Project Management*, Vol. 20, No. 2, 2002.

Hallowell, M. R., Gambatese, J. A., "Qualitative research: application of the Delphi method to CEM research", *Journal of Construction Engineering and Management*, Vol. 136, No. 1, 2010.

Harsanyi, J. C., "Games with incomplete information played by "Bayesian" players, I - III Part I. the basic model", *Management science*, Vol. 14, No. 3, 1967.

Hauptmanns, U., Wemer, W., *Engineering risks evaluation and valuation*. Springer - Verlag, 1991.

Henley, E. J., *Hiromirsu Kumamot. Reliability engineering and risk assessment*. Englewood Cliffs: Prentice - Hall Inc., 1981.

Hertz, D. B., Thomas, H., *Practical risk analysis: an approach through case histories*, John wiley &Sons, 1984.

Iossa, E. , Spagnolo, G. , Vellez, M. , *The risks and tricks in Public - Private Partnerships*, IEFE - The Center for Research on Energy and Environmental Economics and Policy (Working Paper), 2013.

Iyer, K. C. Sagheer, M. , "A real option based traffic risk mitigation model for build - operate - transfer highway projects in India", *Construction Management and Economics*, Vol. 29, No. 8, 2011.

Iyer, K. C. , Sagheer, M. , "Hierarchical structuring of PPP risks using interpretative structural modeling", *Journal of Construction Engineering and Management*, Vol. 136, No. 2, 2010.

Jake Ansell, Frank Wharton, *Risk analysis, assessment and management*, John Wiley and Sons, 1992.

Jamison, M. A. , Holt, L. , Berg, S. V. , "Measuring and mitigating regulatory risk in Private infrastructure investment", *Electricity Journal*, Vol. 18, No. 6, 2005.

Jin, X. H. , "Neurofuzzy decision support system for efficient risk allocation in public - private partnership infrastructure projects", *Journal of Computing in Civil Engineering*, Vol. 24, No. 6, 2010.

John R. Hicks, *The Theory of Wages*, London: Macmillan. 1932.

Kamal, M. , Weerakkody, V. , Irani, Z. , "Analyzing the role of stakeholders in the adoption of technology integration solutions in UK local government: An exploratory study", *Government Information Quarterly*, Vol. 28, No. 2, 2011.

Kang, C. C. , Lee, T. S. , Huang, S. C. , "Royalty bargaining in Public - Private Partnership projects: Insights from a theoretic three - stage game auction model", *Transportation Research Part E*, Vol. 59, No. 11, 2013.

Ke, Y. J. , Wang, S. Q. , Chan, A. P. C. , Lam, P. T. I. , "Preferred risk allocation in China's public - private partnership (PPP) projects", *International Journal of Project Management*, Vol. 28, No. 5, 2010.

Ke, Y., Wang, S. Q., Chan, A. P. C., "Risk allocation in Public - Private Partnership infrastructure projects: a comparative study", *Journal of Infrastructure System*, Vol. 16, No. 4, 2010.

Klievink, B., Janssen, M., Tan, Y. H., "A stakeholder analysis of business - to - government information sharing: The governance of a public - private platform", *International Journal of Electronic Government*, Vol. 8, No. 4, 2012.

Knight, F. Risk, *Uncertainty and Profit*, New York: A M. Kelley, 1921.

Lam, K. C., Wang, D., Lee, P. T. K., Tsang, Y. T., "Modelling risk allocation decision in construction contracts", *International Journal of Project Management*, Vol. 25, No. 5, 2007.

Leviäkangas P., Kinnunen, T., Aapaoja, A., "Infrastructure public - private partnership project ecosystem: Financial and economic positioning of stakeholders", *The European Journal of Finance*, Vol. 22, No. 3, 2016.

Li, B., Akintoye, A., Edwards, P. J., Hardcastle, C., "The allocation of risk in PPP/PFI construction projects in UK", *International Journal of Project Management*, Vol. 23, No. 1, 2005.

Li, F. W., Phoon, K. K., Du, X. L., Zhang, M. J., "Improved AHP method and its application in risk identification", *Journal of Construction Engineering and Management*, Vol. 193, No. 3, 2013.

Li, J., Zou, P. X. W., "Fuzzy AHP - based risk assessment methodology for PPP projects", *Journal of Construction Engineering and Management*, Vol. 137, No. 12, 2011.

Lifson, M. W., Shaifer, E. F., *Decision and risk analysis for construction management*, John Wiley and Sons. Inc., 1982.

Liu, J., Cheah, C. Y. J. "Real option application in PPP/PFI project negotiation", *Construction Management and Economics*, 2009, 27 (4): 331 -342.

Loosemore, M., Raftery, J., Reilly, C., Higgon, D., *Risk manage-*

ment in projects, Taylor & Francis, 2006.

Lucko, G., Rojas, E., "Research validation: challenges and opportunities in the construction domain", *Journal of Construction Engineering and Management*, Vol. 136, No. 1, 2010.

Lyons, T., Skitmore, M., "Project risk management in the Queensland engineering construction industry: a survey", *International Journal of Project Management*, Vol. 22, No. 1, 2004.

Manos, B., Bartocc, P., Partalidou, M., Fantozzi, F., Arampatzis, S., "Review of public - private partnerships in agro - energy districts in Southern Europe: The cases of Greece and Italy", *Renewable and Sustainable Energy Reviews*, Vol. 39, No. 6, 2014.

Marshall, A., *Principles of Economics*, London: Macmillan, 1890.

Martins, A. C., Marques, R. C., Cruz, C. O., "Public - private partnerships for wind power generation: The Portuguese case", *Energy Policy*, Vol. 39, No. 1, 2011.

McKim, R. A. "Risk management - back to the basic", *Cost Engineering*, Vol. 34, No. 12, 1992.

Medda, F., "A game theory approach for the allocation of risks in transport public private partnership", *International Journal of Project Management*, Vol. 25, No. 3, 2007.

Milner, M., *Eurotunnel car traffic declines*, The Guardian, 21 March, 2004.

Mitchell, R. K., Agle, B. R., Wood, D. J., "Toward a theory of stakeholder identification and salience: Defining the principle of who and what really counts", *Academy of Management Review*, Vol. 22, No. 4, 1997.

Moszoro, M. W., "Political contestability, capture, and knowledge transfer in municipal public - private partnerships", *Social Science Electronic Publishing*, No. 1, 2015.

Mouraviev, N., Kakabadse, N. K., "Risk allocation in a public - private partnership: a case study of construction and operation of kindergartens in Kazakhstan", *Journal of Risk Research*, Vol. 17, No. 5, 2014.

National Treasury of South Africa, *Module 4: PPP feasibility study, Public - Private Partnership manual*, 2004.

Neumann, J. V., Morgenstern, O., *Theory of games and economic behavior*, Princeton: Princeton University Press, 1944.

Ng, A., Loosemore, M., "Risk allocation in the private provision of public infrastructure", *International Journal of Project Management*, Vol. 25, No. 1, 2007.

Nguyen, D. Garvin, M., *Risk allocation and management practices in highway ppp contracts: pilot study of Virginia*, Construction Research Congress, 2016.

Northam, R. M., *Urban geography*, New York: John Wiley & Sons. 1975.

Ortega, A., Baeza, M. A., Vassallo, J. M., "Contractual PPPs for transport infrastructure in Spain: Lessons from the economic recession", *Transport Reviews*, Vol. 36, No. 2, 2016.

Riham Shendy, Helen Martin, *Peter Mousley. An operational framework for managing fiscal commitments from Public - Private Partnerships*, International Bank for Reconstruction and Development / The World Bank 2013.

Robert I Mehr and Emerson Cammack, *Principles of insurance*, Homewoock Illinois: Richard D Irwin Inc., 1953.

Rode, D. C., Fischbeck, P. S., Dean, S. R., "Monte carlo methods for appraisal and valuation: a case study of a nuclear power plant", *Journal of Structured Finance*, Vol. 7, No. 3, 2001.

Roumboutsos, A., Anagnostopoulos, K. P., "Public - private partnership projects in Greece: risk ranking and preferred risk allocation", *Construction Management and Economics*, Vol. 26, No. 7, 2008.

Roumboutsos, A., Panteliasb, A., "Allocation revenue risk in transport infrastructure Public Private Partnership projects: How it matters",

Transport Reviews, Vol. 35, No. 2, 2015.

Rowe, W. D., *An anatomy of risk*, John Wiely and Sons, Ltd., New York. USA. 1987.

Rubinstein, A., *Perfect Equilibrium in a Bargaining Model*, Econometrica, 1982.

Savvides, S., "Risk analysis in investment appraisal", *Project Appraisal*, Vol. 9, No. 1, 1994.

Schaufelberger, J. E., Wipadapisut, I., "Alternate financing strategies for build – operate – transfer projects", *Journal of Construction Engineering and Management*, Vol. 129, No. 2, 2003.

Shapley, L. S., "A value for n – persons games", *Annals of Mathematics Studies*, No. 28, 1953.

Shen, L. Y., Platten, A., Deng, X. P., "Role of Public Private Partnerships to manage risks in public sector projects in Hong Kong", *International Journal of Project Management*, Vol. 24, No. 7, 2006.

Shendy, R., Martin, H., Mousley, P., "An operational framework for managing fiscal commitments from Public – Private Partnerships", International Bank for Reconstruction and Development / The World Bank 2013.

Shrader – Frechette, K. S., *Risk analysis and scientific method*. D. Reidel Publishing Company Press, Boston, MA, 1985.

Shubik, M., *Game theory in the social sciences: concepts and solutions*, Cambridge, MA, MIT Press, 1982.

Singh, L. B., Kalidindi, S. N., "Traffic revenue risk management through annuity model of PPP road projects in India", *International Journal of Project Management*, Vol. 24, No. 7, 2006.

Song, J. B., Song, D. R., Zhang, X. Q., Sun, Y., "Risk identification for PPP waste – to – energy incineration projects in China", *Energy Policy*, Vol. 61, No. 6, 2013.

Songer, A. D, Diekmann, J., Pecsok, R. S., "Risk analysis for revenue dependent infrastructure projects", *Construction Management and Economics*, Vol. 15, No. 4, 1997.

Thomas, A. V, Kalidindi, S. N., Ganesh, L. S. "Modelling and assessment of critical risks in BOT road projects", *Construction Management and Economics*, Vol. 24, No. 4, 2006.

Tiong, R. L. K., Alum, J., "Final negotiation in competitive BOT tender", *Journal of Construction Engineering and Management*, Vol. 123, No. 1, 1997.

Tserng, H. P., Russell, J. S., Hsu, C. W., Lin, C., "Analyzing the role of national PPP units in promoting PPP projects: Using new institutional economics and a case study", *Journal of Construction Engineering and Management*, Vol. 138, No. 2, 2012.

Whalen, E. L., "A rationalization of the precautionary demand for cash", *Quarterly Journal of Economics*, Vol. 80, No. 2, 1966.

Wheeler, D., Sillanpaa, M., "Including the stakeholders: the business case", *Long Range Planning*, Vol. 31, No. 2, 1998.

Wibowo, A., Kochendorfer, B., "Financial Risk Analysis of Project Finance in Indonesian Toll Roads", *Journal of Construction Engineering and Management*, Vol. 131, No. 9, 2005.

Woodward, D. G., "Use of sensitivity analysis in build – own – operate – transfer project evaluation", *International Journal of Project Management*, Vol. 13, No. 4, 1995.

Xiong, W., Yuan, J. F., Li, Q., Skibniewski, M. J., "Performance objective – based dynamic adjustment model to balance the stakeholders' satisfaction in PPP projects", *Journal of Civil Engineering and Management*, Vol. 21, No. 5, 2015.

Xu, Y., Chan, A. P. C., Xia, B., Qian, Q. K., Liu, Y., Peng, Y., "Critical risk factors affecting the implementation of PPP waste – to – energy projects in China", *Applied Energy*, Vol. 158, No. 15, 2015.

Ye, S., Tiong, R. K. L., "Government support and risk – return trade – off in China's BOT power projects", *Engineering Construction and Architectural Management*, Vol. 7, No. 2, 2000.

Zeuthen, F., *Problems of monopoly and economic warfare*, London: G. Routledge and Sons, Ltd., 1930.

Zhang, G. M., Zou, P. X. W., "Fuzzy analytical hierarchy process risk assessment approach for joint venture construction projects in China", *Journal of Construction Engineering and Management*, Vol. 133, No. 10, 2007.

Zhang, W., Bai, Y., *Risk allocation and dispute resolution mechanisms in Chinese public projects: An Empirical Study*, International Conference on Construction and Real Estate Management. 2013.